古代歷史文化研究輯刊

十七編

王明蓀 主編

第6冊

陷於政治矛盾中的宇文護

龍柏濤 著

國家圖書館出版品預行編目資料

陷於政治矛盾中的宇文護／龍柏濤 著 ─ 初版 ─ 新北市：花
木蘭文化出版社，2017〔民 106〕

目 4+238 面：19×26 公分

（古代歷史文化研究輯刊 十七編：第 6 冊）

ISBN 978-986-404-946-2（精裝）

1.（北周）宇文護 2. 政治思想

618   106001380

ISBN-978-986-404-946-2

9 789864 049462

古代歷史文化研究輯刊
十七編 第 六 冊   ISBN：978-986-404-946-2

陷於政治矛盾中的宇文護

作 　 者　龍柏濤
主 　 編　王明蓀
總 編 輯　杜潔祥
副總編輯　楊嘉樂
編 　 輯　許郁翎、王筑　美術編輯　陳逸婷
出 　 版　花木蘭文化出版社
社 　 長　高小娟
聯絡地址　235 新北市中和區中安街七二號十三樓
　　　　　電話：02-2923-1455／傳眞：02-2923-1452
網 　 址　http://www.huamulan.tw 信箱 hml810518@gmail.com
印 　 刷　普羅文化出版廣告事業
初 　 版　2017 年 3 月
全書字數　201318 字
定 　 價　十七編 34 冊（精裝）台幣 68,000 元

陷於政治矛盾中的宇文護

龍柏濤 著

作者簡介

龍柏濤，中國文化大學史學研究所博士（2014）。現任銘傳大學通識教育中心兼任助理教授、健行科技大學通識教育中心兼任助理教授。曾任景文科技大學通識教育中心兼任助理教授、德明財經科技大學通識教育中心兼任助理教授。中國歷史學會研究生論文發表會第二名（2009）。

提　　要

　　宇文護不僅在北周歷史上是重要的人物，同時也是相當爭議的人物。雖然幫助宇文氏順利度過宇文泰病逝後的政權危機，也促使宇文氏取代元氏建立北周，甚至於安定了當時的民生經濟，並穩定「軍國所資」的益州局勢，而且他挖掘與吸收的人才對北周的武、宣兩朝以及隋代也有相當的貢獻；然而在這些貢獻以外，他也犯下了連續殺害二位當朝皇帝的罪行，不過宇文護既然會連續殺害兩位皇帝，就表示宇文護想要鞏固權力，有掌控朝政的野心，甚至於可能還有進一步的意圖，可是宇文護卻沒有篡位。

　　傳統對於宇文護這種陷於政治矛盾的解釋，有「令人深思」或是「放棄篡位」的兩種看法，因此本文將藉由宇文護朝政運作的狀況試論宇文護沒有篡位的原因。

　　第一章「緒論」敘述本文研究緣起與目的；第二章「宇文護執政前的局勢」在說明宇文護的出身與成長背景，略述宇文護叔父宇文泰在關中的發展，說明宇文護逐漸成為宇文泰體系中重要的角色，以及宇文護如何面對與處理宇文泰病逝後的局勢；第三章「宇文護執政後的衝突」是說明宇文護執政後開始面臨到的權力衝突與宇文護如何藉由朝中六官與霸府幕僚運作朝政；第四章「宇文護執政時期綜論」則是討論宇文護的心態，以及他的親信與幕僚，並且略述宇文護的貢獻；第五章「結論」總結宇文護執政期間的政治局勢，可以發現宇文護並不是沒有篡位的意願，只是在朝臣支持度不夠與禁軍控制力不足的情況下，宇文護篡位的時機尚未成熟。

目

次

表　次

圖　次

第一章 緒 論

　　宇文護字薩保〔註1〕，生於北魏宣武帝延昌二年（西元 513 年）的武川鎮〔註2〕（今內蒙古自治區呼和浩特市所轄武川縣境內），祖父宇文肱〔註3〕，父親宇文顥〔註4〕，母親閻氏〔註5〕，筆者將宇文護家族成員製簡表如下〔註6〕：

表 1-1　宇文護家族成員簡表〔註7〕

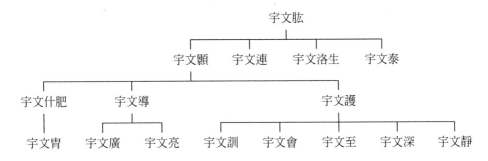

〔註1〕唐・令狐德棻撰，《周書》（新校標點本，北京：中華書局，2003 年 9 月第 1
　　　　版第 8 刷），卷 11，〈晉蕩公護傳〉，頁 165。

〔註2〕宇文護生年有爭議，將於第二章略論宇文護的生年爭議，本章暫略不談。本
　　　　文宇文護的生年，依宇文護的生母閻氏所記：「昔在武川鎮生汝兄弟，大者屬
　　　　鼠，次者屬兔，汝身屬蛇。」見《周書》，卷 11，〈晉蕩公護傳〉，頁 169～170。
　　　　由生肖來推，宇文護生於北魏宣武帝延昌二年（513）。

〔註3〕宇文護的父親宇文顥是德皇帝的長子。參見《周書》，卷 10，〈邵惠公顥傳〉，
　　　　頁 153。德皇帝即是宇文肱，在北周明帝武成初追尊爲德皇帝。參見《周書》，
　　　　卷 1，〈文帝紀〉上，頁 2。

〔註4〕「（宇文）顥三子什肥、導、護。」見《周書》，卷 10，〈邵惠公顥傳〉，頁 153。

〔註5〕「先是，（宇文）護母閻姬與皇第四姑及諸戚屬，並沒在齊，皆被幽縶。」見
　　　　《周書》，卷 11，〈晉蕩公護傳〉，頁 169。

〔註6〕因篇幅有限，本表成員主要以宇文顥與其子宇文什肥、宇文導、宇文護爲主，
　　　　此外也省略宇文護其他諸子如宇文乾嘉、乾基、乾光、乾蔚、乾祖與乾威等等。

〔註7〕本表參考資料：《周書・邵惠公顥傳》與《周書・晉蕩公護傳》。

宇文護祖父宇文肱有四子，長子宇文顥、次子宇文連、三子宇文洛生、四子則是後來成為西魏掌權者的宇文泰；宇文肱長子宇文顥是本文主角宇文護的生父，宇文護排行第三，上有長兄宇文什肥與次兄宇文導。

北魏孝明帝正光四年（523），沃野鎮破落汗拔陵起事，遣別帥衛可孤圍宇文護居住的武川鎮〔註8〕，正光五年（524），宇文護祖父宇文肱襲殺衛可孤〔註9〕，宇文護的父親宇文顥因此戰歿於武川南河〔註10〕。戰後，宇文氏於孝昌元年〔註11〕（525）避地中山〔註12〕，在爾〔註13〕朱榮崛起後，宇文氏又歸爾朱榮〔註14〕，宇文護與母親閻氏則一同住在受陽〔註15〕。

北魏節閔帝普泰元年（531），宇文護入關投奔叔父宇文泰〔註16〕，開始了在關中的發展，隨宇文泰出戰沙苑、河橋與邙山。至西魏大統十五年（549），宇文護出鎮河東，進位大將軍〔註17〕。西魏恭帝元年（554）宇文護出征江陵〔註18〕，在西魏初行六官（恭帝三年，556）〔註19〕後拜小司空〔註20〕。

〔註8〕 宋・司馬光著、元・胡三省注，《資治通鑑》（新校標點本，北京：中華書局，2007年6月第1版第11次印刷），卷149，梁武帝普通四年（523），頁4674～4675。

〔註9〕 「賀拔度拔父子及武川宇文肱糾合鄉里豪傑，共襲衛可孤，殺之；度拔尋與鐵勒戰死。肱，逸豆歸之玄孫也。」見《資治通鑑》，卷150，梁武帝普通五年（524），頁4688。

〔註10〕 「德皇帝與衛可孤戰于武川南河，臨陣墜馬，（宇文）顥與數騎奔救，擊殺數十人，賊眾披靡，德皇帝乃得上馬引去。俄而賊追騎大至，顥遂戰歿。」見《周書》，卷10，〈邵惠公顥傳〉，頁153。

〔註11〕 「柔然頭兵可汗大破破六韓拔陵，斬其將孔雀等。拔陵避柔然，南徙渡河。將軍李叔仁以拔陵稍逼，求援於廣陽王深，深帥眾赴之。賊前後降附者二十萬人……詔黃門侍郎楊昱分處之冀、定、瀛三州就食。」見《資治通鑑》，卷150，梁武帝普通六年（525），頁4705。

〔註12〕 「後避地中山。遂陷於鮮于修禮。」見《周書》，卷1，〈文帝紀〉上，頁2。

〔註13〕 爾朱氏在史料中有「爾」與「尒」兩種不同的記法，《魏書》中用「尒」；《北齊書》多用「尒」，只有在〈綦連猛傳〉使用「爾」，如「即從爾朱世隆出奔建州，仍從尒朱兆入洛。」見唐・李百藥撰，《北齊書》（新校標點本，北京：中華書局，2003年7月第1版第8刷），卷41，〈綦連猛傳〉，頁540；《周書》中則用「爾」；而《北史》中用「尒」。因本文主角為宇文護，且史料多以《周書》為主，所以在行文時，暫依《周書》所記用「爾」。

〔註14〕 「會爾朱榮擒葛榮，定河北，太祖（宇文泰）隨例遷晉陽。」見《周書》，卷1，〈文帝紀〉上，頁2。

〔註15〕 「於後，吾共汝（宇文護）在受陽住。」見《周書》，卷11，〈晉蕩公護傳〉，頁170。

〔註16〕 「普泰初，自晉陽至平涼。」見《周書》，卷11，〈晉蕩公護傳〉，頁165。

〔註17〕 參見《周書》，卷11，〈晉蕩公護傳〉，頁165～166。

〔註18〕 《周書》，卷2，〈文帝紀〉下，頁35。

　　西魏恭帝三年（556）宇文泰病逝，遺命宇文護輔佐嗣子宇文覺〔註21〕，宇文護便行禪代之事〔註22〕，讓宇文泰嗣子宇文覺即天王位〔註23〕（天王元年，557）。北周取代西魏後，宇文護擔任大司馬，又於同年二月進位為大冢宰〔註24〕，成為北周的權臣並掌握大權，最後在北周武帝天和七年（572）三月十八日，宇文護從同州返回長安謁見皇太后叱奴氏時被武帝宇文邕與其弟宇文直所殺〔註25〕，享年六十歲。

　　北周歷史自宇文覺天王元年（557）至楊堅篡位（隋開皇元年，581）為止，共約二十四年，而在北周國祚短短二十四年中，宇文護擔任權臣掌握大權約十五年，占半數以上的時間，是北周歷史上的重要人物。

一、研究緣起

　　宇文護不僅在北周歷史上是重要的人物，同時也是相當爭議的人物，雖然幫助宇文氏順利度過宇文泰病逝後的政權危機，也促使宇文氏取代元氏建立北周，甚至於安定了當時的民生經濟，並穩定「軍國所資」的益州局勢，而且他挖掘與吸收的人才對北周的武、宣兩朝以及隋代也有相當的貢獻；然而在這些貢獻以外，他也犯下了連續殺害二位當朝皇帝的罪行，不過宇文護既然會連續殺害兩位皇帝，就表示宇文護想要鞏固權力，有掌控朝政的野心，甚至於可能還有進一步的意圖。

　　　武成二年（560），（庾季才）與王褒、庾信同補麟趾學士。累遷稍伯
　　　大夫、車騎大將軍、儀同三司。其後大冢宰宇文護執政，謂季才曰：
　　　「比日天道，有何徵祥？」季才對曰：「荷恩深厚，若不盡言，便同
　　　木石。頃上台有變，不利宰輔，公宜歸政天子，請老私門。此則自

〔註19〕　《周書》，卷2，〈文帝紀〉下，頁36。
〔註20〕　「初行六官，拜小司空。」見《周書》，卷11，〈晉蕩公護傳〉，頁166。
〔註21〕　「命中山公（宇文）護受遺輔嗣子。」見《周書》，卷2，〈文帝紀〉下，頁37。
〔註22〕　「太祖山陵畢，（宇文）護以天命有歸，遣人諷魏帝，遂行禪代之事。」見《周書》，卷11，〈晉蕩公護傳〉，頁166。
〔註23〕　《周書》，卷3，〈孝閔帝紀〉，頁46。
〔註24〕　《周書》，卷3，〈孝閔帝紀〉，頁46～48。
〔註25〕　「（天和）七年（572）三月十八日，（宇文）護自同州還。帝御文安殿，見護訖，引入含仁殿朝皇太后。……未訖，帝以玉珽自後擊之，護踣於地。又令宦者何泉以御刀斫之。泉惶懼，斫不能傷。時衛王直先匿於戶內，乃出斬之。」見《周書》，卷11，〈晉蕩公護傳〉，頁175～176。

享期頤，而受旦、奭之美，子孫藩屏，終保維城之固。不然者，非
復所知。」護沈吟久之，謂季才曰：「吾本意如此，但辭未獲免耳。
公既王官，可依朝例，無煩別參寡人也。」自是漸疏，不復別見。
及護滅之後，閱其書記，武帝親自臨檢，有假託符命，妄造異端者，
皆致誅戮。唯得季才書兩紙，盛言緯候災祥，宜反政歸權。……因
賜粟三百石，帛二百段。〔註26〕

引文中記載了宇文護藉由徵祥來探詢庾季才的態度，而在庾季才表達立場以
後，宇文護對庾季才「漸疏」並且「不復別見」，不過從「有假託符命，妄造
異端者，皆致誅戮」這段引文中可見藉由徵祥表達忠於宇文護的朝臣也有，
反映了宇文護並非只有探詢庾季才的態度，而是有藉徵祥來試探朝臣立場的
狀況。

　　雖然宇文護藉由徵祥來試探朝臣立場，然而宇文護終其一生並沒有篡
位，為什麼宇文護連續殺害兩位皇帝卻沒有篡位？傳統對於宇文護這種狀態
的解釋，有「令人深思」或是「放棄篡位」這兩種的看法，因此本文將藉由
宇文護朝政運作的狀況試圖討論宇文護沒有篡位的原因。

二、前人研究

　　目前關於宇文護的研究，尚沒有以論文的方式來討論這個議題，高蘊華
所著的〈宇文護述論〉比較偏向概略性的論述，雖然肯定宇文護變魏為周的
貢獻，也肯定宇文護對北周經濟與社會秩序的貢獻〔註27〕，但整體仍是負面
評價比較多，如諸子僚屬貪殘，蠹政害民，貪戀權勢等等〔註28〕，並且提出
了專橫跋扈、無戎略卻恃武貪功與所委多不稱職如宇文直與叱羅協等等評價
〔註29〕；除此之外，高蘊華在文中也提出了一個疑問，「宇文護兩弒其君而自
己終未篡奪，卻擁立頗有作為與改革精神的宇文邕，並與其相安達 12 年之
久，頗令人深思」〔註30〕。

　　會田大輔所著的〈北周宇文護執政期再考——以宇文護幕僚人事組成為

〔註26〕　《隋書》，卷78，〈藝術‧庾季才傳〉，頁1765。
〔註27〕　參見高蘊華著，〈宇文護述論〉（收錄於《北朝研究》，1992年第3期），頁23
　　　　　～24。
〔註28〕　參見〈宇文護述論〉，頁23。
〔註29〕　參見〈宇文護述論〉，頁26～28。
〔註30〕　參見〈宇文護述論〉，頁25～26。

中心〉，此文是由林靜薇翻譯，收錄於《早期中國史研究》中。會田大輔藉由墓誌、文集與佛教史料等等重新檢視宇文護的形象與定位，並從宇文護選拔的人才，說明宇文護有度量與遠見，並且也妥善在融合西魏北周內部的各方勢力，對維持西魏北周有相當的貢獻，同時引用了相當多的史料並製表來分析這些人在正史中的記載，對於宇文護選拔的人才，主要以天官小冢宰與司會中大夫、中外府與開府幕僚等方向爲主〔註 31〕，藉此說明宇文護運用的人才與其出身，並再次討論與檢視宇文護的形象與定位。

　　此外呂春盛於《關隴集團的權力結構演變——西魏北周政治史研究》一書中，也提出了對西魏北周政治史研究的許多看法與意見，並在文中有相當的篇幅討論宇文護，呂春盛提出親宇文護派與親周帝派的二分法，並且認爲宇文護逐漸放棄篡位的念頭而採取協和的政策〔註 32〕。

　　相對於上述的看法，愚見認爲仍有補充與再討論的必要。首先宇文護所處的時代是北周依《周禮》行六官，而漢魏官制與《周禮》的六官並不相同，所以討論北周的政局勢必要對《周禮》中的六官有所瞭解，才能更釐清北周朝政運作的狀況，例如重要的禁軍之職掌或權臣大冢宰信任的幕僚以及皇帝的親信等等。因此本文會整理與說明六官重要的職位與擔任的成員，藉此來瞭解宇文護控制朝政的方式，以釐清宇文護對篡位的立場與態度。

　　其次政治派系的變化或許不一定適合使用二分法，如支持宇文護「統領軍國」〔註 33〕的于謹，同時也有「竭其智能，弼諧帝室。故功臣之中，特見委信，始終若一，人無間言」〔註 34〕的記載，即是于謹雖然支持宇文護統領軍國，但並不表示于謹不支持周帝，尤其當宇文護與周帝產生權力衝突的時候，于謹都沒有參與並且支持宇文護的記載，可見于謹雖然支持宇文護統領軍國，但不表示于謹會支持宇文護每一個政治決定；再如被視爲親宇文護的賀蘭祥與尉遲綱〔註 35〕，他們雖然有參與宇文護廢天王宇文覺改立宇文毓一

〔註 31〕　參見會田大輔著、林靜薇譯，〈北周宇文護執政期再考——以宇文護幕僚人事組成爲中心〉（收錄於《早期中國史研究》第 4 卷第 1 期，2012 年 6 月），頁 15～34。

〔註 32〕　參見呂春盛著，《關隴集團的權力結構演變——西魏北周政治史研究》（臺北：稻相，2002 年 3 月初版），頁 218。

〔註 33〕　《周書》，卷 15，〈于謹傳〉，頁 248。

〔註 34〕　《周書》，卷 15，〈于謹傳〉，頁 250。

〔註 35〕　參見呂春盛著，《關隴集團的權力結構演變——西魏北周政治史研究》，頁 183。

事〔註36〕，但之後當宇文護和明帝宇文毓產生權力衝突，甚至於與武帝宇文邕之間產生權力衝突時，賀蘭祥與尉遲綱都沒有參與的記載，因此不一定表示他們仍然支持宇文護。因為政治立場會隨著不同的局勢而產生變化，所以本文沒有以親周帝與親宇文護的二分法作討論。

最後是關於宇文護委任的僚屬，愚見認同會田大輔引用中外府和開府幕僚來討論宇文護的用人並非如同史書中的負面評價，因為擔任中外府與開府成員的狀況比較單純，可是擔任小冢宰與天官司會的成員和宇文護的關係便比較複雜，甚至於這些人事異動是否都是宇文護的命令也很難判斷。在史書隱諱而不容易判斷朝中派系分合的情況下，為避免爭議，本文在討論宇文護的用人時，只針對史料中有記載宇文護親委、親待、親愛、委信與委任等等比較重視的親信系統，以及中外府與開府的幕僚，來檢視宇文護用人的態度與作法。

三、研究方法

為釐清北周的制度，本文引用相當多王仲犖所著的《北周六典》；此外文中附有許多地圖，是採用譚其驤的《中國歷史地圖集》，並在圖中標誌以方便釐清北周時期州郡的地理位置，特在此感謝。

第一章敘述研究緣起與目的。

第二章是討論宇文護執政前的局勢，首先說明宇文護的出身與成長背景；其次介紹宇文護叔父宇文泰在關中的發展與控制朝政的模式，這個模式可以與宇文護後來執政時的模式作對照；再次是介紹宇文護在宇文泰的班底中逐漸成為最重要的角色並且受宇文泰的遺命輔佐嗣子；最後則是略為說明宇文護如何面對與處理宇文泰病逝後的局勢。

第三章則是說明宇文護執政後開始面臨到的權力衝突以及宇文護如何藉由朝中六官與霸府幕僚運作朝政，並且敘述三個不同皇帝的局勢演變。

第四章是宇文護執政時期的綜合介紹，首先略述宇文護矛盾的心態；其次是討論宇文護親待的成員，針對史料中記載宇文護親委、親待、親愛、委信與委任等等的親信系統，以釐清宇文護的用人狀況；再次則是分析宇文護中外府與開府的幕僚，他們的遷轉狀況以及對後世的影響；最後則是略述宇文護的具體貢獻。

〔註36〕《周書》，卷23，〈孝閔帝紀〉，頁49～50。

第五章是總結宇文護執政期間的政治局勢，可以發現宇文護並不是沒有篡位的意願，只是在朝臣支持度不夠與禁軍控制力不足的情況下，宇文護篡位的時機尚未成熟。

為方便與宇文護執政的年代對照，特列北周帝王世系表供參。

表 1-2　北周帝王世系表〔註 37〕（557～581）

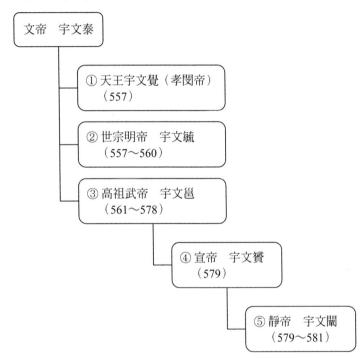

文帝　宇文泰

① 天王宇文覺（孝閔帝）（557）

② 世宗明帝　宇文毓（557～560）

③ 高祖武帝　宇文邕（561～578）

④ 宣帝　宇文贇（579）

⑤ 靜帝　宇文闡（579～581）

〔註 37〕表中宇文泰並未稱帝，是明帝宇文毓武成元年（559）改天王稱皇帝以後才追尊為帝。參見《周書》，卷 4，〈明帝紀〉，頁 58。宇文覺原是稱天王，在武帝宇文邕建德元年（572）才追尊為孝閔帝。參見《周書》，卷 5，〈武帝紀〉上，頁 70。

第二章　宇文護執政前的局勢

　　在敘述宇文護執政前的局勢以前，先略為說明宇文護家族的世系發展，以及宇文護的生年爭議。

　　《周書》中關於宇文護家族的世系發展有以下的記載：

> （宇文）普回子莫那，自陰山南徙，始居遼西，是曰獻侯，爲魏舅
> 生之國。九世至侯豆歸，爲慕容晃所滅。其子陵仕燕，拜駙馬都尉，
> 封玄菟公。魏道武將攻中山，陵從慕容寶禦之。寶敗，陵率甲騎五
> 百歸魏，拜都牧主，賜爵安定侯。天興初，徙豪傑於代都，陵隨例
> 邊武川焉。陵生系，系生韜，並以武略稱。韜生肱。〔註1〕

宇文肱是宇文護的祖父，史料中沒有擔任武川鎮將或北魏中央官職的記載
〔註2〕，而上條世系發展的引文中，可以發現宇文肱一族先世同樣沒有擔任北
魏中央官職或武川鎮將的記載〔註3〕，可能只是武川鎮中的部將酋帥〔註4〕，
因此宇文肱這一支應是在宇文泰時期才開始與北魏中央政權產生較爲密切的

〔註1〕　《周書》，卷1，〈文帝紀〉上，頁1。

〔註2〕　《周書》，卷1，〈文帝紀〉上，頁2；《資治通鑑》，卷150，梁武帝普通五年
　　　　（524），頁4688。

〔註3〕　單指宇文肱家族，並非包含所有的宇文氏。宇文部在北魏並不只有宇文肱一
　　　　支，如宇文泰族子宇文測起家官便是奉朝請、殿中侍御史，並且還娶北魏宣
　　　　武帝之女陽平公主，同時宇文測的高祖、曾祖、祖與父皆「仕魏，位並顯達」，
　　　　則見宇文測雖與宇文泰有同族的記載，但宇文測這一支宇文部與北魏洛陽政
　　　　權的關係比較深。以上宇文測的記載參見《周書》，卷27，〈宇文測傳〉，頁
　　　　453。

〔註4〕　「宇文肱理當是部落酋帥。」參見王怡辰著，《東魏北齊的統治集團》（臺北：
　　　　文津出版社，2006年10月初版1刷），頁44。

互動〔註5〕；此外引文中也略述了宇文護家族部落的遷徙狀況，最早從陰山南遷，居於遼西，後來轉仕慕容氏，最後在宇文陵時期投奔北魏，至北魏道武帝天興年間徙居代郡，最後定居於武川。

其次略述宇文護生年的爭議，依宇文護的本傳中所記，約有四條關於年齡的記載，但是卻出現三個不同的生年。

表2-1　宇文護生年爭議簡表

生　　年	史　料　記　載
延昌二年（513）	昔在武川鎮生汝兄弟，大者屬鼠，次者屬兔，汝身屬蛇〔註6〕。
延昌三年（514）	年十一，惠公（宇文顥）薨〔註7〕（正光五年，524）〔註8〕。
延昌四年（515）	普泰初（531）……時年十七〔註9〕。
	鮮于修禮起事（孝昌二年，526）〔註10〕……汝時年十二〔註11〕。

上表可見宇文護本傳中三個不同生年的記載，何者屬實仍待更多新的史料加以釐清，不過在閻氏記錯諸子生肖的可能性較低〔註12〕的情況下，本文宇文護的生年暫時以閻氏書信中所記的生肖爲主（延昌二年，513）。

本章首先說明宇文護的成長背景，其次探討關隴局勢演變至宇文泰在關

〔註5〕 六鎮起事後，宇文護一族顛沛流離，在宇文泰當家時被爾朱榮收編，開始與北魏中央政權產生比較密切的互動，將於本文第一節再作詳述。而除了宇文肱這一支以外，宇文貴這一支也是在六鎮起事後才開始與北魏中央政權比較密切，《周書》中記載宇文貴是宇文泰宗室，但是親屬關系缺載。宇文貴原居夏州，家族並沒有擔任北魏職官或是北鎮鎮將，在六鎮起事以後，先從刺史源子雍征戰，後來跟隨爾朱榮，轉都督，加征虜將軍，授郢州刺史，入爲武衛將軍等等。以上宇文貴的記載參見《周書》，卷19，〈宇文貴傳〉，頁311～312。

〔註6〕 《周書》，卷11，〈晉蕩公護傳〉，頁169～170。

〔註7〕 《周書》，卷11，〈晉蕩公護傳〉，頁165。

〔註8〕 宇文顥在宇文肱與衛可孤作戰時，爲救宇文肱而戰死。參見《周書》，卷10，〈邵惠公顥傳〉，頁153。據《通鑑》記載，宇文肱與衛可孤戰於北魏孝明帝正光五年（524）。參見《資治通鑑》，卷150，梁武帝普通五年（524），頁4688。

〔註9〕 《周書》，卷11，〈晉蕩公護傳〉，頁165。

〔註10〕 《魏書》，卷9，〈肅宗孝明帝紀〉，頁243。

〔註11〕 《周書》，卷11，〈晉蕩公護傳〉，頁169～170。

〔註12〕 「閻氏記其子生肖必不誤，年齡則耄老或有誤記，又刊本也可能訛『十三』爲『十二』。」見《周書》，卷11，〈校勘記〉，頁184。

中建立基業，最後說明宇文護在其中所扮演的角色。

第一節　宇文護的成長背景

　　武川鎮是宇文護自北魏宣武帝延昌二年（513）出生至北魏孝明帝孝昌元年〔註13〕（525）避地中山〔註14〕以前的生長故鄉，在宇文護於武川鎮的成長歲月中（513～525），北魏正面臨重大的變局，即是北方戍鎮地位轉變所導致的叛亂問題。

一、北鎮起事的原因

　　在宇文護出生之際，北魏朝廷中參與修訂律令的孫紹〔註15〕，在延昌年間（512～515）上表指出北方邊鎮的問題：

> 延昌中，（孫）紹表曰：「……今強敵窺時，邊黎伺隙，內民不平，久戍懷怨，戰國之勢，竊謂危矣。必造禍源者，北邊鎮戍之人也。」
> 〔註16〕

孫紹提出的「必造禍源者，北邊鎮戍之人也」，其中北方的防戍重鎮，便有宇文護自幼成長的武川鎮。肅宗孝明帝熙平元年〔註17〕（516），任城王元澄更提出了：「北邊鎮將選舉彌輕，恐賊虜闚邊，山陵危迫，奏求重鎮將之選，修警備之嚴」〔註18〕的意見，從中可以發現元澄認為北邊鎮將會因「選舉彌輕」，而會產生「賊虜闚邊，山陵危迫」的問題。

　　宇文護自幼成長的武川鎮究竟面臨什麼變化，以致於孫紹上表「必造禍源者，北邊鎮戍之人也」？又為什麼元澄會提出「北邊鎮將選舉彌輕，恐賊

〔註13〕 「孝昌初……時北鎮饑民二十餘萬，詔（楊）昱為使，分散於冀、定、瀛三州就食。」見北齊・魏收撰，《魏書》（新校標點本，北京：中華書局，2003年10月第1版第7刷），卷58，〈楊播附孫昱傳〉，頁235。

〔註14〕 「正光末，沃野鎮人破六汗拔陵作亂，遠近多應之。其偽署王衛可孤徒黨最盛，（宇文）肱乃糺合鄉里斬可孤，其眾乃散。後避地中山。」見《周書》，卷1，〈文帝紀〉上，頁2。

〔註15〕 「曾著釋典論，雖不具美，時有可存。與常景等共修律令。」見《魏書》，卷78，〈孫紹傳〉，頁1723。

〔註16〕 《魏書》，卷78，〈孫紹傳〉，頁1723～1724。

〔註17〕 任城王元澄提出「選舉彌輕」的問題在肅宗孝明帝熙平元年（516）。參見《資治通鑑》，卷148，梁武帝天監十五年（516），頁4627。

〔註18〕 《魏書》，卷19，〈任城王澄傳〉，頁476。

虜闚邊，山陵危迫」？這在北魏孝明帝正光四年〔註19〕（523）李崇率軍征討
蠕蠕之際，長史魏蘭根向李崇提出的建議中可略見端倪：

> 緣邊諸鎮，控攝長遠。昔時初置，地廣人稀，或徵發中原強宗子弟，
> 或國之肺腑，寄以爪牙。中年以來，有司乖實，號曰府戶，役同廝
> 養，官婚班齒，致失清流。而本宗舊類，各各榮顯，顧瞻彼此，理
> 當憤怨。更張琴瑟，今也其時，靜境寧邊，事之大者。宜改鎮立州，
> 分置郡縣，凡是府戶，悉免爲民，入仕次敘，一准其舊，文武兼用，
> 威恩並施。此計若行，國家庶無北顧之慮矣。〔註20〕

北方諸鎮的地位轉變是他們成爲北魏問題的主要原因之一，而問題的起源則
是自北魏孝文帝遷都洛陽以後，北方諸鎮從原先「國之肺腑」的地位轉變成
「致失清流」。因此宇文護於武川鎮的成長歲月就恰逢北方諸鎮地位低落，甚
至於北方諸鎮與洛陽政權關係不睦的變動階段。

　　北鎮與洛陽之間的緊張關係，終於在孝明帝正光末年爆發，沃野鎮破落
汗拔陵起事，於是北魏朝廷在正光五年（524）三月下詔元彧平亂〔註21〕，宇
文護家族也因此捲入北魏末年的巨變中。同年五月元彧兵敗，魏廷於是改命
李崇爲大都督，率元淵等人平亂〔註22〕，此時元淵上書朝廷，其中對北鎮地
位的演變有更清楚的說明：

> 邊豎構逆，以成紛梗，其所由來，非一朝也。昔皇始以移防爲重，
> 盛簡親賢，擁麾作鎮，配以高門子弟，以死防遏，不但不廢仕宦，
> 至乃偏得復除。當時人物，忻慕爲之。及太和在歷，僕射李沖當官
> 任事，涼州土人，悉免廝役，豐沛舊門，仍防邊戍。自非得罪當世，
> 莫肯與之爲伍。征鎮驅使，但爲虞候白直，一生推遷，不過軍主。
> 然其往世房分留居京者得上品通官，在鎮者便爲清途所隔。或投彼
> 有北，以御魑魅，多復逃胡鄉。乃峻邊兵之格，鎮人浮遊在外，皆
> 聽流兵捉之。於是少年不得從師，長者不得遊宦，獨爲匪人，言者
> 流涕。自定鼎伊洛，邊任益輕，唯底滯凡才，出爲鎮將，轉相模習，

〔註19〕 魏蘭根向李崇提出建議在北魏孝明帝正光四年（523）。參見《資治通鑑》，卷
　　　　148，梁武帝普通四年（523），頁4673。
〔註20〕 《北齊書》，卷23，〈魏蘭根傳〉，頁329～330。
〔註21〕 《魏書》，卷9，〈肅宗孝明帝紀〉，頁235。
〔註22〕 「五月，臨淮王彧敗於五原，削除官爵……詔尚書令李崇爲大都督，率廣陽
　　　　王（元）淵等北討。」見《魏書》，卷9，〈肅宗孝明帝紀〉，頁235～236。

專事聚斂。或有諸方姦吏，犯罪配邊，爲之指蹤，過弄官府，政以
賄立，莫能自改。咸言姦吏爲此，無不切齒憎怒。〔註23〕

在元淵的上書中，說明了北方邊鎮原先主要是「高門子弟」，且「當時人物，
忻慕爲之」，至北魏孝文帝太和年間，北方邊鎮已出現「世房分留居京者得上
品通官，在鎮者便爲清途所隔」的狀況〔註24〕，因此「邊任益輕，唯底滯凡
才，出爲鎮將，轉相模習，專事聚斂」，這些都不斷在加深北鎮與洛陽之間的
緊張關係。

　　簡略說明了北方邊鎮地位的演變，這是宇文護所處的武川鎮中所面臨的
情勢，不過當沃野鎮破落汗拔陵起事時，宇文護家族並沒有參與破落汗拔陵
起事，反而是跟隨武川軍主賀拔度拔：

　　（宇文）肱任有俠有氣幹。正光末，沃野鎮人破六汗拔陵作亂，遠
　　近多應之。其偏署王衞可孤徒黨最盛，肱乃糺合鄉里斬可孤，其眾
　　乃散。〔註25〕

　　父（賀拔）度拔，爲武川軍主……（賀拔勝）時亦爲軍主，從度拔
　　鎮守……（楊）鈞復遣（賀拔）勝出覘武川，而武川已陷，勝乃馳
　　還。懷朔亦潰，勝父子遂爲賊所虜。後隨度拔與德皇帝（宇文肱）
　　合謀，率州里豪傑輿珍、念賢、乙弗庫根、尉遲眞檀等，招集義勇，
　　襲殺可孤。〔註26〕

引文中可見宇文肱與武川軍主賀拔度拔合謀的經過，在兩人決定襲殺衞可
孤以前，武川鎮與懷朔鎮已失陷，而宇文護的父親宇文顥因襲殺衞可孤而

〔註23〕　《魏書》，卷18，〈元深傳〉，頁429～430。廣陽王爲元淵，因〈元深傳〉依
　　　　　《北史》補，避唐諱「淵」而改爲「深」，參見《魏書》，卷18，〈校勘記〉，
　　　　　頁438。
〔註24〕　元淵上書所指出的情況，可以從西魏北周八柱國之一的趙貴與其同族趙善的
　　　　　家族發展中略窺一二。趙貴曾祖趙達爲北魏庫部尚書、臨晉子，在祖父趙仁
　　　　　以良家子鎮武川以後，從趙仁至趙貴，祖孫三代在史料中都沒有擔任北魏官
　　　　　職的記載，參見《周書》，卷16，〈趙貴傳〉，頁261。相對於趙貴一族出鎮北
　　　　　方邊鎮以後的仕宦狀況，趙善的狀況便截然不同，趙善祖父趙國爲龍驤將軍、
　　　　　洛州刺史，父趙更爲安樂太守，趙善一族並沒有出鎮北方邊鎮的記載，其家
　　　　　族的仕宦也較出鎮北方邊鎮以後的趙貴一族爲佳，參見《周書》，卷34，〈趙
　　　　　善傳〉，頁587。
〔註25〕　《周書》，卷1，〈文帝紀〉上，頁2。
〔註26〕　《周書》，卷14，〈賀拔勝傳〉，頁215～216。

戰歿〔註 27〕。賀拔度拔會選擇與宇文肱合作，或有可能是兩家族的關係本來就不錯〔註 28〕，也或有可能是宇文部在武川鎮有相當的實力，在史料缺載的情況下暫不多作臆測。

　　破落汗拔陵所引發的動亂，魏室在蠕蠕的幫助下暫時平定了亂局〔註 29〕，但卻將北鎮居民分散至冀、定、瀛三州就食〔註 30〕，宇文護家族便是在這處置下從武川鎮避地中山〔註 31〕（屬定州）〔註 32〕。

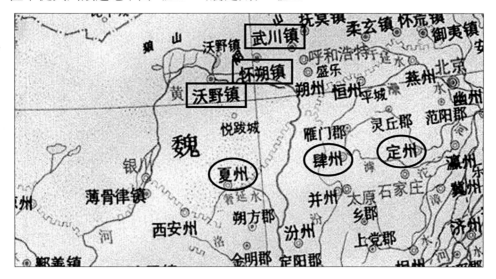

圖 2-1　北魏武川鎮圖

上圖是北魏武川鎮約略位置圖，臨近武川鎮西側的是懷朔鎮，再往西便是六鎮之亂中最早起事的沃野鎮。在沃野鎮南方的夏州，是後來宇文護叔叔宇文泰在隨賀拔岳入關平亂後出鎮的地方刺史〔註 33〕。離武川鎮較遠的南方，有

〔註27〕　「德皇帝（宇文肱）與衛可孤戰於武川南河，臨陣墜馬，（宇文）顥與數騎奔救，擊殺數十人，賊眾披靡，德皇帝乃得上馬引去。俄而賊追騎大至，顥遂戰歿。」見《周書》，卷 10，〈邵惠公顥傳〉，頁 153。

〔註28〕　「太祖（宇文泰）與（賀拔）岳有舊，乃以別將從岳。」見《周書》，卷 1，〈文帝紀〉上，頁 2。引文中的記載或可佐證宇文部與賀拔部的交情。

〔註29〕　《魏書》，卷 9，〈肅宗孝明帝紀〉，頁 241；《資治通鑑》，卷 150，梁武帝普通六年（525），頁 4704～4705。

〔註30〕　《魏書》，卷 18，〈元深傳〉，頁 431。

〔註31〕　《周書》，卷 1，〈文帝紀〉上，頁 2。

〔註32〕　《魏書》，卷 106 上，〈地形志〉上，頁 2461。

〔註33〕　「於是表太祖（宇文泰）為使持節、武衛將軍、夏州刺史。」見《周書》，卷

北魏末年重要權臣爾朱榮的根據地肆州〔註34〕，而肆州東測的定州，便是六鎮亂後宇文部避居之處。

　　魏室將北鎮居民分散至冀、定、瀛三州就食的措施，元淵認爲這是「禍亂當由此作」〔註35〕，而此舉更嚴重的地方在於避難之戶的生活環境不佳〔註36〕，導致最後局勢如同元淵所預測：首先是孝昌元年（525）八月，柔玄鎮杜洛周起事〔註37〕；其次是孝昌二年（526）正月，鮮于修禮起事〔註38〕，宇文護母閻氏在其家書中有清楚說明宇文部投奔鮮于修禮的經過：

　　　　鮮于修禮起日，吾之閤家大小，先在博陵郡住。相將欲向左人城，
　　　　行至唐河之北，被定州官軍打敗。汝祖（宇文肱）及二叔（宇文
　　　　連），時俱戰亡。汝叔母賀拔及兒元寶，汝叔母紇干及兒菩提，并吾
　　　　與汝六人，同被擒捉入定州城……至定州城南，夜宿同鄉人姬庫根
　　　　家。茹茹奴望見鮮于修禮營火，語吾云：「我今走向本軍。」既至
　　　　營，遂告吾輩在此。明旦日出，汝叔將兵邀截，吾及汝等，還得向
　　　　營。〔註39〕

閻氏的家書中除了可見宇文部此時對鮮于修禮支持的政治立場以外，還可以發現自六鎮之亂離開武川鎮以後至鮮于修禮起事以前，宇文部是居住在博陵郡（屬定州）〔註40〕，而在鮮于修禮起事以後，一族人欲從博陵郡向左人城投奔鮮于修禮〔註41〕，但卻在唐河之北被定州的官軍打敗，宇文護的祖父宇文肱與叔父宇文連皆因此戰歿，宇文護與閻氏則被定州官軍所擒，後在茹茹奴與宇文護叔父〔註42〕的幫助下才投奔鮮于修禮。

　　　　1，〈文帝紀〉上，頁4。
〔註34〕　爾朱榮自高祖時便居於秀容川，此後世代繼爲領民首長，曾祖曾拜肆州刺史。
　　　　參見《魏書》，卷74，〈尒朱榮傳〉，頁1643～1644。秀容屬肆州。參見《魏
　　　　書》，卷106上，〈地形志〉上，頁2473～2474。
〔註35〕　《魏書》，卷18，〈元深傳〉，頁431。
〔註36〕　「州城之內，先有燕恒雲三州避難之戶，皆依傍市鄽，草廬攢住。」見《魏
　　　　書》，卷68，〈甄琛附子楷傳〉，頁1517。
〔註37〕　《魏書》，卷9，〈肅宗孝明帝紀〉，頁241。
〔註38〕　《魏書》，卷9，〈肅宗孝明帝紀〉，頁243。
〔註39〕　《周書》，卷11，〈晉蕩公護傳〉，頁170。
〔註40〕　《魏書》，卷106上，〈地形志〉上，頁2461～2463。
〔註41〕　鮮于修禮在左人城起事。參見《魏書》，卷68，〈甄琛附子楷傳〉，頁1517。
〔註42〕　閻氏的書信中並沒有說明此人是宇文洛生還是宇文泰，史料中也缺乏記載，
　　　　因此暫不討論。

閻氏家書中對宇文部參與鮮于修禮起事的經過與《周書・文帝紀》不盡相同：

> 後避地中山，遂陷於鮮于脩禮。脩禮令（宇文）肱還統其部眾。後為定州軍所破，歿於陣。〔註43〕

《周書・文帝紀》與閻氏的家書出現兩條不同的記載，一是《周書・文帝紀》記「避地中山」，閻氏卻曰「先在博陵郡住」；二是《周書・文帝紀》記「遂陷於鮮于脩禮」，閻氏卻曰「相將欲向左人城」，這兩條不同的記載恐仍待更多新史料的出現加以還原與釐清。

鮮于修禮不久便被葛榮所殺，宇文護家族也轉而跟隨葛榮〔註44〕，此時統領宇文肱餘眾的是宇文護叔父宇文洛生：

> 莒莊公洛生，少任俠，尚武藝，及壯，有大度，好施愛士。北州賢俊，皆與之遊，而才能多出其下。及葛榮破鮮于脩禮，乃以洛生為漁陽王，仍領德皇帝餘眾。時人皆呼為洛生王。洛生善將士，帳下多驍勇。至於攻戰，莫有當其鋒者，是以克獲常冠諸軍。爾朱榮定山東，收諸豪傑，還於晉陽，洛生時在虜中。榮雅聞其名，心憚之。尋為榮所害。〔註45〕

宇文洛生在爾朱榮平定葛榮以後（永安元年，528）〔註46〕，被爾朱榮所害，《周書・文帝紀》中有爾朱榮原先欲迫害宇文洛生與宇文泰，最後卻收編宇文泰的經過：

> （爾朱）榮以太祖兄弟雄傑，懼或異己，遂託以他罪，誅太祖第三兄（宇文）洛生，復欲害太祖。太祖自理家冤，辭旨慷慨，榮感而免之，益加敬待……太祖始以統軍從榮征之。〔註47〕

因為宇文泰「自理家冤，辭旨慷慨」，爾朱榮因此而「益加敬待」，宇文泰便成為爾朱榮的統軍隨其征伐，後又隨賀拔岳討元顥，以戰功遷鎮遠將軍、步兵校尉〔註48〕。在宇文泰被爾朱榮收編之際，此時的宇文護仍與其母閻氏同住：

〔註43〕 《周書》，卷1，〈文帝紀〉上，頁2。

〔註44〕 「（宇文泰）少隨德皇帝在鮮于脩禮軍。及葛榮殺脩禮，太祖時年十八，榮遂任以將帥。」見《周書》，卷1，〈文帝紀〉上，頁2。

〔註45〕 《周書》，卷10，〈莒莊公洛生傳〉，頁159。

〔註46〕 《魏書》，卷10，〈敬宗孝莊帝紀〉，頁260。

〔註47〕 《周書》，卷1，〈文帝紀〉上，頁2。

〔註48〕 《周書》，卷1，〈文帝紀〉上，頁2。

於後，吾共汝（宇文護）在受陽住。時元寶（宇文連子）、菩提（宇
文洛生子）及汝姑兒賀蘭盛洛（賀蘭祥），并汝身四人同學。博士姓
成，爲人嚴惡，汝等四人謀欲加害。吾共汝叔母等聞之，各捉其兒
打之。唯盛洛無母，獨不被打。〔註49〕

若從引文來看，宇文肱餘眾的家族親屬應該都是住在受陽，可是史料中卻另
有居於晉陽的記載〔註50〕，至於究竟是住在受陽還是晉陽？在史料不足下暫
不討論，不過因爲受陽與晉陽皆同屬并州太原郡〔註51〕，至少宇文護家族親
屬此時住在并州太原是可以確定的。

圖 2-2　宇文護家族於北魏末年遷徙圖

二、關隴局勢的演變

　　北魏孝莊帝永安三年（530）爾朱榮遣爾朱天光與賀拔岳入關平万俟醜奴

〔註49〕　《周書》，卷 11，〈晉蕩公護傳〉，頁 170。
〔註50〕　「永安中，太祖入關，（宇文）什肥不能離母，遂留晉陽。」見《周書》，卷
　　　　　10，〈邵惠公顥附子什肥傳〉，頁 153～154。從引文可見宇文什肥與閻氏似乎
　　　　　是住在晉陽而不是受陽。此外「會爾朱榮擒葛榮，定河北，太祖隨例遷晉
　　　　　陽。」見《周書》，卷 1，〈文帝紀〉上，頁 2。又「初與諸父在葛榮軍中，榮
　　　　　敗，遷晉陽。及太祖隨賀拔岳入關，（宇文）導從而西，常從征伐。」見《周
　　　　　書》，卷 10，〈邵惠公顥附子導傳〉，頁 154。從〈文帝紀〉、〈邵惠公顥附子什
　　　　　肥傳〉與〈邵惠公顥附子導傳〉的記載中可見宇文護家族親屬似乎是居住在
　　　　　晉陽。
〔註51〕　《魏書》，卷 106 上，〈地形志〉上，頁 2466。

〔註 52〕，宇文護的叔父宇文泰從賀拔岳入關〔註 53〕，宇文護的次兄宇文導也隨宇文泰一同入關〔註 54〕，而他們入關的原因，正是因爲關隴地區發生了變動，以下簡略說明關隴地區局勢的演變。

在沃野鎮破落汗拔陵起事後，高平鎮（今寧夏固原市）繼之起事，推敕勒酋長胡琛爲領袖。正光五年（524）四月，高平酋長胡琛自稱高平王〔註 55〕，《周書‧李遠傳》中便有胡琛「侵逼原州」的記載〔註 56〕，而《北史‧尒朱天光傳》則記載了事件的始末：

> 初，高平鎮城人赫貴連恩等爲逆，共推敕勒酋長胡琛爲主，號高平王，遙臣沃野鎮賊帥破六韓忸麫。琛入據高平城，遣其大將万俟醜奴來寇涇州。琛後與莫折念生交通，侮慢忸麫。遣使人費律如至高平，誘斬琛。爲醜奴所并。〔註 57〕

胡琛起初遙臣沃野鎮的破落汗拔陵，但後來轉與莫折念生合作，除了因莫折念生的興起〔註 58〕外，胡琛在高平，莫折念生在秦州（參見圖 2-3），距離較近能互相援助與呼應，應是胡琛轉向與莫折念生合作的另一原因。

〔註 52〕 《資治通鑑》，卷 154，梁武帝中大通二年（530），頁 4771～4773。

〔註 53〕 《周書》，卷 1，〈文帝紀〉上，頁 2。

〔註 54〕 「初與諸父在鄳榮軍中，榮敗，遷晉陽。及太祖隨賀拔岳入關，（宇文）導從而西，常從征伐。」見《周書》，卷 10，〈邵惠公顥附子導傳〉，頁 154。又「於後，吾共汝在受陽住。時（宇文）元寶（宇文連子）、（宇文）菩提（宇文洛生子）及汝姑兒賀蘭盛洛（賀蘭祥），并汝身四人同學。……其後爾朱天柱亡歲，賀拔阿斗泥在關西，遣人迎家累。時汝叔亦遣奴來富迎汝及盛洛等。」見《周書》，卷 11，〈晉蕩公護傳〉，頁 170。兩條史料可見宇文導是隨宇文泰入關，而非被宇文泰接入關，因爲在宇文護母閻氏的書信中可見，那時在閻氏身邊的只有宇文護，後來宇文護與賀蘭祥才被接入關時。

〔註 55〕 《魏書》，卷 9，〈肅宗孝明帝紀〉，頁 235。

〔註 56〕 「魏正光末，天下鼎沸，勒賊胡琛侵逼原州，其徒甚盛。（李）遠昆季率勵鄉人，欲拒守，而眾情猜懼，頗有異同。」參見《周書》，卷 25，〈李賢附弟遠傳〉，頁 418。

〔註 57〕 唐‧李延壽撰，《北史》（新校標點本，臺北：鼎文書局，1982 年第 4 版），卷 48，〈尒朱天光傳〉，頁 1773～1774。

〔註 58〕 簡略說明莫折念生的興起。最初秦州起事時被擁立的是莫折念生之父莫折太提，在莫折太提死後勢力由莫折念生繼承，莫折念生繼承莫折太提之後便僭稱天子。在《魏書》中有詳盡的記載：「（正光五年，524）六月，秦州城人莫折太提據城反，自稱秦王，殺刺史李彥。詔雍州刺史元志討之。南秦州城人孫掩、張長命、韓祖香據城反，殺刺史崔遊以應太提。太提遣城人卜朝襲克高平，殺鎮將赫連略、行臺高元榮。太提尋死，子念生代立，僭稱天子，號年天建，置立百官。」見《魏書》，卷 9，〈肅宗孝明帝紀〉，頁 236。

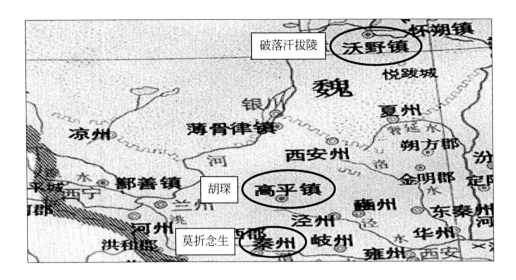

圖 2-3　關隴地區起事簡圖

在高平酋長胡琛起事以後，高平鎮便成為北魏晚期無力處理的困擾，如蕭寶寅奉命入關平亂，不但未能處理高平鎮的動亂，甚至最後還投奔高平鎮的万俟醜奴；長孫稚入關討伐蕭寶寅的叛亂，卻也間接促成蕭寶寅殘餘勢力與高平鎮的合流，同樣的，長孫稚也沒能處理高平鎮的動亂〔註59〕。

高平鎮地屬原州，原州在北魏太武帝拓拔燾太延二年（436）置鎮，正光五年（524）改置為州，並治高平〔註60〕，可見高平鎮屬原州是在正光五年（524）以後，而高平鎮在屬原州以前是何州所轄？至少北魏時期並沒有記載，隋唐以下則只見原州而不見高平。若參考《魏書》以前的記載，高平在兩漢時期屬安定郡〔註61〕，晉時已不見屬，據《晉書》所記屬胡人劉曜之地〔註62〕，應不屬晉地。又北魏是何時開始掌握高平？史載不詳，只能確定在太武帝始光四年（427）時似乎仍不屬魏地〔註63〕，至太武帝太延二年（436）

〔註59〕蕭寶寅與高平鎮的關係，參見《魏書》，卷59，〈蕭寶寅傳〉，頁1323～1324。
〔註60〕《魏書》，卷106下，〈地形志〉下，頁2622。
〔註61〕參見漢・班固撰、唐・顏師古注，《漢書》（新校標點本，北京：中華書局，2007年第1版第13刷），卷28下，〈地理志〉下，頁1615；劉宋・范曄撰、唐・章懷太子注，晉・司馬彪作志、蕭梁劉昭注，《後漢書》（新校標點本，北京：中華書局，2006年3月初版第11刷），卷23，〈郡國志〉，頁3519。
〔註62〕參見唐・房玄齡撰，《晉書》（新校標點本，北京：中華書局，2008年2月第1版第9刷），卷14，〈地理志〉上，頁431。
〔註63〕「世祖復征（赫連）昌，（長孫）翰與廷尉道生、宗正娥清率騎三萬為前驅。昌戰敗，奔上邽，翰以八千騎追之，至高平，不及而還。」見《魏書》，卷

時則顯示高平已屬魏地〔註64〕，因此就史料所見，最晚在太延二年（436）高平鎮已屬魏地，然而高平置鎮的時間不詳。

　　高平鎮地區的種族十分複雜，粗估有高車〔註65〕、蠕蠕〔註66〕、鮮卑〔註67〕、匈奴與鮮卑的混血〔註68〕與北魏軍士後裔的李賢兄弟〔註69〕等等，至少有五種不同的民族，而種族的複雜性，主要是來自邊疆民族的內附，如高車與蠕蠕等等，也因為其複雜性，更增加了統治的困難度。清人顧祖禹指出：「郡外阻河朔，內當隴口，襟帶秦涼，擁衞畿撫，關中安定，繫於此也」〔註70〕，可見原州地點的重要，因此此區屯駐了許多北魏軍士，如活躍於西魏北周的李賢〔註71〕、李遠與李穆兄弟以及蔡祐〔註72〕、田弘〔註73〕等等，

〔註64〕26，〈長孫肥附子翰傳〉，頁653。引文中可見此時高平應該尚不屬魏地，拓拔熹征赫連昌是在始光四年（427），參見《魏書》，卷4，〈世祖太武帝紀〉，頁73。

〔註64〕「（太延二年，436）詔驃騎大將軍、樂平王丕等督河西、高平諸軍討之。」見《魏書》，卷4，〈世祖太武帝紀〉，頁87；「後督河西、高平諸軍討南秦王楊難當。」見《魏書》，卷17，〈明元六王・樂平王丕傳〉，頁413。

〔註65〕「詔遣宣威將軍、羽林監孟威撫納降人，置之高平鎮。」見《魏書》，卷103，〈高車〉，頁2310。

〔註66〕「初，顯祖世有蠕蠕萬餘戶降附，居於高平、薄骨律二鎮，太和之末，叛走略盡，唯有一千餘家。」見《魏書》，卷58，〈楊播附弟椿傳〉，頁1286。

〔註67〕「是月，高平鎮人万俟醜奴僭稱大位，署置百官。」見《魏書》，卷10，〈敬宗孝莊帝紀〉，頁259。万俟氏為鮮卑人，參見姚薇元先生著，《北朝胡姓考》（北京：中華書局，2007年7月第2版1刷），頁268～269。

〔註68〕「初，高平鎮城人赫貴連恩等為逆。」見《北史》，卷48，〈尒朱天光傳〉，頁1773。但中華書局考證懷疑應是「赫連恩」或「赫連貴恩」，參見《北史》，卷48，〈校勘記〉，頁1780。赫連為匈奴與鮮卑的混血，參見《北朝胡姓考》，頁265～267。

〔註69〕「李賢字賢和，其先隴西成紀人也。曾祖富，魏太武時以子都督討兩山屠各歿於陣，贈寧西將軍、隴西郡守。祖斌，襲領父兵，鎮於高平，因家焉。」見《周書》，卷25，〈李賢傳〉，頁413。

〔註70〕清・顧祖禹著，《讀史方輿記要》（臺北：新興書局，1956年），卷58，〈陝西〉，頁2536。

〔註71〕「李賢字賢和，其先隴西成紀人也。曾祖富，魏太武時以子都督討兩山屠各歿於陣，贈寧西將軍、隴西郡守。祖斌，襲領父兵，鎮於高平，因家焉。」見《周書》，卷25，〈李賢傳〉，頁413。

〔註72〕「蔡祐字承先，其先陳留圉人也。曾祖紹為夏州鎮將，徙居高平，因家焉。」見《周書》，卷27，〈蔡祐傳〉，頁442。

〔註73〕「田弘字廣略，高平人也。少慷慨，志立功名，膂力過人，敢勇有謀略。魏永安中，陷於万俟醜奴。尒朱天光入關，弘自原州歸順，授都督。」見《周書》，卷27，〈田弘傳〉，頁449。

他們都出自高平鎮。

　　北魏末年對於高平無力處理的情勢，至爾朱榮掌權後開始有了轉變的契機。在胡琛被殺後，胡琛的部將万俟醜奴繼承了胡琛的勢力，並於北魏孝莊帝永安元年（528）七月稱帝〔註74〕；而爾朱榮在平定葛榮與元顥以後〔註75〕，於永安三年〔註76〕（530）遣賀拔岳入關征討，但賀拔岳與其兄賀拔勝討論後，決定推舉爾朱氏為主帥，賀拔岳自己擔任副手，因此爾朱榮改以爾朱天光為主帥，賀拔岳為左大都督，侯莫陳悅為右大都督，兩人擔任爾朱天光的副手〔註77〕，宇文護的叔父宇文泰則跟隨賀拔岳入關〔註78〕。

　　永安三年（530）四月，爾朱天光平定了万俟醜奴〔註79〕，宇文泰因戰功拜征西將軍、金紫光祿大夫，後再加直閤將軍，並以本官行原州事〔註80〕，在關隴的發展逐漸穩固。

三、宇文護入關中

　　當宇文泰於關隴發展逐漸穩固之際，永安三年（530）九月，爾朱榮被北魏孝莊帝所殺〔註81〕，關東局勢變化更加劇烈，高歡將乘勢而起；此時的宇文護則是將要面臨與閻氏告別的日子，閻氏的書信中有記宇文護入關的經過：

> 其後爾朱天柱亡歲，賀拔阿斗泥在關西，遣人迎家累。時汝叔亦遣
> 奴來富迎汝及盛洛（賀蘭祥）等。汝時著緋綾袍、銀裝帶，盛洛著

〔註74〕　《魏書》，卷10，〈敬宗孝莊帝紀〉，頁259。
〔註75〕　「時葛榮將向京師，眾號百萬……（尒朱）榮身自陷陳，出於賊後，表裏合擊，大破之。於陳擒葛榮，餘眾悉降……建義初，北海王元顥南奔蕭衍，衍乃立為魏主，資以兵將。時邢杲寇亂三齊，與顥應接……榮乃令都督尒朱兆等率精騎夜濟，登岸奮擊。顥子領軍將軍冠受率馬步五千拒戰，兆大破之，臨陳擒冠受。延明聞冠受見擒，遂自逃散，顥便率麾下南奔。事在其傳……先是，葛榮枝黨韓婁仍據幽平二州，榮遣都督侯淵討斬之。時賊帥万俟醜奴、蕭寶夤擁眾幽涇，兇勢日盛。榮遣其從子天光為雍州刺史，令率都督賀拔岳、侯莫陳悅等總眾入關討之。」見《魏書》，卷74，〈尒朱榮傳〉，頁1649～1653。
〔註76〕　《資治通鑑》，卷154，梁武帝中大通二年（530），頁4771～4773。
〔註77〕　《周書》，卷14，〈賀拔勝附弟岳傳〉，頁222。
〔註78〕　《周書》，卷1，〈文帝紀〉上，頁2。
〔註79〕　《魏書》，卷10，〈敬宗孝莊帝紀〉，頁264。
〔註80〕　《周書》，卷1，〈文帝紀〉上，頁3。
〔註81〕　《魏書》，卷10，〈敬宗孝莊帝紀〉，頁265。

紫織成纈通身袍、黃綾裏，竝乘驆同去。盛洛小於汝，汝等三人竝
呼吾作「阿摩敦」。〔註82〕

引文中記載了宇文泰迎宇文護等人的原因始末，依《周書》宇文護本傳中所
記，宇文護入關是在普泰元年〔註83〕（531），而且入關的似乎只有宇文護與
賀蘭祥，其餘成員如闔氏書信中所記載的宇文元寶與宇文菩提等人卻沒有入
關跟隨宇文泰，為方便檢視，將此時已隨宇文泰入關或是仍留在晉陽（或受
陽）者表列如下：

表2-2　普泰元年（531）宇文護家族成員動向一覽表

人　　名	親屬關係	動　　向	出　　處
宇文什肥	宇文顥子	仍留晉陽	《周書》卷10
宇文導	宇文顥子	已入關中	《周書》卷10
宇文護	宇文顥子	初入關中	《周書》卷11
宇文元寶	宇文連子	仍留晉陽	《周書》卷10
宇文菩提	宇文洛生子	仍留晉陽	《周書》卷10
宇文胄	宇文什肥子	仍留晉陽	《周書》卷10

上表可略見宇文護一族的成員在普泰元年（531）時的動向，並非所有的成員
都入關跟隨宇文泰，宇文導是普泰元年（531）以前就已隨宇文泰入關中，而
普泰元年（531）只有宇文護入關，宇文什肥、宇文胄、宇文元寶與宇文菩提
都沒有入關中跟隨宇文泰。〈晉蕩公護傳〉中雖有「太祖之入關也，（宇文）
護以年小不從」〔註84〕的記載，似乎年齡為宇文部成員入關的條件之一，但
再看上表中的其他成員，則年齡應該不是宇文部成員入關的條件，如宇文護
的長兄宇文什肥便沒有入關。

宇文護家族成員入關與否的條件或原因，在史料不足下暫不討論，而除
了宇文護與賀蘭祥以外，尉遲迴與尉遲綱兄弟可能是這次入關的成員：

尉遲綱字婆羅，蜀國公迴之弟也。少孤，與兄迴依託舅氏。太祖西
討關隴，迴、綱與母昌樂大長公主留于晉陽，後方入關。從太祖征

〔註82〕《周書》，卷11，〈晉蕩公護傳〉，頁170。
〔註83〕「普泰初，自晉陽至平涼。」見《周書》，卷11，〈晉蕩公護傳〉，頁165。
〔註84〕《周書》，卷11，〈晉蕩公護傳〉，頁165。

> 伐，常陪侍帷幄，出入臥內。後以迎魏孝武功，拜殿中將軍。大統
>
> 元年（535），授帳內都督，從儀同李虎討曹泥，破之。〔註85〕

從引文中的敘述來看，尉遲迥與尉遲綱兄弟入關應該是在北魏孝武入關（永熙三年，534）〔註86〕以前，因此有可能也是這次入關的成員之一。

宇文護的姐姐入關時間則無法確定：

> 叱列伏龜字摩頭陁，代郡西部人也。世爲部落大人……沙苑之敗，
>
> 隨例來降。太祖以其豪門，解縛禮之。仍以邵惠公女妻之。〔註87〕

宇文泰因爲叱列伏龜爲豪門，因此以宇文護的姐姐妻之。叱列伏龜是在沙苑會戰（大統三年，537）以後才入關的，所以只能確定宇文護姐姐在大統三年（537）以前便已在關中。

略述完宇文護的成長背景與家族遷徙的經過，而普泰元年（531）宇文護入關投奔叔父宇文泰以後，開始成爲西魏北周統治階層中的重要人物，最後更是北周時期的重要權臣，宇文護爲何能位極人臣？這還要從宇文護的叔父宇文泰說起。

第二節　宇文泰關中的霸業

宇文泰是宇文護的叔父，在被爾朱榮收編後，便隨爾朱榮征戰。北魏孝莊帝永安三年（530）爾朱榮命爾朱天光入關平定万俟醜奴，賀拔岳擔任爾朱天光的左都督隨其入關，宇文泰也跟隨賀拔岳入關〔註88〕，開始了在關隴地區的發展。

一、從賀拔岳到宇文泰

以下首先簡單表列爾朱天光軍團入關的成員與入關後收編或拉攏的成員，這些成員後來幾乎都成爲西魏宇文泰掌權時期的主要結構與人物。

〔註85〕　《周書》，卷20，〈尉遲綱傳〉，頁339。
〔註86〕　《周書》，卷1，〈文帝紀〉上，頁13。
〔註87〕　《周書》，卷20，〈叱列伏龜傳〉，頁341。
〔註88〕　《周書》，卷1，〈文帝紀〉上，頁2～3。

表 2-3　爾朱天光軍團成員一覽表

	人　物	參　與　事　實	出　處
爾朱天光	長孫邪利	（尒朱）天光遣都督長孫邪利率二百人行原州事以鎮之。	《魏書》卷 75
	于　謹	從爾朱天光破万俟醜奴。	《周書》卷 15
	長孫儉	從爾朱天光破隴右。	《周書》卷 26
	蘇　亮	乃長孫稚、爾朱天光等西討，竝以（蘇）亮為郎中，專典文翰。	《周書》卷 38
	趙　善	（爾朱）天光討邢杲及万俟醜奴，以（趙）善為長史，後加都督。	《周書》卷 34
	韋子粲	從爾朱天光平關右。	《北齊書》卷 27
	元　定	永安初，從爾朱天光討關隴羣賊，並破之。	《周書》卷 34
	李　弼	爾朱天光辟為別將，從天光西討。	《周書》卷 15
	梁　昕	爾朱天光入關，復引為外兵參軍。	《周書》卷 39
	楊　荐	魏永安中，隨爾朱天光入關討羣賊。	《周書》卷 33
	高　琳	又從爾朱天光破万俟醜奴。	《周書》卷 29
	可朱渾元	隸（尒朱）天光征關中，以功為渭州刺史。	《北齊書》卷 27
	梁　禦	爾朱天光西討，知（梁）禦有志略，引為左右。	《周書》卷 17
	王　勇	万俟醜奴等寇亂關隴，（王）勇占募隨軍討之。	《周書》卷 29
	豆盧寧	永安中，以別將隨爾朱天光入關，加授都督。	《周書》卷 19
	厙狄昌	爾朱天光引為幢主，加討夷將軍，從天光定關中。	《周書》卷 27
	李　遠	及爾朱天光西伐，乃配（李）遠精兵，使為鄉導。	《周書》卷 25
	陸　政	初從爾朱天光討伐，及天光敗，歸文帝（宇文泰）。	《周書》卷 32
左	賀拔岳	以（賀拔）岳為持節、假衞將軍、左大都督……竝為（爾朱）天光之副。	《周書》卷 14
	宇文泰	太祖與（賀拔）岳有舊，乃以別將從岳。	《周書》卷 1
	宇文導	及太祖隨賀拔岳入關，（宇文）導從而西。	《周書》卷 10
	乙弗朗	後隸賀拔岳，從尒朱天光西討，為岳左廂都督。	《北史》卷 49
	劉　亮	普泰初，以都督從賀拔岳西征。	《周書》卷 17
	趙　貴	從賀拔岳平關中。	《周書》卷 16
	寇　洛	及賀拔岳西征，（寇）洛與之鄉里，乃募從入關。	《周書》卷 15

	侯莫陳崇	後從（賀拔）岳入關，破赤水蜀。	《周書》卷16
	侯莫陳凱	隨兄（侯莫陳）崇，以軍功賜爵下蔡縣男。	《周書》卷16
	若干惠	復以別將從賀拔岳西征。	《周書》卷17
	王　德	又從賀拔岳討万俟醜奴。	《周書》卷17
	韓　果	賀拔岳西征，引爲帳內。	《周書》卷27
	梁　椿	後從賀拔岳討平万俟醜奴、蕭寶夤等。	《周書》卷27
	耿　豪	賀拔岳西征，引爲帳內。	《周書》卷29
	王　雄	永安末，從賀拔岳入關。	《周書》卷19
	雷　紹	後隨賀拔岳征討，爲岳長史。	《北史》卷49
	赫連達	少從賀拔岳征討有功，拜都將。	《周書》卷27
	達奚武	（賀拔）岳征關右，引爲別將，（達奚）武遂委心事之。	《周書》卷19
	怡　峯	從賀拔岳討万俟醜奴。	《周書》卷17
右	侯莫陳悅	尒朱天光之討關西，（尒朱）榮以（侯莫陳）悅爲天光右廂大都督。	《魏書》卷80
拉攏或主動跟隨者	薛孝通	尒朱天光鎮關右，表爲關西大行臺郎中。	《北史》卷36
	董　紹	時尒朱天光爲關右大行臺，啓（董）紹爲大行臺從事。	《魏書》卷79
	王　盟	及爾朱天光入關，（王）盟出從之。	《周書》卷20
	王　懋	永安中，始入關，與（王）盟相見，遂從征伐。	《周書》卷20
	梁　臺	孝昌中，從爾朱天光討平關、隴，進授都督。	《周書》卷27
	李　賢	（李）賢又率鄉人出馬千匹以助軍，天光大悅。	《周書》卷25
	王　悅	爾朱天光西討，引（王）悅爲其府騎兵參軍。	《周書》卷33
	田　弘	爾朱天光入關，（田）弘自原州歸順，授都督。	《周書》卷27

　　永安三年（530）四月，爾朱天光平定万俟醜奴〔註89〕，而在關隴局勢大致底定之際，關東卻發生巨變，普泰元年（531）高歡建義信都〔註90〕，爾朱天光選擇東返與高歡作戰，但卻戰敗而被殺，此時關隴地區再度陷入混亂。

　　在賀拔岳繼爾朱天光後成爲關西大行臺以後，確立了賀拔岳在關隴的地位，也間接接收了爾朱天光在關隴的勢力，然而賀拔岳擔任關西大行臺的記

〔註89〕　《魏書》，卷10，〈敬宗孝莊帝紀〉，頁264。
〔註90〕　關於此時關東的局勢演變與高歡建義信都，參見《東魏北齊的統治集團》，頁44～84。

載有需要補充的地方，因為《魏書》、《周書》、《北史》與《通鑑》中記賀拔岳拜行臺的時間出現爭議，在《魏書》中記是節閔帝〔註91〕，《周書》中卻記為孝武帝〔註92〕，《北史》則同《魏書》為節閔帝，並且詳載這是薛孝通的建議〔註93〕，但《通鑑》卻提出這是高歡的意思〔註94〕，而胡三省的注文出現矛盾遂暫略不談〔註95〕，可以發現上述不同史料各據一詞，因此賀拔岳拜大行臺的時間仍有爭議，尚待新史料的出現加以釐清。

賀拔岳為關西大行臺後，左丞便是宇文泰，同時還領其府司馬，史載「事無巨細，皆委決焉」〔註96〕，至北魏孝武帝永熙二年（533）〔註97〕，宇文泰自行臺左丞轉為夏州刺史：

> （賀拔）岳大悅，復遣太祖詣闕請事，密陳其狀。魏帝深納之。加

〔註91〕 「（普泰）二年（532），加（賀拔）岳都督三雍、三秦、二岐、二華諸軍事，雍州刺史，關西行臺，餘如故。及尒朱天光率眾赴洛，將抗齊獻武王，岳與侯莫陳悅下隴赴雍，以應義旗。」見《魏書》，卷80，〈賀拔勝附弟岳傳〉，頁1783。引文中可見賀拔岳拜關西行臺在尒朱天光率眾赴洛以前，此時節閔帝仍在位，而孝武帝尚未被高歡擁立。

〔註92〕 「魏孝武即位，加關中大行臺，增邑千戶。」見《周書》，卷14，〈賀拔勝附弟岳傳〉，頁225；「太昌元年（532），（賀拔）岳為關西大行臺，以太祖為左丞，領岳府司馬，加散騎常。」見《周書》，卷1，〈文帝紀〉上，頁13。

〔註93〕 「于時，（薛）孝通內典機密，外參朝政，軍國動靜，預以謀謨。加以汲引人物，知名之士，多見推薦……屬齊神武起兵河朔，攻陷相州刺史劉誕。尒朱天光自關中討之。孝通以關中險固，秦、漢舊都，須預謀鎮遏，以為後計。縱河北失利，猶足據之。節閔深以為然，問誰可任者。孝通與賀拔岳同事天光，又與周文帝有舊，二人並先在關右，因並推薦之。乃超授岳岐、華、秦、雍諸軍事，關西大行臺，雍州牧；周文帝為左丞，孝通為右丞。齎詔書馳驛入關授岳等，同鎮長安。岳深相器重，待以師友之禮。與周文帝結為兄弟，情寄特隆。後天光敗於韓陵，節閔遂不得入關，為齊神武幽廢。」見《北史》，卷36，〈薛孝通傳〉，頁1335。

〔註94〕 「（高）歡以（賀拔）岳為關西大行臺。」見《資治通鑑》，卷155，梁武帝中大通四年（532），頁4821。

〔註95〕 「考異曰：《北史》：『……』按天光尚在，節閔安敢除岳鎮關中！今從《魏書》。」見《資治通鑑》，卷155，梁武帝中大通四年（532），頁4821。胡三省引的便是《北史·薛孝通傳》，為節省篇幅遂加以省略。注文中胡三省懷疑尒朱天光尚在，節閔授賀拔岳鎮關中的可能性不高，因此賀拔岳鎮關中似乎不應該是節閔帝時期，但胡三省又提出「今從《魏書》」，可是《魏書》中記賀拔岳鎮關中是在尒朱天光率眾赴洛以前，此時仍是節閔帝時期，胡三省注文出現矛盾的原因不詳，暫略不談。

〔註96〕 《周書》，卷1，〈文帝紀〉上，頁3。

〔註97〕 參見《資治通鑑》，卷156，梁武帝中大通五年（533），頁4834～4835。

太祖武衛將軍，還令報岳。岳遂引軍西次平涼，謀於其眾曰：「夏州鄰接寇賊，須加綏撫，安得良刺史以鎮之？」眾皆曰：「宇文左丞即其人也。」岳曰：「左丞吾之左右手也，如何可廢。」沈吟累日，乃從眾議。於是表太祖爲使持節、武衛將軍、夏州刺史。〔註98〕

引文中有兩點略爲補充：

一、魏帝加宇文泰武衛將軍，武衛將軍雖只是從三品〔註99〕，卻是頗特別且有代表性的官職。西魏時期武衛將軍「總宿衛事」〔註100〕，隋唐則「掌統領宮廷警衛之法，以督其屬之隊仗，而總諸曹之職務」〔註101〕。北魏時期雖無職掌的記載，不過從李神軌〔註102〕、奚毅〔註103〕、爾朱兆〔註104〕、元嵩〔註105〕、元緒〔註106〕與元貴平〔註107〕等人擔任武衛將軍時的職官來看，這是一個可以當作職事官，也可以當作加官的職位，並非只是一個從三品的官職或是被稱爲「降品」〔註108〕的職位，因此北魏孝武帝應有示好或拉攏宇

〔註98〕　《周書》，卷1，〈文帝紀〉上，頁4。

〔註99〕　《魏書》，卷113，〈官氏志〉，頁2995。

〔註100〕　《周書》，卷15，〈李弼附子暉傳〉，頁241。

〔註101〕　左右武衛將軍職掌同左右衛。左右衛：「掌統領宮廷警衛之法，以督其屬之隊仗，而總諸曹之職務。凡親勳翊五中郎將府及折衝府所隸，皆總制之。凡宿衛，内廊閤門外，分爲五仗，皆坐於東西廊下。若御坐正殿，則爲黃旗仗，分立於兩階之次，在正門之内，以挾門隊坐於東西廂。皆大將軍守之。」參見後晉‧劉昫等撰，《舊唐書》（新校標點本，北京：中華書局，2002年12月第1版第7次印刷），卷44，〈職官志〉，頁1898～1900。

〔註102〕　「孝昌中，爲靈太后寵遇，勢傾朝野，時云見幸帷幄，與鄭儼爲雙，時人莫能明也。頻遷征東將軍、武衛將軍、給事黃門侍郎，常領中書舍人。」見《魏書》，卷66，〈李崇附子神軌傳〉，頁1475。

〔註103〕　時爲車騎將軍、右光祿大夫、武衛將軍。參見《魏書》，卷10，〈敬宗孝莊帝紀〉，頁263～266。

〔註104〕　「尋除使持節、車騎將軍、武衛將軍、左光祿大夫、都督、潁川郡開國公，食邑千二百户。」見《魏書》，卷75，〈尒朱兆傳〉，頁1661。

〔註105〕　「世宗即位，以武衛將軍兼侍中。」見《魏書》，卷19中，〈景穆十二王中‧任城王雲附子嵩傳〉，頁486。

〔註106〕　「莊帝初，直閤將軍。尋爲持節、兼武衛將軍、關右慰勞十二州大使，遂沒吐谷渾。」見《魏書》，卷19下，〈景穆十二王下‧安定王休附孫緒傳〉，頁519。

〔註107〕　「莊帝既殺尒朱榮，加武衛將軍，兼侍中，爲河北、山東慰勞大使。」見《魏書》，卷19下，〈景穆十二王下‧安定王休附子貴平傳〉，頁520。

〔註108〕　《周書‧校勘記》對寇洛在拜衛將軍後又拜武衛將軍的記載指出：「按（寇）洛先已爲衛將軍，魏書卷一一三官氏志載太和後職令在第二品，武衛將軍則

文泰的意思。

二、此時的夏州早有斛拔彌俄突擔任刺史〔註109〕，不過其人在史書中記載不詳，無法確認與賀拔岳的關係，甚至於無法確定賀拔岳以宇文泰換斛拔彌俄突的原因，只能從姓氏中初判斛拔彌俄突與賀拔岳皆出身高車〔註110〕。此外，夏州是個相當特殊且複雜的地方，宇文泰至夏州時便居於統萬城〔註111〕，統萬城原是鐵弗人赫連勃勃所興建〔註112〕，至北魏太武帝時開始被北魏統治〔註113〕，是北魏重要的北方軍事據點〔註114〕，城中的民族組成不止匈奴與鮮卑，還有高車〔註115〕與北魏軍士，宇文泰如何控制統萬城，史料中記載並不詳盡，仍待新史料出土再作討論。

宇文泰隨賀拔岳入關平亂後，最初在行原州事時，便吸收李穆〔註116〕與蔡祐〔註117〕等當地的豪右，加上隨之入關的親族宇文導與王勵〔註118〕，並且在普泰元年（531）又迎族人宇文護與賀蘭祥入關，已逐漸開始建立起自己的

在從第三品，這裏說是因功遷除，豈有反而降品之理，前後必有一誤。」見《周書》，卷15，〈校勘記〉，頁252～253。

〔註109〕《周書》，卷1，〈文帝紀〉上，頁4。

〔註110〕參見《北朝胡姓考》，頁125～126。

〔註111〕「太祖臨夏州，生帝於統萬城，因以名焉。」見《周書》，卷4，〈明帝紀〉，頁53。

〔註112〕參見《晉書》，卷130，〈載記·赫連勃勃〉，頁3201～3206；鐵弗爲匈奴與鮮卑的混血族，參見《北朝胡姓考》，頁265～267。

〔註113〕參見《魏書》，卷4上，〈世祖太武帝紀〉上，頁72～73。

〔註114〕粗舉數條史料爲例：「行幸統萬，遂征平涼。」見《魏書》，卷4上，〈世祖太武帝紀〉上，頁76；「詔征西大將軍、司空、上黨王長孫道生鎮統萬。」見《魏書》，卷4上，〈世祖太武帝紀〉上，頁97；「隴西屠各王景文叛，詔統萬鎮將、南陽王惠壽討平之。」見《魏書》，卷5，〈高宗文成帝紀〉上，頁112；「詔征西大將軍、陽平王新成等督統萬、高平諸軍出南道，南郡公李惠等督涼州諸軍出北道，討吐谷渾什寅。」見《魏書》，卷5，〈高宗文成帝紀〉上，頁118。

〔註115〕「沃野、統萬二鎮敕勒叛。」見《魏書》，卷7上，〈高祖孝文帝紀〉上，頁135；「及平統萬，薛干種類皆得爲編戶矣。」見《魏書》，卷103，〈高車·薛干〉，頁2313。

〔註116〕「給事左右，深被親遇……處以腹心之任，出入臥內，當時莫與爲比」見《周書》，卷30，〈于翼附李穆傳〉，頁527。

〔註117〕「太祖在原州，召爲帳下親信。太祖遷夏州，以（蔡）祐爲都督。」見《周書》，卷27，〈蔡祐傳〉，頁443。

〔註118〕「年十七，從太祖入關，及太祖平秦隴，定關中，勵常侍從。」見《周書》，卷20，〈王盟附子勵傳〉，頁334。王勵的父親王盟是宇文泰的舅舅，參見《周書》，卷20，〈王盟傳〉，頁333。

班底與勢力。

在宇文泰出鎮夏州以後，除了前述的當地豪右如蔡祐、原有部眾與族人外，先是對韓襃待以客禮〔註119〕，又收編了陸通〔註120〕、陸政〔註121〕、長孫儉〔註122〕、楊荐〔註123〕與申徽〔註124〕等人，其中申徽擔任宇文泰開府記室參軍兼主簿，且「每事信委之」，應是宇文泰此時最信任的文官幕僚。

表2-4　宇文泰夏州班底結構表

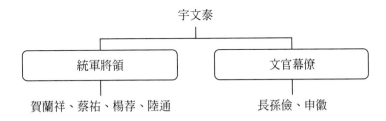

上表是將夏州班底成員以統軍將領與文官幕僚爲區分作簡略的分類，若沒帶職官或仍有爭議者暫不製表，文官幕僚是指擔任宇文泰的開府幕僚；統軍將領的標準是有帶都督（賀蘭祥與蔡祐）或帳內都督者（楊荐與陸通），其中擔任都督的蔡祐出自原州高平，加上宇文泰曾行原州事，所以此時宇文泰麾下的部隊，可能有相當比例是來自原州高平。

當宇文泰在夏州穩定發展自己勢力的同時，賀拔岳在永熙三年（534）被侯莫陳悅所殺〔註125〕。賀拔岳在爾朱天光返回關東以後，繼爲關西大行臺確立了其在關隴的地位，不過賀拔岳在關隴的根據地並非在雍州，而是平涼〔註126〕（屬涇州）〔註127〕；殺賀拔岳的侯莫陳悅根據地在隴右〔註128〕，但

〔註119〕 「屬魏室喪亂，（韓）襃避地於夏州。時太祖爲刺史，素聞其名，待以客禮。」見《周書》，卷37，〈韓襃傳〉，頁660。

〔註120〕 「（陸通）從爾朱榮。榮死，又從爾朱兆。及爾朱氏滅，乃入關。文帝時在夏州，引爲帳內督。」見《周書》，卷32，〈陸通傳〉，頁558。

〔註121〕 「（陸政）初從爾朱天光討伐，及天光敗，歸文帝。」見《周書》，卷32，〈陸通傳〉，頁557。

〔註122〕 「太祖臨夏州，以（長孫）儉爲錄事，深器敬之。」見《周書》，卷26，〈長孫儉傳〉，頁427。

〔註123〕 「文帝臨夏州，補帳內都督。」見《周書》，卷33，〈楊荐傳〉，頁570。

〔註124〕 「文帝臨夏州，以（申）徽爲記室參軍，兼府主簿。文帝察徽沉密有度量，每事信委之。」見《周書》，卷32，〈申徽傳〉，頁555。

〔註125〕 《周書》，卷1，〈文帝紀〉上，頁4～5。

〔註126〕 《周書》，卷1，〈文帝紀〉上，頁4～5；《周書》，卷14，〈賀拔勝附弟岳傳〉，

執掌卻有爭議，《周書‧侯莫陳悅傳》記其最後的官職爲開府儀同三司、都督隴右諸軍事、秦州刺史〔註129〕，《魏書‧侯莫陳悅傳》相同〔註130〕，《北史‧侯莫陳悅傳》也相同〔註131〕，也就是依照《周書》、《魏書》與《北史》的本傳，侯莫陳悅是擔任都督隴右諸軍事與秦州刺史，可是《周書‧薛憕傳》中有記薛憕被侯莫陳悅拜爲行臺郎中〔註132〕，同時万俟普撥於孝武帝永熙二年（533）七月以前便已是秦州刺史〔註133〕，至永熙三年（534）宇文泰

圖 2-4 永熙三年（534）關隴局勢簡圖

頁 225。

〔註127〕《魏書》，卷 106 下，〈地形志〉下，頁 2618～2619。

〔註128〕《周書》，卷 1，〈文帝紀〉上，頁 8～9；《周書》，卷 14，〈侯莫陳悅傳〉，頁 226。

〔註129〕「魏孝武初，加開府儀同三司、都督隴右諸軍事，仍加秦州刺史。」見《周書》，卷 14，〈侯莫陳悅傳〉，頁 226。

〔註130〕「永熙初，加開府、都督隴右諸軍事，仍秦州刺史。」見《魏書》，卷 80，〈侯莫陳悅傳〉，頁 1785。

〔註131〕「永熙初，加開府儀同三司、都督隴右諸軍事，仍兼秦州刺史。」《北史》，卷 49，〈侯莫陳悅傳〉，頁 1804。

〔註132〕「及齊神武起兵，（薛）憕乃東遊陳、梁間……侯莫陳悅聞之，召爲行臺郎中，除鎮遠將軍、步兵校尉。」見《周書》，卷 38，〈薛憕傳〉，頁 683～684。

〔註133〕「（永熙二年，533）秋七月……以使持節、鎮北將軍、大都督、秦州刺史万俟普撥爲驃騎大將軍、儀同三司。」見《魏書》，卷 11，〈出帝紀〉，頁 288。引文可見万俟普撥在七月進位驃騎大將軍、儀同三司以前，便已是秦州刺史。

征討侯莫陳悅時，仍見万俟普撥擔任秦州刺史〔註134〕，則可見侯莫陳悅應該早已不是秦州刺史，恐與賀拔岳相同已拜行臺，若再從《周書·文帝紀》記載中可以發現，侯莫陳悅應該已拜隴右行臺〔註135〕，而秦州刺史則是万俟普撥。

在賀拔岳被侯莫陳悅所殺後，跟隨賀拔岳的成員面臨選擇，以下整理史料中有記載跟隨賀拔岳的成員，他們在賀拔岳被殺後的立場與態度：

（1）推舉擁戴或參與迎立宇文泰的有寇洛〔註136〕、若干惠〔註137〕、趙貴〔註138〕、侯莫陳崇〔註139〕、王德〔註140〕、雷紹〔註141〕、怡峯〔註142〕、達奚武〔註143〕、赫連達〔註144〕、劉亮〔註145〕、趙善〔註146〕、梁臺〔註147〕、

〔註134〕 「（侯莫陳）悅既懼太祖謀己，詐爲詔書與秦州刺史万俟普撥，令與悅爲黨援。」見《周書》，卷1，〈文帝紀〉上，頁8。

〔註135〕 「君（侯莫陳悅）實名微行薄，本無遠量。故將軍（賀拔岳）降邊高之志，篤彙征之理，乃申啓朝廷，薦君爲隴右行臺。朝議以君功名闕然，未之許也。遂頻煩請謁，至於再三。天子難違上將，便相聽許。是亦遐邇共知，不復煩之翰墨。」見《周書》，卷1，〈文帝紀〉上，頁7。

〔註136〕 「（寇）洛復自以非才，乃固辭，與趙貴等議迎太祖。」見《周書》，卷15，〈寇洛傳〉，頁238。

〔註137〕 「及（賀拔）岳爲侯莫陳悅所害，（若干）惠與寇洛、趙貴等同謀翊戴太祖」見《周書》，卷17，〈若干惠傳〉，頁281。

〔註138〕 「（趙）貴首議迎太祖，語在太祖紀。」見《周書》，卷16，〈趙貴傳〉，頁262。

〔註139〕 「及（賀拔）岳爲侯莫陳悅所害，（侯莫陳）崇與諸將同謀迎太祖」《周書》，卷16，〈侯莫陳崇傳〉，頁269。

〔註140〕 「（王）德與寇洛等定議翊戴太祖。」見《周書》，卷17，〈王德傳〉，頁285。

〔註141〕 「與寇洛等迎周文帝。」見《北史》，卷49，〈雷紹傳〉，頁1807。

〔註142〕 「及（賀拔）岳被害，（怡）峯與趙貴等同謀翊戴太祖。」見《周書》，卷17，〈怡峯傳〉，頁282。

〔註143〕 「（達奚）武與趙貴收（賀拔）岳屍歸平涼，同翊戴太祖。」見《周書》，卷19，〈達奚武傳〉，頁303。

〔註144〕 「趙貴建議迎太祖，諸將猶豫未決。（赫連）達曰：『宇文夏州昔爲左丞，明畧過人，一時之傑。今日之事，非此公不濟。趙將軍議是也。達請輕騎告哀，仍迎之。』諸將或欲南追賀拔勝，或云東告朝廷。達又曰：『此皆遠水不救近火，何足道哉。』貴於是謀遂定，令達馳往。」見《周書》，卷27，〈赫連達傳〉，頁439。

〔註145〕 「侯莫陳悅害（賀拔）岳，（劉）亮與諸將謀迎太祖。」見《周書》，卷17，〈劉亮傳〉，頁284。

〔註146〕 「（賀拔）岳爲侯莫陳悅所害，（趙）善共諸將翊戴太祖。」見《周書》，卷34，〈趙善傳〉，頁587。

〔註147〕 「（賀拔）岳爲侯莫陳悅所害，（梁）臺與諸將議翊戴太祖。」見《周書》，卷

厙狄昌〔註148〕、梁禦〔註149〕與呂思禮〔註150〕等人，眾人中除趙善（長史）〔註151〕與呂思禮（行臺郎中）〔註152〕原先是擔任文官幕僚以外，其餘眾人原先皆是軍事將領。

（2）沒有推舉宇文泰，但是仍隨其討侯莫陳悅者爲梁椿〔註153〕、韓果〔註154〕、耿豪〔註155〕、與張軌〔註156〕等人，眾人中除張軌（倉曹參軍）〔註157〕原先是擔任文官幕僚以外，其餘眾人原先也都是軍事將領。

（3）沒有推舉宇文泰，但接受宇文泰任命的是辛威〔註158〕、冀儁〔註159〕與王盟〔註160〕等人，眾人中除冀儁（墨曹參軍）原先是擔任文官幕僚以外，其餘眾人原先也都是軍事將領。

（4）未參與宇文泰和侯莫陳悅衝突者爲王雄〔註161〕、馮景〔註162〕、王

27，〈梁臺傳〉，頁 452。

〔註148〕「及（賀拔）岳被害，（厙狄）昌與諸將議翊戴太祖。」見《周書》，卷 27，〈厙狄昌傳〉，頁 448。

〔註149〕「及（賀拔）岳被害，（梁）禦與諸將同謀翊戴太祖。」見《周書》，卷 17，〈梁禦傳〉，頁 279。

〔註150〕「趙貴等議遣赫連達迎周文帝，（呂）思禮預其謀。」見《北史》，卷 70，〈呂思禮傳〉，頁 2431。

〔註151〕「賀拔岳總關中兵，乃遣迎（趙）善，復以爲長史。」見《周書》，卷 34，〈趙善傳〉，頁 587。

〔註152〕「乃求爲關西大行臺郎中，與姚幼瑜、茹文就俱入關。爲行臺賀拔岳所重，專掌機密，甚得時譽。」見《北史》，卷 70，〈呂思禮傳〉，頁 2431。

〔註153〕「從太祖平侯莫陳悅。」見《周書》，卷 27，〈梁椿傳〉，頁 451。

〔註154〕「從太祖討平侯莫陳悅。」見《周書》，卷 27，〈韓果傳〉，頁 441。

〔註155〕「（賀拔）岳被害，歸太祖，以武勇見知。（耿）豪亦自謂所事得主。從討侯莫陳悅及迎魏孝武。」見《周書》，卷 29，〈耿豪傳〉，頁 494。

〔註156〕「及（賀拔）岳被害，太祖以（張）軌爲都督，從征侯莫陳悅。」見《周書》，卷 37，〈張軌傳〉，頁 664。

〔註157〕「賀拔岳以（張）軌爲記室參軍，典機務。尋轉倉曹，加鎮遠將軍。」見《周書》，卷 37，〈張軌傳〉，頁 664。

〔註158〕「初從賀拔岳征討有功，假輔國將軍、都督。及太祖統岳之眾，見（辛）威奇之，引爲帳內。」見《周書》，卷 27，〈辛威傳〉，頁 447。

〔註159〕「魏太昌初，爲賀拔岳墨曹參軍。及岳被害，太祖引爲記室。」見《周書》，卷 47，〈藝術・冀儁傳〉，頁 837～838。

〔註160〕「太祖將討侯莫陳悅，微（王）盟赴原州以爲留後大都督，鎮高平。」見《周書》，卷 20，〈王盟傳〉，頁 333。

〔註161〕《周書》，卷 19，〈王雄傳〉，頁 320。

〔註162〕「賀拔岳爲大都督，又以（馮）景爲從事中郎。」見《周書》，卷 22，〈周惠達附馮景傳〉，頁 364。

子直〔註163〕、蘇亮〔註164〕、董紹〔註165〕、辛慶之〔註166〕與李和〔註167〕等人，眾人中，只有王雄一人是軍事將領，其餘成員主要是開府或行臺僚屬。

　　整理上述眾多成員可以略見有參與宇文泰與侯莫陳悅之間衝突的大多是軍事將領，相對來說文官幕僚比較沒有參與宇文泰與侯莫陳悅的衝突。

　　不過當宇文泰被擁戴之際，也曾猶豫「去留之計」，最終接納了韓褒的建議。

> 太祖問以去留之計。（韓）褒曰：「方今王室凌遲，海內鼎沸。使君天資英武，恩結士心。賀拔公奄及於難，物情危駭。寇洛自知庸懦，委身而託使君。若總兵權，據有關中之地，此天授也，何疑乎！且侯莫陳悅亂常速禍，乃不乘勝進取平涼，反自遁逃，屯營洛水。斯乃井中蛙耳，使君往必擒之。不世之勳，在斯一舉。時者，難得而易失，誠願使君圖之。」太祖納焉。〔註168〕

永熙三年（534）二月，宇文泰至平涼會見寇洛與趙貴等人〔註169〕，此時留在平涼而沒有隨宇文泰去夏州的宇文護（時年22歲）被授爲都督隨軍出征〔註170〕，宇文泰再遣侯莫陳崇襲原州〔註171〕（圖2-5中高平鎮地屬原州）。原先助侯莫陳悅據守原州城的史歸，在當地豪右李賢、李遠與李穆開城門接應侯莫陳崇下被擒〔註172〕，宇文泰以侯莫陳崇行原州事〔註173〕，

〔註163〕「賀拔岳入關，以（王）子直爲開府主簿，遷行臺郎中。」《周書》，卷39，〈王子直傳〉，頁700。
〔註164〕「賀拔岳爲關西行臺，引（蘇）亮爲左丞，典機密。」見《周書》，卷38，〈蘇亮傳〉，頁678。
〔註165〕「（尒朱）天光敗，賀拔岳復請（董）紹爲其開府諮議參軍。」見《魏書》，卷79，〈董紹傳〉，頁1759～1760。
〔註166〕「及賀拔岳爲行臺，復啓（辛）慶之爲行臺吏部郎中、開府掾。尋除雍州別駕。」見《周書》，卷39，〈辛慶之傳〉，頁697。
〔註167〕「賀拔岳作鎮關中，乃引（李）和爲帳內都督……尋除漢陽郡守。」見《周書》，卷29，〈李和傳〉，頁498。
〔註168〕《周書》，卷37，〈韓褒傳〉，頁660。
〔註169〕《周書》，卷1，〈文帝紀〉上，頁4～5。
〔註170〕《周書》，卷11，〈晉蕩公護傳〉，頁165。
〔註171〕《周書》，卷1，〈文帝紀〉上，頁8。
〔註172〕《周書》，卷25，〈于翼附李穆傳〉，頁527。
〔註173〕《周書》，卷1，〈文帝紀〉上，頁8。

並拜李賢爲都督〔註174〕、李遠爲高平郡守〔註175〕、李穆爲都督〔註176〕。
同年四月，宇文泰引兵上隴，侯莫陳悅欲退保略陽，命一萬餘將士據守水洛，
宇文泰兵圍水洛，水洛城降，宇文泰軍臨侯莫陳悅，此時侯莫陳悅部將李弼
請爲內應，軍中自驚潰，侯莫陳悅遁走，被宇文護次兄于義導在牽屯山所獲
〔註177〕。

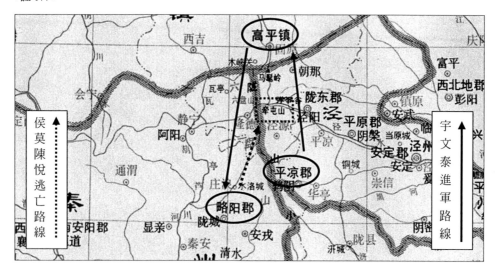

圖2-5　宇文泰征討侯莫陳悅簡圖

二、宇文泰控制關中與拜相

　　宇文泰雖然擊敗侯莫陳悅，但關隴地區仍是紛擾不休。

> 時涼州刺史李叔仁爲其民所執，舉州騷擾。宕昌羌梁（企）〔仚〕定
> 引吐谷渾寇金城。渭州及南秦州氐、羌連結，所在蜂起。南岐至于
> 瓜、鄯，跨州據郡者，不可勝數。太祖乃令李弼鎮原州，夏州刺史
> 拔也惡蚝鎮南秦州，渭州刺史可朱渾元還鎮渭州，衛將軍趙貴行秦
> 州事。徵豳、涇、東秦、岐四州粟以給軍。〔註178〕

渭州與南秦州面臨氐、羌起事，宇文泰遂以侯莫陳悅餘部中暫時結盟的可朱

〔註174〕《周書》，卷30，〈李賢傳〉，頁414。
〔註175〕《周書》，卷30，〈李賢附弟遠傳〉，頁419。
〔註176〕《周書》，卷25，〈于翼附李穆傳〉，頁527。
〔註177〕《周書》，卷1，〈文帝紀〉上，頁8～9。
〔註178〕《周書》，卷1，〈文帝紀〉上，頁9。

渾元〔註179〕與夏州刺史拔也惡蚝去處理氐、羌起事的渭州與南秦州，同時徵幽、涇、東秦、岐四州粟以給軍，此時這四州仍未受宇文泰控制，並且推幽州刺史孫定兒爲主，但被宇文泰遣劉亮平定〔註180〕。

　　宇文泰的下一個目標，便是率軍至雍州逼身兼雍州刺史與西道大行臺的賈顯度「赴軍」〔註181〕，至此關中最大的行政官僚體系終於落入宇文泰之手，而在宇文泰擔任關西大行臺後〔註182〕，更成爲關中名義上的領袖。

表 2-5　宇文泰拜關西大行臺時關中主要派系成員簡表〔註183〕

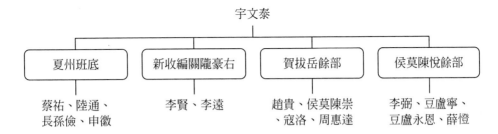

上表成員中夏州班底已如前述，不再贅述。以下簡述其他成員投奔宇文泰的經過：新收編的豪右中，李賢與李遠兄弟是在宇文泰征討侯莫陳悅時投奔宇

〔註179〕「侯莫陳悅之殺賀拔岳也，周文帝率岳所部還共圖悅。（可朱渾）元時助悅，悅走，元收其眾，入據秦州，爲周攻圍，苦戰，結盟而罷。」見《北齊書》，卷 27，〈可朱渾元傳〉，頁 376。

〔註180〕「（侯莫陳）悅之黨幽州刺史孫定兒仍據州不下，涇、秦、靈等諸州悉與定兒相應，眾至數萬，推定兒爲主，以拒義師。太祖令亮襲之。」見《周書》，卷 17，〈劉亮傳〉，頁 284。

〔註181〕「太祖之討（侯莫陳）悅也，悅遣使請援於齊神武，神武使其都督韓軌將兵一萬據蒲坂，而雍州刺史賈顯送船與軌，請軌兵入關太祖因梁禦之東，乃逼召顯赴軍。禦遂入雍州。」見《周書》，卷 1，〈文帝紀〉上，頁 10。〈校勘記〉指出賈顯即是賈顯度，參見《周書》，卷 1，〈校勘記〉，頁 17。此外還有兩條史料可以佐證：一是「永熙三年（534）五月，轉雍州刺史、西道大行臺。歿於關中。」見《魏書》，卷 80，〈賈顯度傳〉，頁 1775；二是「永熙三年（534），爲雍州刺史、西道大行臺。」見《北史》，卷 49，〈賈顯度傳〉，頁 1791。則見永熙三年（534）的雍州刺史確是賈顯度，《周書·文帝紀》中的記載恐有脫文。

〔註182〕「魏帝遣著作郎姚幼瑜持節勞軍，進太祖侍中、驃騎大將軍、開府儀同三司、關西大都督、略陽縣公，承制封拜，使持節如故。」見《周書》，卷 1，〈文帝紀〉上，頁 10。

〔註183〕本表舉有代表性的成員爲例，此外宇文泰的親族成員不置於此表中。

文泰〔註184〕，此外還有田弘可能也在此時投奔宇文泰〔註185〕，「深被引納，即處以爪牙之任」，但是因為時間不夠詳盡，所以不置入表中。賀拔岳餘部中，趙貴、侯莫陳崇、寇洛與劉亮皆是推舉擁戴宇文泰的成員，並隨其征討侯莫陳悅；周惠達〔註186〕原是賀拔岳相當倚重的文官幕僚，在宇文泰平定侯莫陳悅後才投奔宇文泰。侯莫陳悅餘部的成員〔註187〕則皆是在宇文泰破侯莫陳悅後才投奔宇文泰。

宇文泰控制關中後，大行臺成為宇文泰重要的文官幕僚機構，此時的行臺左丞是陸政，不過史料中沒有親任的記載，反而是陸政之子陸通「晝夜陪侍，處機密」〔註188〕，然而陸通不是文官幕僚，則此時宇文泰最信委的文官幕僚是誰？從史料來看應是擔任行臺郎中申徽〔註189〕。

再從根據地來看，宇文泰與賀拔岳的根據地都不在雍州，賀拔岳是在涇州平涼，而宇文泰則是在原州高平：

> （永熙三年，534）秋七月，太祖帥眾發自高平。〔註190〕

> 文帝自原州赴雍州，命（韋）孝寬隨軍。〔註191〕

〔註184〕 《周書》，卷25，〈于翼附李穆傳〉，頁527。

〔註185〕 「及太祖初統眾，（田）弘求謁見，乃論世事，深被引納，即處以爪牙之任。」見《周書》，卷27，〈田弘傳〉，頁449。

〔註186〕 「賀拔岳獲（蕭）寶夤送洛，留（周）惠達為府祭酒，給其衣馬，即與參議。岳為關中大行臺，以惠達為從事中郎……自是更被親禮。岳每征討，恆命惠達居守。又轉岳府屬……（侯莫陳）悅平，惠達歸於太祖，即用秦州司馬，安輯隴右」見《周書》，卷22，〈周惠達傳〉，頁362。

〔註187〕 李弼、豆盧寧、豆盧永恩與薛憕四人與侯莫陳悅的關係簡略引史料作說明，首先是李弼「（爾朱）天光赴洛，（李）弼因隸侯莫陳悅，為大都督，加通直散騎常侍……弼妻，悅之姨也，特為悅所親委，眾咸信之。」見《周書》，卷15，〈李弼傳〉，頁239；豆盧寧「永安中，以別將隨爾朱天光入關，加授都督……天光敗後，侯莫陳悅反，太祖討悅，寧與李弼率眾歸太祖。」見《周書》，卷19，〈豆盧寧傳〉，頁309；豆盧永恩「少有識度，為時輩所稱。初隨（豆盧）寧事侯莫陳悅，後與寧俱歸太祖，授殄寇將軍。」見《周書》，卷19，〈豆盧寧附弟永恩傳〉，頁310；薛憕「侯莫陳悅聞之，召為行臺郎中，除鎮遠將軍、步兵校尉……尋而太祖平悅，引（薛）憕為記室參軍」見《周書》，卷38，〈薛憕傳〉，頁684。

〔註188〕 《周書》，卷32，〈陸通傳〉，頁558。

〔註189〕 「軍國草創，幕府務殷，四方書檄，皆（申）徽之辭也。」見《周書》，卷32，〈申徽傳〉，頁555。

〔註190〕 《周書》，卷1，〈文帝紀〉上，頁12。

〔註191〕 《周書》，卷31，〈韋孝寬傳〉，頁536。

> 魏孝武將西遷，除（柳）慶散騎侍郎，馳傳入關。慶至高平見太祖，
> 共論時事。〔註192〕

宇文泰在北魏孝武帝入關以前，根據地是在原州高平，反而不是起初坐鎮的夏州，再參看宇文泰新收編關隴豪右的成員，更可以發現宇文泰與原州高平的關係密切。依史料中記載，宇文泰初掌關中以後，約有七人被宇文泰收編，其中四人出自高平，分別是李賢、李遠、李穆與田弘；其餘的郭彥出自雍州馮翊〔註193〕，權景宣出自秦州天水〔註194〕，王悅出自雍州京兆〔註195〕，可見此時收編豪右的地區著重在雍州、秦州與原州，又再觀李賢、李遠、李穆、蔡祐與田弘等人的記載：

> 太祖之奉魏太子西巡也，至原州，遂幸（李）賢第，讓齒而坐，行鄉飲酒禮焉。其後，太祖又至原州，令賢乘輅，備儀服，以諸侯會遇禮相見，然後幸賢第，歡宴終日……高祖及齊王憲之在襁褓也，以避忌，不利居宮中。太祖令於賢家處之，六載乃還宮。因賜賢妻吳姓宇文氏，養為姪女，賜與甚厚。〔註196〕

> 除大丞相府司馬。軍國機務，（李）遠皆參之……太祖又以第十一子達令遠子之，即代王也。其見親待如此。〔註197〕

> 太祖入關，便給事左右，深被親遇。（李）穆亦小心謹肅，未嘗懈怠。太祖嘉之，遂處以腹心之任，出入臥內，當時莫與為比。〔註198〕

> 太祖在原州，召為帳下親信。太祖還夏州，以（蔡）祐為都督……乃謂祐曰：「吾今以爾為子，爾其父事我。」……太祖不豫，祐與晉公護、賀蘭祥等侍疾……孝閔帝踐阼，拜少保。祐與尉遲綱俱掌禁

〔註192〕《周書》，卷22，〈柳慶傳〉，頁369。

〔註193〕「其先從宦關右，遂居馮翊。父胤，郡功曹、靈武令。（郭）彥少知名，太祖臨雍州，辟為西曹書佐。」見《周書》，卷37，〈郭彥傳〉，頁666。

〔註194〕「權景宣字暉遠，天水顯親人也。父曇騰，魏隴西郡守。」見《周書》，卷28，〈權景宣傳〉，頁477。

〔註195〕「京兆藍田人也。少有氣幹，為州里所稱。魏永安中，爾朱天光西討，引（王）悅為其府騎兵參軍，除石安令。太祖初定關、隴，悅率募鄉里從軍，屢有戰功。」見《周書》，卷33，〈王悅傳〉，頁578。

〔註196〕《周書》，卷25，〈李賢傳〉，頁416～417。

〔註197〕《周書》，卷25，〈李賢附弟遠傳〉，頁420～421。

〔註198〕《周書》，卷30，〈于翼附李穆傳〉，頁527。

兵，遞直殿省。〔註199〕

及太祖初統眾，（田）弘求謁見，乃論世事，深被引納，即處以爪牙
之任。〔註200〕

上述原州高平鎮出身的李賢、李遠、李穆、蔡祐與田弘都在宇文泰集團中扮
演重要的角色，李賢府第曾照顧過尚在襁褓的宇文邕與宇文憲；李遠與李穆
深受宇文泰委信；蔡祐被宇文泰視為子，並在宇文泰不豫時侍疾；田弘則「深
被引納，即處以爪牙之任」。可見出自原州高平的成員幾乎都受到宇文泰的親
信與委任，也可以發現宇文泰霸業與原州高平的關係相當密切。

永熙三年（534）七月，孝武帝在不敵高歡的局勢下被迫輕騎入關，加宇
文泰大將軍、雍州刺史，同年八月，進宇文泰為丞相〔註201〕。

表2-6　孝武帝入關後宇文泰系擔任中央重要職官一覽表

成　　員	職　　官	出　　處
張　軌	中書舍人	《周書》卷 37
趙　貴	右衛將軍	《周書》卷 16
楊　荐	直閤將軍	《周書》卷 33
賀蘭祥	左右直長	《周書》卷 20

上表是宇文泰系的成員在孝武帝入關後所擔任的中央重要職官，成員中張軌
在賀拔岳死後隨宇文泰平定侯莫陳悅，之後被宇文泰引為行臺郎中〔註202〕，
趙貴是賀拔岳死後首議擁戴宇文泰，楊荐是宇文泰出鎮夏州時期的班底，賀
蘭祥則是宇文泰親族；而擔任的重要職官中，主要在擔任禁軍，還有張軌執
掌中書舍人，可見成員擔任中央的職官並不多，再看擔任禁軍的成員有親族
賀蘭祥以及倚重的趙貴〔註203〕，因此禁軍是此時孝武帝入關之初，宇文泰比
較重視的職位。

〔註199〕《周書》，卷 27，〈蔡祐傳〉，頁 443～445。
〔註200〕《周書》，卷 27，〈田弘傳〉，頁 449。
〔註201〕《周書》，卷 1，〈文帝紀〉上，頁 13。
〔註202〕《周書》，卷 37，〈張軌傳〉，頁 664。
〔註203〕「太祖至，以（趙）貴為大都督，領府司馬……時以軍國多務，藉貴力用，
　　　　遂不之部。仍領大丞相府左長史，加散騎常侍。」見《周書》，卷 16，〈趙貴
　　　　傳〉，頁 262。

北魏孝武帝入關同時也帶了大批的中央官僚進入長安，此時中央重要官員幾乎都是隨孝武帝入關的成員，如元寶炬（錄尚書事）〔註204〕、元季海（中書令、雍州刺史）〔註205〕、元仲景（尚書右僕射）〔註206〕與長孫稚（錄尚書事）〔註207〕等等，不過此時權力是在宇文泰手上，所以這些官員並不是主要參與朝政運作的成員；朝政運作中心是在宇文泰控制的相府、行臺、開府等等，筆者將擔任的成員與事例的記載表列如下：

表2-7　孝武帝入關後宇文泰重要幕僚一覽表

成　員	事　例　記　載	出　處
周惠達	復以（周）惠達爲府司馬，便委任焉……太祖爲大將軍、大行臺，以惠達爲行臺尚書、大將軍府司馬……太祖出鎮華州，留惠達知後事。于時既承喪亂，庶事多闕。惠達營造戎仗，儲積食糧，簡閱士馬，以濟軍國之務，時甚賴焉。	《周書》卷22
宇文測	太祖爲丞相，以（宇文）測爲右長史，軍國政事，多委任之。	《周書》卷27
申　徽	每事信委之。乃爲大行臺郎中。時軍國草創，幕府務殷，四方書檄，皆（申）徽之辭也。	《周書》卷32
蘇　湛	及太祖爲丞相，引爲府屬，甚見親待。	《周書》卷38

上表是孝武帝入關以後，宇文泰委任或親待的幕僚，表中周惠達是最倚重的幕僚，「營造戎仗，儲積食糧，簡閱士馬」都是周惠達負責的要務。周惠達是章武文安（屬瀛州）〔註208〕人，起初跟隨蕭寶夤，在蕭寶夤謀反兵敗後仍跟隨蕭寶夤，賀拔岳隨爾朱天光入關討万俟醜奴，捕獲蕭寶夤，周惠達便被賀拔岳任命爲開府幕僚，之後深受賀拔岳委任，「每征討，恆命惠達居守」，賀拔岳被殺後轉歸宇文泰，仍深受宇文泰重用〔註209〕。

略述完中央重要職官，再看地方刺史：

〔註204〕「及從入關，拜太宰、錄尚書事。」見《北史》，卷5，〈西魏文帝紀〉，頁175。
〔註205〕「從孝武入關，封馮翊王，位中書令、雍州刺史」見《北史》，卷15，〈元季海傳〉，頁573。
〔註206〕「齊神武欲至洛陽，（元）仲景遂棄妻子，追駕至長安，仍除尚書右僕射，封順陽王。」見《北史》，卷17，〈元仲景傳〉，頁633。
〔註207〕「武帝入關，（長孫）承業時鎮武牢，亦隨赴長安，位太師、錄尚書事，封上黨王。」《北史》，卷22，〈長孫道生附孫觀子承業傳〉，頁815。
〔註208〕《魏書》，卷106上，〈地形志〉上，頁2469～2470。
〔註209〕周惠達的記載參見《周書》，卷22，〈周惠達傳〉，頁361～363。

表 2-8　孝武帝入關後宇文泰系地方刺史一覽表

成　　員	官　　職	出　　處
王　盟	原州刺史	《周書》卷 20
寇　洛	涇州刺史	《周書》卷 15
若干惠	北華州刺史	《周書》卷 17
劉　亮	南秦州刺史	《周書》卷 17
王　德	行東雍州事	《周書》卷 17

上表是宇文泰系的成員在孝武帝入關後所擔任的地方刺史，也是此時宇文泰
比較能控制的地方州郡，其中寇洛、若干惠、劉亮與王德都是在賀拔岳死後
擁戴宇文泰，王盟則是宇文泰的舅舅，而王盟坐鎮的原州是宇文泰破侯莫陳
悅以後的根據地（參見圖 2-6），但宇文泰對地方的控制力仍嫌不足。

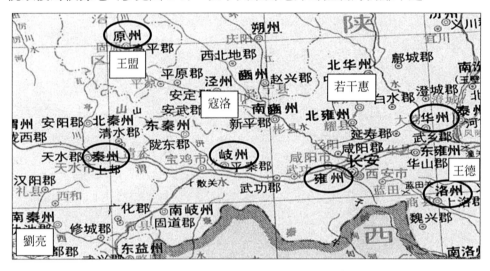

圖 2-6　孝武帝入關後宇文泰系地方刺史圖

關隴地區較為重要的地方刺史是華州（潼關）、原州（蕭關）、洛州（武關）、岐
州（散關）、秦州與雍州（圖 2-6 圈起地名），尤其是雍州與秦州。此時華州刺
史為王羆〔註210〕，原州刺史是宇文泰的舅舅王盟，洛州刺史是泉企〔註211〕，

〔註210〕　「屬太祖徵兵為勤王之舉，請前驅効命，遂為大都督，鎮華州。」見《周書》，
　　　　　卷 18，〈王羆傳〉，頁 292。
〔註211〕　「及齊神武專政，魏帝有西顧之心，欲委（泉）企以山南之事，乃除洛州刺

岐州刺史不詳，秦州刺史是万俟普〔註212〕，雍州刺史疑是元季海〔註213〕。華州的王羆與洛州的泉企尚未被宇文泰收編，秦州的万俟普在元寶炬即位爲文帝後則是投奔高歡，可見宇文泰最能控制的只有原州，這應該與宇文泰在關隴的勢力才剛形成有關。

　　北魏孝武帝入關中後，因其妹妹的事件與宇文泰產生心結〔註214〕，飲酒遇酖而崩〔註215〕，《魏書》記其爲宇文泰所害〔註216〕。孝武帝死後，宇文泰採納元順的建議沒有立孝武帝之子廣平王〔註217〕，而由元寶炬繼位爲帝〔註218〕，史稱西魏文帝。

三、從西魏建立到宇文泰權力穩固

　　元寶炬即位初年，西魏的地方刺史產生了頗特別的情況，即是有拜州刺史者，同時也出現行州事者，形成了一州既有州刺史，也有行州事者。如涇州刺史侯莫陳崇〔註219〕，行涇州事者馮景〔註220〕；原州刺史李遠，代行州事者李賢〔註221〕；東秦州刺史達奚武〔註222〕，行東秦州事者楊儉

史、當州都督。未幾，帝西遷。」見《周書》，卷44，〈泉企傳〉，頁786。

〔註212〕「斛斯椿逼帝西出，授司空、秦州刺史，據覆鞍城。」見《北齊書》，卷27，〈万俟普傳〉，頁375；「（大統元年，535）五月，秦州刺史、建中王万俟普撥率所部叛入東魏。」見《周書》，卷2，〈文帝紀〉下，頁21。從兩條引文來看，万俟普擔任秦州刺史是孝武帝入關後至大統元年（535）五月。

〔註213〕「從孝武入關，封馮翊王，位中書令、雍州刺史。」見《北史》，卷15，〈元季海傳〉，頁573。

〔註214〕「宇文泰使元氏諸王取明月殺之。帝不悅，或時彎弓，或時推案，君臣由此不安平。」見《北史》，卷5，〈魏孝武帝紀〉，頁174。

〔註215〕《北史》，卷5，〈魏孝武帝紀〉，頁174。

〔註216〕《魏書》，卷11，〈出帝紀〉，頁288。

〔註217〕「及武帝崩，祕未發喪，諸人多舉廣平王爲嗣。（元）順於別室垂涕謂周文曰：『廣平雖親，年德並茂，不宜居大寶。』周文深然之。」見《北史》，卷15，〈元順傳〉，頁568。

〔註218〕《北史》，卷5，〈西魏文帝紀〉，頁175。

〔註219〕「大統元年（535），除涇州刺史，加散騎常侍、大都督。」見《周書》，卷16，〈侯莫陳崇傳〉，頁269。

〔註220〕「大統初，行涇州事。」見《周書》，卷22，〈周惠達附馮景傳〉，頁364。

〔註221〕「太祖謂（李）遠曰：『孤之有卿，若身體之有手臂之用，豈可暫輟於身。本州之榮，乃私事耳。卿若述職，則孤無所寄懷。』於是遂令遠兄賢代行州事。」見《周書》，卷25，〈李遠傳〉，頁419。

〔註222〕「大統初，出爲東秦州刺史，加散騎常侍，進爵爲公。」見《周書》，卷19，〈達奚武傳〉，頁303。

〔註223〕；岐州刺史趙貴，史料沒有記載行州事者爲何人，但因趙貴不至
州〔註224〕，故而應該有代行州事者，只是缺載。

表2-9　沙苑會戰前同時有州刺史與行州事者一覽表

州刺史	成　員	行州事	成　員
涇州刺史	侯莫陳崇	行涇州事	馮　景
原州刺史	李　遠	行原州事	李　賢
東秦州刺史	達奚武	行東秦州事	楊　儉
岐州刺史	趙　貴	行岐州事	缺

表中擔任州刺史者都已是宇文泰派系的成員，其中趙貴與李遠兩人皆深受倚
重，不僅負責軍事作戰，而且都有參與相府的朝政運作〔註225〕，侯莫陳崇是
賀拔岳死後擁戴宇文泰的成員，同時也是重要的軍事將領〔註226〕，達奚武也
是擁戴宇文泰的成員，後入宇文泰相府〔註227〕；相對來說行州事的李賢、馮
景與楊儉三人，此時受委任的程度不及前述四人，顯示宇文泰以比較親近與
委任的派系成員領州刺史，而以其他成員擔任行州事之職，這種頻繁出現同
一州既有州刺史也有行州事者，主要集中在西魏早年。

　　此時朝政運作仍在宇文泰的相府、開府與行臺，不過宇文泰也開始加強
對中央職官的控制，筆者將沙苑會戰（大統三年，537，十月）前，宇文泰派
系成員擔任中央重要職官者表列如下：

〔註223〕「大統初，以本官行東秦州事，加使持節、當州大都督。」見《周書》，卷
22，〈楊寬附兄儉傳〉，頁368。
〔註224〕「太祖至，以（趙）貴爲大都督，領府司馬……尋授岐州刺史。時以軍國多
務，藉貴力用，遂不之部。」見《周書》，卷16，〈趙貴傳〉，頁262。
〔註225〕「仍領大丞相府左長史，加散騎常侍。」見《周書》，卷16，〈趙貴傳〉，頁
262；「除大丞相府司馬。軍國機務，（李）遠皆參之。」見《周書》，卷25，
〈李遠傳〉，頁420。
〔註226〕侯莫陳崇在隨宇文泰討侯莫陳悅時，重要的原州攻略便是由其負責，並隨宇
文泰擒竇泰，復弘農等等，參見《周書》，卷16，〈侯莫陳崇傳〉，頁269。
〔註227〕「及（賀拔）岳爲侯莫陳悅所害，（達奚）武與趙貴收岳屍歸平涼，同翊戴太
祖……魏孝武入關，授直寢，轉大丞相府中兵參軍。」見《周書》，卷19，〈達
奚武傳〉，頁303。

表 2-10　宇文泰派系成員在沙苑會戰前掌握中央重要職官一覽表

	成　員	官　　　職	出　　處
行政官僚	梁　禦	大都督、尚書右僕射	《周書》卷 17
	宇文測	黃門侍郎兼相府長史	《周書》卷 27
控制禁軍	寇　洛	大都督、領軍將軍	《周書》卷 15
	宇文導	大都督、領軍將軍	《周書》卷 10
	賀蘭祥	都督、右衛將軍	《周書》卷 20
	宇文貴	右衛將軍	《周書》卷 19
	李　遠	都督、主衣都統領左右、原州刺史	《周書》卷 25
	楊　荐	直閤將軍	《周書》卷 33
	王　勵	散騎常侍、千牛備身直長領左右	《周書》卷 20

本表略分行政官僚與禁軍，首先略述行政官僚，其中擔任尚書右僕射的梁禦是賀拔岳被殺後推舉宇文泰的成員之一，不過比較重要的卻是擔任黃門侍郎兼相府長史的宇文測，《周書》記載「軍國政事，多委任之」〔註228〕；其次略述禁軍，表中所見此時擔任禁軍成員有增加的趨勢，其中寇洛是賀拔岳被殺後推舉宇文泰的成員之一，楊荐在宇文泰出鎮夏州時便擔任其帳內都督，不過比較重要的是受宇文泰委信的李遠以及親族宇文導、賀蘭祥、宇文貴〔註229〕與王勵〔註230〕等人，反映了此時宇文泰對禁軍的控制與重視。

東魏孝靜帝天平三年（536）十二月，高歡自晉陽率軍進攻關中，遣高昂去上洛，竇泰入潼關〔註231〕。西魏大統三年（537）正月，宇文泰率軍破竇泰，不過洛州卻被高昂所攻陷，同年七月，宇文泰徵兵會咸陽，率眾東征，平弘農，此時高歡已率眾十萬出壺口，趨蒲坂，宇文泰遂率軍返回關中，高歡渡河進逼華州，因州刺史王羆嚴守，高歡遂南下涉洛水，宇文泰則渡渭水，

〔註228〕《周書》，卷27，〈宇文測傳〉，頁454。
〔註229〕「大統初，遷右衛將軍。（宇文）貴善騎射，有將率才。太祖又以宗室，甚親委之。」見《周書》，卷19，〈宇文貴傳〉，頁312。
〔註230〕「（王盟）子勵，字醜興，性忠果，有才幹。年十七，從太祖入關，及太祖平秦隴，定關中，勵常侍從。」見《周書》，卷20，〈王盟附子勵傳〉，頁334。
〔註231〕《北齊書》，卷2，〈神武帝紀〉下，頁19。

同年十月與高歡戰於沙苑〔註232〕，高歡兵敗〔註233〕。

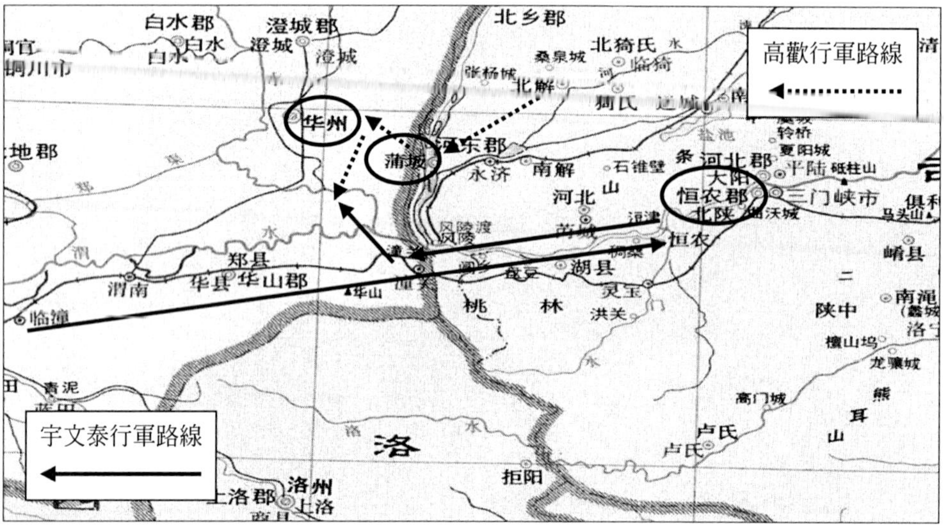

圖 2-7　沙苑會戰簡圖

　　西魏於沙苑會戰（大統三年，537，十月）獲勝後，以元季海爲行臺，與
獨孤信率軍入洛陽，然而雖然攻占洛陽〔註234〕，但政局並不平靜，同年十二
月，司徒、涼州刺史李叔仁便以「通使於東魏」之故被殺〔註235〕。李叔仁與宇
文泰之間並不融洽，當宇文泰在關中擴張勢力時，曾以雷紹爲涼州刺史，但
被當時擔任涼州刺史的李叔仁所逐，在李叔仁以「通使於東魏」的理由被殺
後，關中的局勢更加複雜〔註236〕。

　　大統四年（538）二月，東西魏戰事仍在持續，東魏攻陷南汾、潁、豫、

〔註232〕「位於大荔縣洛、渭河之間。兩河，也正是它的南北界限。」參自中國大荔
　　　　　縣人民政府網。http://www.dalisn.gov.cn/zjdl/dlgk/fjms/8037.htm。
〔註233〕《周書》，卷2，〈文帝紀〉下，頁22～24。
〔註234〕《周書》，卷2，〈文帝紀〉下，頁24。
〔註235〕《北史》，卷5，〈西魏文帝紀〉，頁176～177。
〔註236〕西魏的政治衝突事件，因爲史料記載不夠詳盡，造成不易釐清事件的前因後
　　　　　果，只能反映政局的緊張與複雜，除了司徒李叔仁被殺的事件以外，還有檀
　　　　　翥「魏孝武西遷。賜爵高唐縣子，兼中書舍人，修國史，加鎮軍將軍。後坐
　　　　　談論輕躁，爲黃門侍郎徐招所駁，死於廷尉獄。」見《周書》，卷38，〈李昶
　　　　　附檀翥傳〉，頁687；董紹「（西魏文帝）及登阼，方任用之，而（董）紹議
　　　　　論朝廷，賜死。」見《北史》，卷46，〈董紹傳〉，頁1707。史料中檀翥的「坐
　　　　　談論輕躁」與董紹的「議論朝廷」之前因後果記載不夠詳盡，只能反映政局
　　　　　的緊張與複雜。

廣四州〔註237〕，南汾州刺史韋子粲投降〔註238〕。同年三月，依史料的記載，宇文泰應該已經以華州作爲根據地〔註239〕。

表 2-11　沙苑會戰後宇文泰霸府幕僚一覽表〔註240〕

	成　員	官　職	出　處
相　府	宇文測	相府長史兼黃門侍郎	《周書》卷 27
	柳　慶	相府東閣祭酒領記室	《周書》卷 22
	唐　瑾	相府記室參軍	《周書》卷 32
	梁　昕	丞相府主簿	《周書》卷 39
	劉　志	丞相府墨曹參軍	《周書》卷 36
	王　悅	相府刑獄參軍	《周書》卷 33
	柳　敏	丞相府參軍事	《周書》卷 32
	趙　昶	相府典籤	《周書》卷 33
行　臺	蘇　綽	行臺左丞	《周書》卷 23
	韋　瑱	行臺左丞	《周書》卷 39
	辛慶之	行臺左丞兼鹽池都將	《周書》卷 39
	韋孝寬	弘農郡守兼左丞、節度宜陽兵馬事	《周書》卷 31
	盧　柔	行臺從事中郎	《周書》卷 32

此時霸府幕僚中的成員大部分以漢人爲主，可能是因爲漢人比起跟隨宇文泰在關隴創業的北鎮勳貴較好控制，因此才大量起用這些漢人，也可能因爲漢人比較熟悉行政官僚的運作，因此多委以漢人；而從幕僚的出身來看，上表十三人中，唐瑾、梁昕、王悅、趙昶、蘇綽、韋瑱、辛慶之與韋孝寬等八人都出自關隴，約占 62%，柳慶與柳敏二人則是沙苑戰後收編的河東豪族，反映此時霸府的成員是以關隴地區爲主。

　　霸府幕僚中較重要的是宇文測「軍國政事，多委任之」〔註241〕、唐瑾「軍

〔註237〕《北史》，卷 5，〈西魏文帝紀〉，頁 176～177。
〔註238〕《北齊書》，卷 27，〈韋子粲傳〉，頁 379～380。
〔註239〕「（大統）四年（538）春三月，太祖率諸將入朝。禮畢，還華州……魏帝還長安，太祖復屯華州。」見《周書》，卷 2，〈文帝紀〉下，頁 24～26。
〔註240〕本表無仕宦遷轉不詳者。
〔註241〕《周書》，卷 27，〈宇文測傳〉，頁 454。

書羽檄，瑾多掌之」〔註242〕、蘇綽「參典機密……綽始制文案程式，朱出墨入，及計帳、戶籍之法」〔註243〕與盧柔「與蘇綽對掌機密」〔註244〕等四人。

　　沙苑會戰以前，最重要的幕僚是周惠達、宇文測與申徽三人，不過此時周惠達與申徽皆不在宇文泰霸府擔仼幕僚，那麼周惠達與申徽此時的職掌爲何？

表2-12　宇文泰派系成員在沙苑會戰後掌握中央重要職官一覽表

	成　員	官　　　職	出　　處
行政官僚	周惠達	中書令兼尙書僕射	《周書》卷22
	宇文測	黃門侍郎兼相府長史	《周書》卷27
	申　徽	中書舍人	《周書》卷32
控制禁軍	賀蘭祥	都督、右衞將軍	《周書》卷20
	宇文貴	右衞將軍	《周書》卷19
	楊荐	直閣將軍	《周書》卷33

可見周惠達與申徽兩人是從霸府幕僚轉任中央的重要職官，周惠達擔任掌詔令的中書令同時還兼尙書僕射，申徽則擔任皇帝身邊的中書舍人，顯示宇文泰派系成員在中央行政官僚的影響力與支配力有強化的趨勢，同時也可從中略見西魏初年宇文泰霸府重要幕僚的遷轉以及對中央的控制方式。

表2-13　沙苑會戰後宇文泰控制朝政簡表

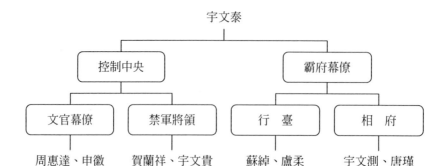

再就關隴地區重要性的州刺史來看，岐州缺載，洛州刺史泉仲遵〔註245〕

〔註242〕《周書》，卷32，〈唐瑾傳〉，頁564。
〔註243〕《周書》，卷23，〈蘇綽傳〉，頁382。
〔註244〕《周書》，卷32，〈盧柔傳〉，頁563。
〔註245〕「及（泉）元禮於沙苑戰沒，復以（泉）仲遵爲洛州刺史。仲遵宿稱幹畧，

與秦州刺史常善〔註246〕派系較不明顯，但原州（李賢）〔註247〕、華州（霸府）與雍州（王盟）〔註248〕皆被宇文泰所掌握，顯示沙苑會戰後，宇文泰對關中地區較重要的州刺史控制力有增加的情況。

圖 2-8　沙苑會戰後關隴地區重要刺史一覽圖

大統四年（538）七月，高歡遣眾將圍獨孤信於洛陽，宇文泰率軍援助，於河橋被東魏所敗，洛陽也失守〔註249〕，然而當東西魏在河橋作戰如火如荼之際，趙青雀、于伏德、慕容思慶與梁景睿在關中起事：

> 大軍之東伐也，關中留守兵少，而前後所虜東魏士卒，皆散在民間，乃謀爲亂……於是沙苑所俘軍人趙青雀、雍州民于伏德等遂反。青雀據長安子城，伏德保咸陽，與太守慕容思慶各收降卒，以拒還師。長安大城民皆相率拒青雀，每日接戰……華州刺史導率軍襲咸陽，斬思慶，擒伏德，南度渭與太祖會攻青雀，破之。

爲鄉里所歸。及爲本州，頗得嘉譽。」見《周書》，卷44，〈泉企附子仲遵傳〉，頁788。

〔註246〕「大統初，加平東將軍，進爵爲侯。擒寶泰，復弘農，破沙苑，累有戰功。除使持節、衛將軍，假驃騎大將軍、秦州刺史。（大統）四年（538），從戰河橋，加大都督，進爵爲公，除涇州刺史。」見《周書》，卷27，〈常善傳〉，頁446。

〔註247〕《周書》，卷30，〈李賢傳〉，頁415。

〔註248〕《周書》，卷20，〈王盟傳〉，頁333～334。

〔註249〕《周書》，卷2，〈文帝紀〉下，頁25～26。

太傅梁景睿先以疾留長安，遂與青雀通謀，至是亦伏誅。關中於
是乃定。〔註250〕

上述眾人中，趙青雀是戰俘，而于伏德是雍州民，慕容思慶是咸陽太守，梁
景睿則是太傅，則這次事件恐是戰俘與對宇文泰不滿的朝中成員聯合所產生
的結果。

從宇文泰在率軍援助獨孤信以前，已命王盟（留後大都督行雍州事、節
度關中諸軍）〔註251〕與宇文導（使持節、大都督、華州刺史）〔註252〕穩定關
中局勢，尤其加強了王盟的權力，又令信賴的周惠達「總留臺事」〔註253〕，
因此宇文泰應該是有考慮到關中可能發生的變局。

河橋之戰（大統四年，538）兵敗以後，宇文泰為安撫局勢，將周惠達自
中書令兼尚書僕射轉為吏部尚書〔註254〕，同時也讓出了雍州〔註255〕，不過朝
政運作還是在霸府，中央與地方重要職官的變化恐是以安撫為目的，筆者整
理此時霸府幕僚並製表如下，表中可見霸府幕僚仍以漢人為主；又十四人中
出自關隴的有李遠、唐瑾、王悅、趙昶、蘇綽、韋瑱、辛慶之等七人，約占
50%，比起沙苑會戰後霸府中出自關隴的比率（62%）有稍許下降，出自河
東豪族則有柳慶、柳敏與裴諏三人約占 21%，比起沙苑戰後只有柳慶與柳敏
二人（15%）稍有增加。

表 2-14　河橋會戰後宇文泰霸府幕僚一覽表〔註256〕

	成　員	官　　職	出　　處
相　府	于　謹	大丞相府長史兼大行臺尚書	《周書》卷 15
	宇文測	相府長史兼黃門侍郎	《周書》卷 27
	李　遠	都督、相府司馬	《周書》卷 25
	叱羅協	相府屬從事中郎攝大行臺郎中	《周書》卷 11

〔註250〕《周書》，卷 2，〈文帝紀〉下，頁 26。
〔註251〕《周書》，卷 20，〈王盟傳〉，頁 333～334。
〔註252〕《周書》，卷 10，〈邵惠公顥附子導傳〉，頁 155。
〔註253〕《周書》，卷 22，〈周惠達傳〉，頁 363。
〔註254〕《周書》，卷 22，〈周惠達傳〉，頁 363。
〔註255〕雍州原是宇文泰的舅舅王盟所掌，河橋戰後則由與宇文泰關係較淺的王羆擔
　　　　任。參見《北史》，卷 62，〈王羆傳〉，頁 2203。
〔註256〕本表無仕宦遷轉不詳者。

	柳　慶	相府東閣祭酒領記室	《周書》卷22
	唐　瑾	相府記室參軍	《周書》卷32
	柳　敏	相府戶曹參軍兼記室	《周書》卷32
	劉　志	丞相府墨曹參軍	《周書》卷36
	王　悅	相府刑獄參軍	《周書》卷33
	趙　昶	相府典籤	《周書》卷33
行　臺	蘇　綽	行臺左丞	《周書》卷23
	韋　瑱	使持節、行臺左丞	《周書》卷39
	辛慶之	行臺左丞兼鹽池都將	《周書》卷39
	裴　諏	大行臺倉曹郎中	《北史》卷38

　　再從較爲重要的幕僚來看，河橋會戰以前的宇文測「軍國政事，多委任之」、唐瑾「軍書羽檄，瑾多掌之」與蘇綽「參典機密……綽始制文案程式，朱出墨入，及計帳、戶籍之法」等三人仍是受委任的幕僚；至河橋戰後，則有李遠「軍國機務，遠皆參之」〔註257〕、叱羅協「歷仕二京，詳練故事。又深自克勵，太祖頗委任之」〔註258〕與柳敏「有四方賓客，恆令接之，爰及吉凶禮儀，亦令監綜。又與蘇綽等修撰新制，爲朝廷政典」〔註259〕等三人受宇文泰委任。

　　河橋會戰因爲兵敗的關係，促使宇文泰讓出中央與地方重要職官來安撫統治階層的成員，不過隨著局勢穩定，宇文泰派系的成員再度返回中央與地方的重要位置，若以仕宦遷轉記載比較清楚的邙山會戰（大統九年，543）爲時間點，可以發現這個狀況。

表2-15　宇文泰派系成員在邙山會戰前掌握中央重要職官一覽表

	成　員	官　　　　職	出　　處
行政官僚	周惠達	尚書右僕射	《周書》卷22
	韓　襃	給事黃門侍郎	《周書》卷37
	申　徽	中書舍人	《周書》卷32
控制禁軍	若干惠	中領軍	《周書》卷17

〔註257〕《周書》，卷25，〈李賢附弟遠傳〉，頁420。
〔註258〕《周書》，卷11，〈晉蕩公護附叱羅協傳〉，頁178。
〔註259〕《周書》，卷32，〈柳敏傳〉，頁560。

賀蘭祥	右衛將軍	《周書》卷 20
李　穆	武衛將軍	《周書》卷 30
王　懋	武衛將軍（或右衛將軍）	《周書》卷 20
楊　荐	直閤將軍	《周書》卷 33

此時派系成員所擔任的職官以尚書僕射、黃門侍郎、中書舍人與禁軍爲主。首先略述行政官僚的成員，周惠達在宇文泰兵敗河橋（大統四年，538）後，自中書令兼尚書僕射轉爲吏部尚書，至邙山會戰（大統九年，543）以前，已再度返回尚書僕射一職，而自周惠達從霸府幕僚轉爲中央幕僚以後，一直是宇文泰控制京師長安的重要文官幕僚；申徽的狀況與周惠達頗爲類似，原先都是宇文泰關中大行臺的重要幕僚，在大統四年（538）轉中書舍人，此後開始在中央擔任皇帝身邊的重要職位，甚至於河橋戰時，大軍不利，可是申徽仍在魏帝身邊「獨不離左右」〔註260〕；韓褒早在宇文泰出鎮夏州時，便被宇文泰「待以客禮」，甚至於在賀拔岳諸將擁戴宇文泰時，還被宇文泰問以「去留之計」，於宇文泰拜相後被引爲錄事參軍，西魏建立轉爲行臺左丞，又因戰事之故，以鎮南將軍、丞相府從事中郎出鎮淅酈，不久又徵拜丞相府司馬，從這些職官遷轉可見其與宇文泰的霸府關係密切〔註261〕。

其次略述控制禁軍的成員，若干惠、楊荐與賀蘭祥前已略述遂不再贅述，李穆「深被親遇……處以腹心之任，出入臥內，當時莫與爲比」〔註262〕，王懋是王盟之子，也是宇文泰親族〔註263〕，可以發現西魏禁軍成員中必定有親族與宇文泰委信之人。

綜上所述，自宇文泰拜相（永熙三年，534，八月）掌握大權開始，至邙山會戰（大統九年，543，三月）以前，可略見宇文泰對京師長安的控制可以區分爲兩個系統：一是禁軍，主要由親族與委信的成員擔任；二是文官系統中的重要執行單位——尚書僕射與皇帝的近侍官黃門侍郎以及中書舍人，主要是由宇文泰開府、相府或行臺中委信的幕僚轉入京師擔任要職。

再從關隴地區重要的地方刺史來看，華州是宇文泰霸府所在，雍州是擁

〔註260〕 《周書》，卷 32，〈申徽傳〉，頁 556。
〔註261〕 韓褒的記載參見《周書》，卷 37，〈韓褒傳〉，頁 660～661。
〔註262〕 《周書》，卷 30，〈于翼附李穆傳〉，頁 527。
〔註263〕 「（王）勵弟懋，字小興。（王）盟之西征，以懋尚幼，留在山東。永安中，始入關，與盟相見，遂從征伐。」見《周書》，卷 20，〈王盟附子懋傳〉，頁 334。

戴宇文泰的侯莫陳崇〔註264〕，原州是李賢〔註265〕，洛州是曾被宇文泰召為帳下的楊忠〔註266〕，秦州是與宇文泰「少相友善」的獨孤信〔註267〕，岐州則記載不詳，已經幾乎都是與宇文泰關係比較親近的成員。

圖 2-9　邙山會戰前關隴地區重要刺史一覽圖

檢視完此時中央與地方的重要官員，此時的朝政運作中心的霸府幕僚又如何？與之前有什麼比較不一樣的地方？若只從這個時間點來看，行臺幕僚較相府幕僚更為重要，因為此時受委任的主要是行臺幕僚，最具代表性的便是擔任行臺左丞參典機密的蘇綽「即拜大行臺左丞，參典機密。自是寵遇日隆。綽始制文案程式，朱出墨入，及計帳、戶籍之法」〔註268〕；除了蘇綽以外，行臺中重要的幕僚還有王悅「（大統）六年（540），加通直散騎常侍，遷大行臺右丞。十年（544），轉左丞。久居管轄，頗獲時譽久居管轄，頗獲時譽」〔註269〕與盧光「太祖深禮之，除丞相府記室參軍……俄拜行臺郎中，專

〔註264〕「（大統）七年（541），稽胡反，（侯莫陳）崇率眾討平之。尋除雍州刺史，兼太子詹事。」見《周書》，卷16，〈侯莫陳崇傳〉，頁269。

〔註265〕「（大統）八年（542），授原州刺史。」見《周書》，卷30，〈李賢傳〉，頁416。

〔註266〕「大統三年（537），與（獨孤）信俱歸闕。太祖召居帳下……轉洛州刺史。邙山之戰，先登陷陳。」見《周書》，卷19，〈楊忠傳〉，頁315。

〔註267〕《周書》，卷16，〈獨孤信傳〉，頁265～266。

〔註268〕《周書》，卷23，〈蘇綽傳〉，頁382。

〔註269〕《周書》，卷33，〈王悅傳〉，頁579。

掌書記」〔註270〕。相府重要的幕僚則是裴漢「大統五年（539），除大丞相府士曹行參軍，補墨曹參軍。善尺牘，尤便簿領，理識明瞻，決斷如流。相府爲之語曰：『日下粲爛有裴漢』」〔註271〕，不過王悅、盧光與裴漢的重要性與受委任的狀況都不及蘇綽。

表 2-16　邙山會戰前宇文泰霸府幕僚一覽表〔註272〕

	成　員	官　　　職	出　　　處
相　府	裴　漢	相府墨曹參軍	《周書》卷 34
	劉　志	相府墨曹參軍	《周書》卷 36
	趙　昶	相府典籤	《周書》卷 33
行　臺	蘇　綽	行臺左丞	《周書》卷 23
	王　悅	大行臺右丞	《周書》卷 33
	柳　慶	大行臺郎中領北華州長史	《周書》卷 22
	裴　俠	行臺郎中	《周書》卷 35
	盧　光	行臺郎中	《周書》卷 45

上表幕僚仍以漢人爲主，八人中出自關隴的有王悅、趙昶、蘇綽等三人，約占 38%，比起河橋戰後霸府出自關隴的比率（50%）又下降不少；出自河東豪族則有裴漢、柳慶與裴俠三人，占 38%，相對來說，比起河橋戰後在比例（21%）上又有增加。

　　略述完邙山戰前的局勢，以下簡略說明邙山會戰。大統九年（543）東魏北豫州刺史高仲密據武牢關〔註273〕投奔西魏，宇文泰迎之，軍入洛陽後遣于謹攻下栢谷塢〔註274〕，圍河橋南城〔註275〕，高歡則渡黃河據邙山爲陣，宇文泰夜登邙山，卻被高歡所敗，宇文泰退回關中〔註276〕，高歡軍至弘農而還〔註277〕。

〔註270〕《周書》，卷 45，〈儒林‧盧光傳〉，頁 807～808。
〔註271〕《周書》，卷 34，〈裴寬附弟漢傳〉，頁 597。
〔註272〕本表無任官遷轉不詳者。
〔註273〕《北齊書》，卷 2，〈神武帝紀〉下，頁 21。
〔註274〕《周書》，卷 2，〈文帝紀〉下，頁 27～28。
〔註275〕《北齊書》，卷 2，〈神武帝紀〉下，頁 21。
〔註276〕《周書》，卷 2，〈文帝紀〉下，頁 28。
〔註277〕《北齊書》，卷 2，〈神武帝紀〉下，頁 22。

　　邙山之戰（大統九年，543）雖然與河橋之戰（大統四年，538）相同皆是以敗戰收場〔註278〕，但是邙山戰後宇文泰卻沒有因此讓出中央與地方重要官員，在中央的部分，周惠達仍是尚書僕射〔註279〕，韓褒仍擔任給事黃門侍郎，甚至進位侍中〔註280〕，申徽仍是中書舍人〔註281〕；在地方上，李賢仍是騎常侍〔註283〕，獨孤信仍鎮秦州〔註284〕，可是王勇在宇文泰拜相時便被其引為帳內直盪都督，也是宇文泰派系的成員〔註285〕，凡此種種皆可佐證宇文泰掌握政局已相當穩固，沒有因為敗戰而讓出重要官員。

圖 2-10　邙山會戰位置簡圖

　　邙山之戰不僅可以佐證宇文泰的權力已逐漸穩固，也是宇文護首次擔任先鋒的重要戰役，在邙山之戰以前，宇文護已隨宇文泰出征潼關、弘農、沙苑與河橋等戰役，但邙山會戰卻是第一次擔任先鋒，之後宇文護將出鎮河東〔註286〕，開始成為西魏北周統治階層中的重要人物。

　　自宇文泰拜相至邙山戰以前，在關中權力逐漸穩固的過程與控制中央的方式，可以發現宇文泰以霸府遙控朝政，朝政運作大致上都在霸府，而對於中央重要職官，宇文泰最重視的便是禁軍，此外尚書僕射與皇帝近侍官黃門侍郎以及中書舍人也是宇文泰重視的職官。

〔註278〕《周書》，卷2，〈文帝紀〉下，頁28。
〔註279〕《周書》，卷22，〈周惠達傳〉，頁363。
〔註285〕王勇的記載參見《周書》，卷29，〈王勇傳〉，頁491。
〔註286〕參見《周書》，卷11，〈晉蕩公護傳〉，頁165～166。

　　邙山會戰以後，可以發現中央重要官職許多都出自霸府，若以西魏恭帝元年（554）十月的江陵會戰〔註287〕作爲時間點，可以發現這個狀況：

表2-17　江陵會戰前中央重要職官出自宇文泰霸府幕僚一覽表〔註288〕

成員	曾經擔任的霸府職位	中央職官	出　處
李遠	大丞相府司馬	尚書左僕射	《周書》卷25
申徽	大行臺郎中	尚書右僕射	《周書》卷32
柳慶	相府東閣祭酒領記室、戶曹參軍、行臺郎中、行臺右丞	民部尚書	《周書》卷22
郭彥	開府西曹書佐、開府儀同主簿	兵部尚書	《周書》卷37
盧柔	行臺郎中、行臺從事中郎	中書監	《周書》卷32
柳虯	相府記室	秘書監	《周書》卷38
李基	大丞相親信	武衛將軍	《周書》卷25

自宇文泰拜相（永熙三年，534）到江陵會戰（恭帝元年，554）約二十年，宇文泰的權力持續穩固，因此江陵會戰（恭帝元年，554）的尚書僕射、民部尚書、兵部尚書、中書監與祕書監等重要職位出自霸府幕僚並不意外。而宇文泰霸府運作的方式與霸府幕僚的遷轉之模式與結構，可以作爲宇文護掌控政權的對照組，將於後章再作討論。

第三節　宇文護特殊的角色

　　前已略述宇文泰成爲關中霸主的經過，那麼宇文護如何成爲宇文泰派系中的重要人物？甚至於後來還受宇文泰遺詔輔佐宇文覺？這要從宇文護入關後的發展說起。

一、宇文泰重要的親族成員

　　北魏節閔帝普泰元年（531），宇文護與賀蘭祥入關跟隨宇文泰，開始了在關中的發展，初入關之際，便逢宇文泰轉鎮夏州（孝武帝永熙二年，533），

〔註287〕《周書》，卷2，〈文帝紀〉下，頁35。
〔註288〕本表無仕宦遷轉不詳者。此外，表中霸府幕僚職官一欄，盡可能將這些成員曾擔任過的職位表列，並以擔任時間爲順序，自左而右，自上而下。

不過宇文護並沒有隨宇文泰去夏州，反而是留在平涼轉事賀拔岳〔註289〕，時年約二十一歲〔註290〕。宇文護轉事賀拔岳的緣由史料並無記載，不過為人質的可能性不高〔註291〕，比較可能的情況是宇文泰將宇文護推薦給賀拔岳〔註292〕，但為什麼是宇文護轉事賀拔岳？而不是宇文導、賀蘭祥、尉遲迥或尉遲綱等其他宇文泰親族的成員呢？

　　以下整理宇文導、賀蘭祥、尉遲迥與尉遲綱等重要的親族成員〔註293〕自他們入關至恭帝元年（554）十月江陵會戰以前的仕宦遷轉，來檢視宇文護與他人不同的地方與特色，之所以選擇恭帝元年（554）十月江陵會戰以前，是因為宇文導卒於同年十二月〔註294〕，因此這是比較適合的時間點。

（1）宇文導

　　生於北魏宣武帝永平四年〔註295〕（511），在北魏孝莊帝永安三年（530）〔註296〕隨宇文泰入關〔註297〕。永熙三年（534）賀拔岳被侯莫陳悅所殺〔註298〕，

〔註289〕《周書》，卷11，〈晉蕩公護傳〉，頁165。

〔註290〕宇文護生於延昌二年（513），宇文泰出鎮夏州是在永熙二年（533），因此大約二十一歲。

〔註291〕宇文泰是賀拔岳入關時的班底，兩人有舊，且賀拔岳相當委信宇文泰。參見《周書》，卷1，〈文帝紀〉上，頁2～4。以賀拔岳與宇文泰兩人的關係，加上宇文護時年約二十一歲，若要留質不太適合，因此愚見懷疑宇文護轉事賀拔岳不太可能為質。

〔註292〕此時的關中勢力是以賀拔岳為首，而宇文泰是賀拔岳的部下，因此宇文護轉事賀拔岳，愚見以為比較有可能是宇文泰推薦宇文護給賀拔岳。

〔註293〕王盟是宇文泰的舅舅，王盟的兒子也算是宇文泰親族成員，不過因為宇文導、宇文護、賀蘭祥、尉遲迥與尉遲綱的生父都已過世，因此宇文導、宇文護、賀蘭祥、尉遲迥與尉遲綱等人與王盟之子如王勵、王懋等人的狀況並不相同，所以在此暫不討論王盟一族。

〔註294〕《周書》，卷10，〈邵惠公顥附子導傳〉，頁155。

〔註295〕「昔在武川鎮生汝兄弟，大者屬鼠（宇文什肥），次者屬兔（宇文導），汝身屬蛇（宇文護）。」見《周書》，卷11，〈晉蕩公護傳〉，頁169～170。宇文護比宇文導小兩歲，宇文護生於北魏宣武帝延昌二年（513），則宇文導生於北魏宣武帝永平四年（511），又「魏恭帝元年（554）十二月，薨於上邽，年四十四。」見《周書》，卷10，〈邵惠公顥附子導傳〉，頁155。從宇文導的本傳中也可佐證宇文導屬兔，生於北魏宣武帝永平四年（511）。

〔註296〕北魏孝莊帝永安三年（530）爾朱榮遣爾朱天光與賀拔岳入關平万俟醜奴。參見《資治通鑑》，卷154，梁武帝中大通二年（530），頁4771～4773。宇文泰從賀拔岳入關。參見《周書》，卷1，〈文帝紀〉上，頁2。

〔註297〕《周書》，卷10，〈邵惠公顥附子導傳〉，頁154。

〔註298〕《周書》，卷1，〈文帝紀〉上，頁4～5。

宇文泰率軍征討侯莫陳悅，便以宇文導爲都督鎮守原州，當侯莫陳悅被宇文泰所敗後，侯莫陳悅欲北走出塞，宇文導率軍追趕，在牽屯山殺了侯莫陳悅，以功拜冠軍將軍，加通直散騎常侍〔註299〕。

西魏大統元年（535），宇文導拜使持節、散騎常侍、車騎大將軍、左光祿大夫。於大統三年（537）沙苑會戰以前，宇文導轉入宿衞，拜領軍將軍、大都督，沙苑會戰之際，宇文導督左右禁旅戰於沙苑，戰後進位儀同三司〔註300〕。

自沙苑會戰以後，宇文導便沒有再隨宇文泰出外征戰，「太祖每出征討，導恆居守」〔註301〕，便是指沙苑會戰以後宇文導在西魏統治階層所扮演的角色，如大統四年（538）河橋會戰，宇文導便留守華州，也平定了關中趙青雀等人的起事，因功進爵章武郡公，加侍中、開府、驃騎大將軍、太子少保等；大統九年（543）邙山會戰，宇文導擔任大都督、華東雍二州諸軍事，行華州刺史，留守大本營華州霸府；大統十六年（550）高洋篡東魏，宇文泰率軍東征〔註302〕，便以宇文導爲大將軍、大都督、三雍二華等二十三州諸軍事屯咸陽〔註303〕，並總督留守諸軍事以鎮關中〔註304〕。

宇文導的角色不僅是「太祖每出征討，導恆居守」而已，大統十三年（547）侯景投奔西魏〔註305〕，宇文導出任隴右大都督、秦南等十五州諸軍事、秦州刺史〔註306〕，成爲關隴地區最重要的地方大員之一。以下簡略說明隴右在關隴地區的重要地位：

> 正光中，（蕭）寶夤爲關西大行臺，（馮）景又爲行臺都令史。〔註307〕

> 又加（尒朱天光）開府儀同三司、兼尚書令、關西大行臺。〔註308〕

> （賀拔）岳爲關西大行臺，以太祖爲左丞，領岳府司馬，加散騎常侍。〔註309〕

〔註299〕《周書》，卷10，〈邵惠公顥附子導傳〉，頁154。
〔註300〕《周書》，卷10，〈邵惠公顥附子導傳〉，頁154～155。
〔註301〕《周書》，卷10，〈邵惠公顥附子導傳〉，頁155。
〔註302〕《周書》，卷2，〈文帝紀〉下，頁32。
〔註303〕《周書》，卷10，〈邵惠公顥附子導傳〉，頁155。
〔註304〕《周書》，卷2，〈文帝紀〉下，頁32。
〔註305〕《周書》，卷2，〈文帝紀〉下，頁30。
〔註306〕《周書》，卷10，〈邵惠公顥附子導傳〉，頁155。
〔註307〕《北史》，卷63，〈馮景傳〉，頁2228。
〔註308〕《魏書》，卷75，〈尒朱天光傳〉，頁1676。
〔註309〕《周書》，卷1，〈文帝紀〉上，頁3。

進授太祖兼尚書僕射、關西大行臺，餘官封如故。〔註310〕

魏孝武即位，加（賀拔岳）關中大行臺，增邑千戶。〔註311〕

時莫折念生遣使詐降，寶夤表（崔）士和兼度支尚書，爲隴右行臺。〔註312〕

乃申啓朝廷，薦君（侯莫陳悅）爲隴右行臺。〔註313〕

（賀拔岳）進位開府儀同三司，兼尚書左僕射、隴右行臺，仍停高平。〔註314〕

梁仚定稱亂河右，以（趙）貴爲隴西行臺，率眾討破之。〔註315〕

即以大都督趙貴爲別道行臺。〔註316〕

頃之，（趙善）爲北道行臺，與儀同李虎等討曹泥，克之。〔註317〕

上述數條史料是關隴地區關於行臺的記載，可以從這些史料中發現關隴地區的行臺約可分爲三類：一是關中（西）大行臺；二是隴右（西）行臺；三是沒有特定的行政區所產生的行臺，如別道行臺或北道行臺。所以關隴地區最主要的行政區可以粗分爲二，一是關中（西），一是隴右（西），因此才會產生以這兩地爲行政區所產生的行臺，可見隴右的地位與重要性。

宇文導自大統十三年（547）出鎮隴右，直至恭帝元年（554）十二月卒於上邽〔註318〕，坐鎮隴右的時間大約七年，是西魏末年最重要的地方大員，在宇文導出鎮隴右以前，主要是在擔任京師禁軍或留守霸府之職，即是「太祖每出征討，導恆居守」。因此不管是控制禁軍、出鎮隴右還是留守大本營之職，都可以發現他是宇文泰派系中相當重要的成員。

略述完宇文導的仕宦遷轉，史料中也有記載他的婚姻關係：

初，（宇文）廣母李氏以廣患彌年，憂而成疾，因此致沒。〔註319〕

〔註310〕《周書》，卷1，〈文帝紀〉上，頁10。
〔註311〕《周書》，卷14，〈賀拔勝附弟岳傳〉，頁225。
〔註312〕《魏書》，卷66，〈崔亮附子士和傳〉，頁1481。
〔註313〕《周書》，卷1，〈文帝紀〉上，頁7。
〔註314〕《周書》，卷14，〈賀拔勝附弟岳傳〉，頁224。
〔註315〕《周書》，卷16，〈趙貴傳〉，頁262。
〔註316〕《周書》，卷1，〈文帝紀〉上，頁12。
〔註317〕《周書》，卷34，〈趙善〉，頁588。
〔註318〕《周書》，卷10，〈邵惠公顥附子導傳〉，頁155。
〔註319〕《周書》，卷10，〈邵惠公顥附子導傳〉，頁156。

宇文廣是宇文導之子，又引文中宇文廣的母親是李氏，即宇文導的婚姻關係是李氏。

（2）賀蘭祥

生於北魏宣武帝延昌四年〔註320〕（515），父親是賀蘭初眞，娶了宇文泰的姐姐。賀蘭祥十一歲（約北魏孝明帝孝昌元年，525）時成爲了孤兒，「長於舅氏，特爲太祖（宇文泰）所愛」〔註321〕，年少時與宇文護一同在受陽就學〔註322〕，並且與宇文護於普泰元年（531）一同入關中投靠宇文泰〔註323〕。

賀蘭祥入關後起家奉朝請，加威烈將軍，恆在宇文泰帳下，並從平侯莫陳悅。大統三年（537）沙苑會戰之前，賀蘭祥遷右衞將軍，加持節、征虜將軍，於沙苑會戰之際留守京師長安，以留守功授鎮西將軍。大統四年（538）河橋會戰，以功加使持節、大都督，在大統八年（543）又遷車騎大將軍、儀同三司、散騎常侍，於大統九年（543）邙山會戰後再進位驃騎大將軍、開府儀同三司，又加侍中〔註324〕。

賀蘭祥在大統十四年（548）轉鎮荊州，擔任都督三荊南襄南雍平信江隨二郢淅十二州諸軍事、荊州刺史，並進爵博陵郡公，但沒多久便還朝，於大統十六年（550）拜大將軍，宇文泰命其造富平堰，開渠引水而民獲其利，至西魏廢帝二年（553）時行華州事，不過在恭帝元年（554）江陵會戰以前，不確定是擔任華州刺史還是尙書左僕射〔註325〕。

從賀蘭祥的仕宦遷轉來看，西魏文帝大統年間，賀蘭祥主要是負責京師的禁軍，在大統十四年（548）才出鎮荊州，而賀蘭祥出鎮荊州以後，便沒有再擔任京師禁軍之職的記載，至西魏廢帝二年（553）開始擔任坐鎮霸府之

〔註320〕 賀蘭祥卒於北周武帝宇文邕保定二年（562），年四十八，參見《周書》，卷20，〈賀蘭祥傳〉，頁338。則其生年約北魏宣武帝延昌四年（515）。又賀蘭祥本傳記其入關時年十七，參見《周書》，卷20，〈賀蘭祥傳〉，頁336。賀蘭祥十七歲是在普泰元年（531），這也吻合宇文護本傳中宇文護與賀蘭祥在普泰元年（531）入關的記載，參見《周書》，卷11，〈晉蕩公護傳〉，頁165。
〔註321〕 《周書》，卷20，〈賀蘭祥傳〉，頁336。
〔註322〕 「於後，吾共汝（宇文護）在受陽住。時元寶、菩提及汝姑兒賀蘭盛洛（賀蘭祥），并汝身四人同學。」見《周書》，卷11，〈晉蕩公護傳〉，頁170。
〔註323〕 《周書》，卷11，〈晉蕩公護傳〉，頁165。
〔註324〕 《周書》，卷20，〈賀蘭祥傳〉，頁336。
〔註325〕 《周書》，卷20，〈賀蘭祥傳〉，頁337。

職，不管是行華州事或華州刺史，之後轉為尚書左僕射，成為中央重要的行政官員。

上述是賀蘭祥仕宦遷轉的簡單說明，因為史料中沒有記載賀蘭祥的婚姻對象，遂暫不討論。

（3）尉遲迥

約生於北魏孝明帝熙平元年〔註326〕（516），父親是尉遲俟兜，娶宇文泰的姐姐，在尉遲迥七歲時（北魏孝明帝正光三年，522）病卒。尉遲迥與尉遲綱入關的時間無法確定，但應該是在孝武帝入關（北魏孝武帝永熙三年，534）以前〔註327〕。

尉遲迥在宇文泰拜相以後擔任大丞相帳內都督〔註328〕，至大統十一年（545）拜侍中、驃騎大將軍、開府儀同三司，進爵魏安郡公。大統十五年（549）遷尚書左僕射兼領軍將軍，成為宇文泰控制京師的重要人物，擔任禁軍將領的時間則正逢賀蘭祥自禁軍將領出鎮荊州（大統十四年，548）之際，因尉遲迥「通敏有幹能，雖任兼文武，頗允時望」，所以宇文泰「深委仗焉」，並於大統十六年（550）進位大將軍〔註329〕。

西魏廢帝二年（553），宇文泰遣尉遲迥率軍入蜀〔註330〕，平定蜀中以後，尉遲迥擔任大都督、益潼等十二州諸軍事、益州刺史，於廢帝三年（554）又加督六州，通前十八州諸軍事〔註331〕，不過同年便入朝，益州刺史由宇文貴所代〔註332〕。同年十月便是江陵會戰，尉遲迥入朝後並沒有擔任職事官的

〔註326〕「（尉遲）迥年七歲，（尉遲）綱年六歲，（尉遲）俟兜病且卒。」見《北史》，卷62，〈尉遲迥傳〉，頁2209。從《北史》中可見尉遲迥較尉遲綱大一歲。尉遲綱卒於天和四年（569），時年五十三。參見《周書》，卷20，〈尉遲綱傳〉，頁340。透過〈尉遲綱傳〉中尉遲綱的卒年可推尉遲綱約生於北魏孝明帝熙平二年（517），而尉遲迥較尉遲綱大一歲，則尉遲迥約生於北魏孝明帝熙平元年（516）。

〔註327〕「後方入關。從太祖征伐，常陪侍帷幄，出入臥內。後以迎魏孝武功，拜殿中將軍。」見《周書》，卷20，〈尉遲綱傳〉，頁339。可見尉遲綱在孝武帝入關以前便已在關中隨宇文泰征討。

〔註328〕《周書》，卷21，〈尉遲迥傳〉，頁349。

〔註329〕參見《北史》，卷62，〈尉遲迥傳〉，頁2209～2210。

〔註330〕《周書》，卷2，〈文帝紀〉下，頁33。

〔註331〕《北史》，卷62，〈尉遲迥傳〉，頁2210～2211。

〔註332〕「（廢帝）三年（554），詔（宇文）貴代尉遲迥鎮蜀。」見《周書》，卷19，〈宇文貴傳〉，頁313。

記載，直到六官建制（恭帝三年，556）之際才拜小宗伯〔註333〕。

　　略述完尉遲迥的仕宦遷轉，再看其婚姻對象，依《周書》所記，尉遲迥尚魏文帝女金明公主〔註334〕。

（4）尉遲綱

　　約生於北魏孝明帝熙平二年〔註335〕（517），從宇文泰征戰，常「陪侍帷幄，出入臥內」，以迎北魏孝武帝之功拜殿中將軍，至西魏大統元年（535）為帳內都督，本傳中記載「太祖甚寵之，委以心膂」〔註336〕，可見宇文泰對尉遲綱喜愛與信任。

　　大統四年（538）河橋會戰後，以戰功拜平遠將軍、步兵校尉。大統八年（543）加通直散騎常侍、太子武衛率、前將軍，轉帥都督。至大統十七年（551）擔任華州刺史以前，尉遲綱已是大都督、驃騎大將軍、開府儀同三司、侍中。西魏廢帝二年（553），尉遲綱轉任禁軍，拜大將軍兼領軍將軍，擔任禁軍將領的時間則逢其兄尉遲迥率軍入蜀（廢帝二年，553）之際，至恭帝即位以後轉中領軍總宿衛〔註337〕，是宇文泰委以控制京師禁軍的重要成員。

（5）宇文護

　　自普泰元年（531）入關投靠叔父宇文泰〔註338〕，永熙二年（533）宇文泰出鎮夏州〔註339〕，宇文護則轉事賀拔岳，永熙三年（534）賀拔岳被侯莫陳悅所殺以後，留在賀拔岳根據地平涼的宇文護，被宇文泰授與都督一職，從宇文泰征討侯莫陳悅〔註340〕。

　　在西魏文帝大統元年（535），加通直散騎常侍、征虜將軍，之後從宇文泰征戰沙苑與河橋，遷鎮東將軍、大都督，至大統八年（542）進位車騎大將軍、儀同三司，於大統九年（543）邙山會戰，因敗戰而坐免官，不過馬上便官復原職。大統十二年（546）進位驃騎大將軍、開府儀同三司、中山公，至

〔註333〕《北史》，卷62，〈尉遲迥傳〉，頁2211。
〔註334〕「尚魏文帝女金明公主，拜駙馬都尉。」見《周書》，卷21，〈尉遲迥傳〉，頁349。
〔註335〕尉遲綱卒於天和四年（569），時年五十三，參見《周書》，卷20，〈尉遲綱傳〉，頁340。從尉遲綱卒年可推尉遲綱約生於北魏孝明帝熙平二年（517）。
〔註336〕《周書》，卷20，〈尉遲綱傳〉，頁339。
〔註337〕《周書》，卷20，〈尉遲綱傳〉，頁339～340。
〔註338〕《周書》，卷11，〈晉蕩公護傳〉，頁165。
〔註339〕參見《資治通鑑》，卷156，梁武帝中大通五年（533），頁4834～4835。
〔註340〕《周書》，卷11，〈晉蕩公護傳〉，頁165。

大統十五年（549）出鎮河東〔註341〕。

圖 2-11　河東、華州（後改名同州）與洛陽地理位置圖

上圖是河東、華州（後改名為同州）以及洛陽的地理位置圖，河東所轄有蒲坂〔註342〕，蒲坂便是高歡率軍進入關中包圍華州的據點〔註343〕，因此河東可以說是宇文泰霸府的重要防衞據點〔註344〕，而這個重要的據點，宇文泰在大統十五年（549）委以宇文護。

　　上述宇文泰的重要親族成員中，在史料中的記載不管是宇文導「太祖每出征討，導恆居守」，還是賀蘭祥「長於舅氏，特為太祖所愛」，或是尉遲迥「迥通敏有幹能，雖任兼文武，頗允時望，周文以此深委仗焉」，甚至於是尉遲綱「太祖甚寵之，委以心膂」等等，都能顯示宇文泰對他們的委信與重用。然而受宇文泰遺命輔政的宇文護，在史料中卻沒有被宇文泰委信或親愛的記載，那麼宇文泰為什麼會指定宇文護遺命輔政？反而不是選擇「特為太祖所愛」的賀蘭祥？或是「太祖甚寵之，委以心膂」的尉遲綱？

〔註341〕　《周書》，卷11，〈晉蕩公護傳〉，頁165～166。
〔註342〕　《隋書》，卷30，〈地理志〉中，頁849～850。
〔註343〕　「齊神武懼，率眾十萬出壺口，趨蒲坂，將自后土濟……齊神武遂度河，逼華州。刺史王羆嚴守。」見《周書》，卷2，〈文帝紀〉下，頁23。
〔註344〕　「太祖謂（李）遠曰：『河東國之要鎮，非卿無以撫之。』乃授河東郡守。」見《周書》，卷25，〈李賢附弟遠傳〉，頁420。

二、宇文護在親族成員中的不同之處

　　首先將宇文導、宇文護、賀蘭祥、尉遲迥與尉遲綱等宇文泰親族成員在入關後至江陵戰前的職官變化表列如下：

表 2-18　宇文泰親族成員職官變化一覽表〔註 345〕

	成員	持節	都督	加官	職官	勳官	散官
控制關中	宇文導		都督	通直散騎		冠軍將軍	
	宇文護		都督				
	賀蘭祥		都督			威烈將軍	奉朝請
	尉遲綱						
孝武入關	宇文導		都督	通直散騎		冠軍將軍	
	宇文護		都督				
	賀蘭祥		都督	左右直長		威烈將軍	奉朝請
	尉遲綱					殿中將軍	
沙苑戰前	宇文導	使持節	大都督	散騎常侍	領軍將軍	車騎大將軍	左光祿
	宇文護		都督	通直散騎		征虜將軍	
	賀蘭祥	持節	都督		右衛將軍	征虜將軍	奉朝請
	尉遲綱				帳內都督	殿中將軍	
河橋戰前	宇文導	使持節	大都督	散騎常侍	華州刺史	車騎大將軍	儀同三司
	宇文護		都督	通直散騎		征虜將軍	
	賀蘭祥	持節	都督		右衛將軍	鎮西將軍	奉朝請
	尉遲綱				帳內都督	殿中將軍	
河橋戰後	宇文導	使持節	大都督	太子少保	華州刺史	驃騎大將軍	開府儀同
	宇文護		大都督	通直散騎		鎮東將軍	
	賀蘭祥	使持節	大都督		右衛將軍	鎮西將軍	奉朝請
	尉遲綱				步兵校尉	平遠將軍	

〔註 345〕本表依照史料中記載的年齡爲上下順序，若職事無法確定者以問號表現。此外尉遲迥在大統十一年（545）以後仕宦遷轉的記載才比較仔細，爲節省篇幅，尉遲迥只置於江陵戰前。

邙山戰前	宇文導	使持節	大都督	太子少保	都督華東雍二州諸軍事、行華州刺史	驃騎大將軍	開府儀同
	宇文護		大都督	通直散騎		車騎大將軍	儀同三司
	賀蘭祥	使持節	大都督	散騎常侍	右衛將軍	車騎大將軍	儀同三司
	尉遲綱		帥都督	通直散騎	太子武衛率	前將軍	
江陵戰前	宇文導	使持節	大都督	太子少保	秦南等十五州諸軍事、秦州刺史	大將軍	開府儀同
	宇文護		大都督	通直散騎	鎮河東	大將軍	開府儀同
	賀蘭祥	使持節	大都督	侍中	？	大將軍	開府儀同
	尉遲迴		大都督	侍中	？	大將軍	開府儀同
	尉遲綱		大都督	侍中	中領軍	大將軍	開府儀同

　　上表可略分兩個部分討論，第一是持節；第二是職官遷轉的演變。首先略述持節，表中只有宇文護、尉遲迴與尉遲綱兄弟沒有帶持節的記載，假若尉遲綱因爲早年留在宇文泰身邊，而出任的刺史也是在霸府華州（尚未改名爲同州），即是仍在宇文泰身邊，至廢帝年間入京師長安職典禁軍，因此一直沒有擔任地方刺史或是率軍出征，所以尉遲綱沒有帶持節並不意外，可是宇文護與尉遲迴都有出鎮外州與率軍出征的記載〔註346〕，但他們卻都沒有帶持節。

　　其次則是職官遷轉的演變，從上述諸多時間點的仕宦變化中可以發現，宇文導在都督、加官、勳官與散官的表現一直是領先其他親族成員的，而至江陵會戰（恭帝元年，554）前，親族成員在勳官與散官上都已經是相同，然而宇文導的加官仍高出其他親族成員，可是宇文護的加官卻明顯不及其他親族成員。

　　宇文護自永熙三年（534）回宇文泰身邊到出鎮河東（大統十五年，549），在宇文泰身邊大約十五年，坐鎮河東大約七年，而在仕宦遷轉中，宇文護並沒有帶持節，同時加官也是成員中最低的通直散騎常侍，甚至於史料中也不見宇文泰委信宇文護的記載，那麼宇文泰爲什麼會遺命宇文護輔佐宇文覺？

〔註346〕宇文護出鎮河東便沒有帶持節，且參與江陵會戰以及江陵戰後率軍討襄陽蠻帥，也都沒有帶持節的記載，參見《周書》，卷11，〈晉蕩公護傳〉，頁166。尉遲迴入蜀之戰與坐鎮益州時，也都沒有帶持節的記載，參見《北史》，卷62，〈尉遲迴傳〉，頁2210～2211。

　　有三條史料可以作爲說明宇文護在宇文泰親族中的特別之處，分別是婚姻與爵位、率軍出征與持節、委以家務三個部分，分述如下：

（1）婚姻與爵位

　　宇文護雖然沒有持節且加官不高，卻可從婚姻關係與爵位看出宇文泰對宇文護的特殊照顧。宇文護的婚姻對象是元孝矩的妹妹〔註347〕，元孝矩的祖父是元脩義〔註348〕，在六鎮之亂關隴紛擾之際，原是最初率兵入關平亂的西道行臺〔註349〕，卒於雍州刺史任內〔註350〕。元脩義的父親是汝陰王天賜〔註351〕，汝陰王天賜是北魏恭宗景穆帝之子〔註352〕，北魏恭宗景穆帝即是北魏太武帝拓拔燾的長子〔註353〕。隋文帝楊堅便是因「重其門地」，因此以元孝矩之女爲長子楊勇的王妃〔註354〕，楊堅的妻子獨孤氏也肯定元氏女的地位：

　　　　晛地伐（楊勇）漸不可耐，我爲伊索得元家女，望隆基業。〔註355〕

可見直到北周末年，元氏女仍有其門地與名望，而宇文泰爲姪子宇文護找了元氏女，卻沒有替另一個姪子宇文導找元氏女，宇文導婚姻對象是李氏〔註356〕。若以宇文泰親族成員來對照，尉遲迥與元氏聯姻〔註357〕，尉遲綱缺記載，賀蘭祥也缺記載，依目前史料所見，娶元氏女的只有宇文護與尉遲迥。

〔註347〕宇文護娶元孝矩的妹妹爲妻，不過無法確定結親時間，只能確定是在宇文覺即位以前，「其後周太祖爲兄子晉公護娶孝矩妹爲妻，情好甚密。及閔帝受禪，護總百揆，孝矩之寵益隆。」見《隋書》，卷50，〈元孝矩傳〉，頁1317。

〔註348〕《北史》，卷17，〈元脩義傳〉，頁640。

〔註349〕「六月，秦州城人莫折太提據城反，自稱秦王，殺刺史李彥……七月……詔吏部尚書元脩義兼尚書僕射，爲西道行臺，率諸將西討。」見《魏書》，卷9，〈肅宗孝明帝紀〉，頁236。

〔註350〕「二秦反，假（元）脩義兼尚書右僕射、西道行臺、行秦州事，爲諸軍節度。脩義性好酒，每飲連日，遂遇風病，神明昏喪，雖至長安，竟無部分之益。元志敗沒，賊東至黑水，更遣蕭寶夤討之，以脩義爲雍州刺史。卒於州。」見《北史》，卷17，〈元脩義傳〉，頁640。

〔註351〕《北史》，卷17，〈汝陰王天賜傳〉，頁639。

〔註352〕《北史》，卷17，〈景穆十二王傳〉上，頁629。

〔註353〕《魏書》，卷4下，〈世祖太武帝紀〉下，頁107。

〔註354〕「高祖重其門地，娶其女爲房陵王妃。」見《隋書》，卷50，〈元孝矩傳〉，頁1317。

〔註355〕《隋書》，卷45，〈文四子·房陵王勇傳〉，頁1232。

〔註356〕《周書》，卷10，〈邵惠公顥附子導傳〉，頁156。

〔註357〕《北史》，卷62，〈尉遲迥傳〉，頁2209。

　　宇文泰讓宇文護娶元氏女，卻讓宇文導娶李氏，是否能說明宇文泰比較重視宇文護？若只從婚姻關係來看，證據應該還不夠，但再看宇文導與宇文護的爵位，可以發現兩人之間不同的地位。

　　宇文導於大統四年（538）封爲章武公〔註358〕，章武屬瀛州〔註359〕，同時西魏北周重臣中，只有周惠達一人出自章武〔註360〕，但是他並非出自代北鮮卑顯貴；宇文護於大統十二年（546）封爲中山公〔註361〕，中山屬定州〔註362〕，西魏北周的重臣中，出自中山者有劉亮〔註363〕，然而更重要的是，大部分隨宇文泰在關中創業的北鎮成員，在六鎮之亂以後都是避地中山，如趙貴〔註364〕、獨孤信〔註365〕、楊忠〔註366〕與王盟〔註367〕等等，這些都是後來西魏政權中的重要勳貴，甚至於連宇文氏自己都曾避地中山〔註368〕，可見此地的特殊性。

　　從宇文泰讓宇文護娶元氏女並封中山公，而宇文導只是娶李氏而封章武公，可以說明宇文泰對宇文護與宇文導兩人的安排並不相同。

（2）率軍出征與持節

　　宇文護還有不同於宇文導等人的地方，那便是率軍出征作戰。宇文護在江陵會戰時隨于謹出征擔任先鋒，也曾率軍平定襄陽蠻帥等等〔註369〕；相對

〔註358〕　《周書》，卷10，〈邵惠公顥附子導傳〉，頁155。

〔註359〕　《魏書》，卷106上，〈地形志〉上，頁2469～2470。

〔註360〕　《周書》，卷22，〈周惠達傳〉，頁361。

〔註361〕　《周書》，卷11，〈晉蕩公護傳〉，頁166。

〔註362〕　《魏書》，卷106上，〈地形志〉上，頁2461。

〔註363〕　「劉亮中山人也，本名道德。祖祐連，魏蔚州刺史。父持眞，鎮遠將軍、領民酋長。」見《周書》，卷17，〈劉亮傳〉，頁284。

〔註364〕　「魏孝昌中，天下兵起，（趙）貴率鄉里避難南遷。屬葛榮陷中山，遂被拘逼。」見《周書》，卷16，〈趙貴傳〉，頁261。引文中趙貴率鄉里避難南遷，雖然沒有明確說明趙貴南遷之處，但從葛榮攻陷中山，趙貴遂被拘逼來看，趙貴避難南遷之處最有可能的便是中山。

〔註365〕　「以北邊喪亂，避地中山，爲葛榮所獲。」見《周書》，卷16，〈獨孤信傳〉，頁261。

〔註366〕　「父（楊）禎，以軍功除建遠將軍。屬魏末喪亂，避地中山，結義徒以討鮮于修禮，遂死之。」見《周書》，卷19，〈楊忠傳〉，頁314。

〔註367〕　「魏正光中，破六汗拔陵攻陷諸鎮，（王）盟亦爲其所擁。拔陵破後，流寓中山。」見《周書》，卷20，〈王盟傳〉，頁333。

〔註368〕　「後避地中山，遂陷於鮮于修禮。」見《周書》，卷1，〈文帝紀〉上，頁2。

〔註369〕　《周書》，卷11，〈晉蕩公護傳〉，頁166。

於此，宇文護的次兄宇文導為宇文泰委任，「太祖每出征討，導恆居守」，但是宇文導在史料中並沒有率軍出征的記載，不是跟隨宇文泰出征，再不然就是留守〔註370〕；「特為太祖（宇文泰）所愛」的賀蘭祥狀況也是跟隨宇文泰出征，沒有自己率軍出征的記載，直到宇文護執政時期才率軍出征吐谷渾〔註371〕；尉遲綱的狀況也是跟隨宇文泰出征〔註372〕；只有尉遲迥才有率軍入蜀作戰的記載〔註373〕，巧合之處在於這些成員中，有率軍出征作戰的宇文護與尉遲迥反而沒有帶持節。

宇文護不只沒有持節，同時加官也是親族中最低的，雖然持節與加官有權力與地位的象徵，但如宇文泰諸子便不需要持節與加官來彰顯他的權力〔註374〕，因為他們並不需要持節與加官來顯示他們的權力與地位，而宇文護不僅沒有持節，加官也是自大統元年（535）加通直散騎常侍〔註375〕後便一直沒有晉升，當宇文導、賀蘭祥、尉遲迥與尉遲綱至少都有侍中以上之際，宇文護仍是通直散騎常侍，此點頗不合情理，要不就是史料缺載，要不便是宇文護的地位不需要持節與加官，如同宇文泰諸子一樣，既不需要持節，也不需要加官。

（3）委以家務

「諸子並幼，遂委（宇文）護以家務」〔註376〕，這是宇文護在宇文泰親族中最特殊的地方，史料中並沒有記載宇文泰挑選宇文護委以家務的原因，

〔註370〕 參見《周書》，卷10，〈邵惠公顥附子導傳〉，頁154～155。
〔註371〕 《周書》，卷20，〈賀蘭祥傳〉，頁336～337。
〔註372〕 《周書》，卷20，〈尉遲綱傳〉，頁339～340。
〔註373〕 《北史》，卷62，〈尉遲迥傳〉，頁2210～2211。
〔註374〕 宇文泰諸子出鎮外州或率軍出征時，他們都沒有帶持節，同時他們也沒有加官的記載。參見《周書》，卷4，〈明帝紀〉，頁53；《周書》，卷5，〈武帝紀〉上，頁63；《周書》，卷12，〈齊煬王憲傳〉，頁187～195；《周書》，卷13，〈衛剌王直傳〉，頁202；《周書》，卷13，〈趙僭王招傳〉，頁202～203；《周書》，卷13，〈譙孝王儉傳〉，頁203～204；《周書》，卷13，〈陳惑王純傳〉，頁204；《周書》，卷13，〈越野王盛傳〉，頁204～205；《周書》，卷13，〈代奰王達傳〉，頁205；《周書》，卷13，〈滕閒王逌傳〉，頁206。
〔註375〕 《周書》，卷11，〈晉蕩公護傳〉，頁165。
〔註376〕 《周書》，卷11，〈晉蕩公護傳〉，頁165。此外，《周書》記載宇文護被「委以家務」是繫於宇文護入關之後（普泰元年，531）至宇文泰轉鎮夏州以前（永熙二年，533），不過此時宇文泰長子宇文毓尚未出生（宇文毓生於永熙三年，534），或有可能是宇文泰還有比長子宇文毓更早出生的子嗣，也或有可能只是史官記載的方式，在史料不足無法確定的情況下暫不討論。

可是宇文泰諸子是將來要繼承宇文泰事業的人，爲什麼宇文泰選擇了宇文護而不是宇文導？或「特爲太祖（宇文泰）所愛」的賀蘭祥？或是「太祖甚寵之，委以心膂」的尉遲綱？

　　宇文護被委以家務的時間點可能是什麼時候？而「諸子」又指那些人？在宇文護本傳中並沒有記載委以家務的時間，若以宇文護出鎭河東（大統十五年，549）爲時間點來看，則「諸子」可能對象有誰？

　　宇文泰長子宇文毓生於永熙三年（534）夏州統萬城〔註 377〕，次子宇文震生年記載不祥，三子宇文覺生於大統八年（542）同州官舍〔註 378〕，四子宇文邕生於大統九年（543）同州〔註 379〕，五子宇文憲生於大統十年（544）或十一年（545）〔註 380〕，其餘諸子因生年記載不詳而暫略不談，將宇文泰諸子於大統十五年（549）的年歲以及與宇文護年歲的差距表列如下。

表 2-19　宇文泰諸子於大統十五年（549）年歲與宇文護年歲差距一覽
　　　　表〔註 381〕

人　　物	生　　　　年	時　　年	年歲差距
宇文毓	北魏孝武帝永熙三年（534）	16	21
宇文覺	西魏文帝大統八年（542）	8	29
宇文邕	西魏文帝大統九年（543）	7	30
宇文憲	文帝大統十年（544）或十一年（545）	6 或 5	31 或 32

若宇文護出鎭河東便不再參與宇文泰的家務，則「諸子」指的可能是長子宇文毓、次子宇文震與三子宇文覺〔註 382〕；若宇文護出鎭河東後仍參與宇文泰

〔註 377〕《周書》，卷 4，〈明帝紀〉，頁 53。
〔註 378〕《周書》，卷 3，〈孝閔帝紀〉，頁 45。
〔註 379〕《周書》，卷 5，〈武帝紀〉上，頁 63。
〔註 380〕宇文憲本傳與碑文出現不同的記載。參見《周書》，卷 12，〈校勘記〉，頁 199〜200。因爲本傳與碑文時間不一致，因此本文記宇文憲生於大統十年（544）或十一年（545）。
〔註 381〕宇文泰諸子不確定生年者不置入表中。
〔註 382〕「高祖及齊王憲之在襁褓也，以避忌，不利居宮中。太祖令於（李）賢家處之，六載乃還宮。」見《周書》，卷 25，〈李賢傳〉，頁 417。引文中宇文邕與宇文憲兩人在襁褓時，因爲避忌而在李賢家住了六年才還宮，則他們兩人返宮的時候，宇文憲至少也要六歲以上，所以宇文護出鎭河東之際，宇文邕與宇文憲可能或才剛返回宮中或者根本還在李賢家中。

家務，則「諸子」便沒有特定的對象。而從諸子的年歲來看，當宇文泰在關中建立基業的時候，諸子仍然年幼，連宇文泰長子宇文毓都比宇文護要小二十一歲，因此不管在政治還是軍事上，宇文泰必須委任宇文導、宇文護、賀蘭祥、尉遲迴與尉遲綱等親族的成員，因此他們很自然成爲宇文泰政權中重要的角色。

綜上三點所述，不管是從娶元氏女與進爵中山公，還是率軍出征與持節，甚至於是被委以家務，若再加上初入關時被宇文泰推薦轉事賀拔岳，都可以發現宇文護在宇文泰親族成員中的特殊性，因此宇文護於江陵會戰（恭帝元年，554）以前，在宇文泰授意與安排下，恐已經成爲宇文泰最委信的親族成員〔註383〕，也因爲宇文泰委信宇文護，才會遺命宇文護輔佐宇文覺。

三、江陵會戰

以下簡略說明江陵會戰發生的原因。蕭詧是南朝梁武帝的孫子，梁昭明太子的第三子〔註384〕，南朝梁因爲侯景的包圍首都建業（大統十五年，549）〔註385〕，在地方刺史欲援軍建業期間，蕭詧與蕭繹（後即位爲梁元帝）產生間隙，遂在大統十五年（549）「遣使稱藩，請爲附庸」〔註386〕。西魏廢帝元年（552）蕭繹在江陵嗣位爲梁元帝〔註387〕，荊州刺史長孫儉建議宇文泰進攻江陵，宇文泰贊成其意見，遂令長孫儉在荊州準備〔註388〕，於是在恭帝元年

〔註383〕 雖然史料中沒有宇文泰委信宇文護的記載，但愚見懷疑恐是史官隱諱的結果，因宇文護與武帝宇文邕的政治衝突中，宇文護最後被武帝宇文邕所殺，修史時難免會對宇文護的記載加以修飾。如會田大輔便引用相當多石刻史料證明宇文護在執政後受到擁戴的記載，參見會田大輔著、林靜薇譯，〈北周宇文護執政期再考——以宇文護幕僚人事組成爲中心〉（收錄於《早期中國史研究》第 4 卷第 1 期，2012 年 6 月。）

〔註384〕 《周書》，卷 48，〈蕭詧傳〉，頁 855。

〔註385〕 「（大統十五年，549）夏六月……初，侯景自豫州附梁，後遂度江，圍建業。」見《周書》，卷 2，〈文帝紀〉下，頁 32。

〔註386〕 參見《周書》，卷 48，〈蕭詧傳〉，頁 856～858。

〔註387〕 《周書》，卷 2，〈文帝紀〉下，頁 33。

〔註388〕 「及梁元帝嗣位於江陵，外敦鄰睦，內懷異計。（長孫）儉密啓太祖，陳攻取之謀。於是徵儉入朝，問其經畧。儉對曰：『今江陵既在江北，去我不遠。湘東即位，已涉三年。觀其形勢，不欲東下。骨肉相殘，民厭其毒。荊州軍資器械，儲積已久，若大軍西討，必無匱乏之慮。且兼弱攻昧，武之善經。國家既有蜀土，若更平江漢，撫而安之，收其貢賦，以供軍國，天下不足定也。』太祖深然之，乃謂儉曰：『如公之言，吾取之晚矣。』令儉還州，密爲之備。尋令柱國、燕公于謹總戎眾伐江陵。平，以儉元謀，賞奴婢三百口。」見《周

（554）十月，宇文泰遣于謹、宇文護、楊忠與韋孝寬等人進攻江陵〔註389〕，蕭詧也率兵會合〔註390〕。

　　于謹與長孫儉討論進攻蕭繹的策略後，遂令宇文護與楊忠率精騎據江津以斷蕭繹的逃亡路線〔註391〕，在宇文護本傳中有精彩的記載：

　　　　（宇文）護率輕騎為先鋒，晝夜兼行，乃遣禆將攻梁臨邊城鎮，並拔之。並擒其候騎，進兵徑至江陵城下。城中不意兵至，惶窘失圖。

　　　　護又遣騎二千斷江津，收舟艦以待。大軍之至，圍而克之。〔註392〕

因為宇文護的奇襲效果，江陵城內「惶窘失圖」，兼以江津又被宇文護所斷，待于謹軍至，便包圍並攻下江陵城。

　　江陵會戰結束後，宇文泰別封統帥于謹為新野郡公〔註393〕，以宇文護戰功封其子宇文會為江陵公〔註394〕，楊忠沒有加官進爵的記載，韋孝寬則封穰縣公〔註395〕。從進爵的狀況以及宇文護本傳中的記載，宇文護在江陵會戰應是有立下相當的功勳，兼以返朝之際獨自率軍討平襄陽蠻帥向天保〔註396〕，則宇文護在《周書》中「性無戎略」〔註397〕的記載，恐怕不一定屬實。

書》，卷26，〈長孫儉傳〉，頁428～429。

〔註389〕「遣柱國于謹、中山公護、大將軍楊忠、韋孝寬等步騎五萬討之。」見《周書》，卷2，〈文帝紀〉下，頁35。

〔註390〕「魏恭帝元年（552），太祖令柱國于謹伐江陵，詧以兵會之。」見《周書》，卷48，〈蕭詧傳〉，頁859。

〔註391〕「長孫儉問（于）謹曰：『為蕭繹之計，將欲如何？』謹曰：『耀兵漢、沔，席卷渡江，直據丹陽，是其上策；移郭內居民，退保子城，峻其陴堞，以待援至，是其中策；若難於移動，據守羅郭，是其下策。』儉曰：『揣繹定出何策？』謹曰：『必用下策。』儉曰：『彼棄上而用下，何也？』對曰：『蕭氏保據江南，綿歷數紀。屬中原多故，未遑外略。又以我有齊氏之患，必謂力不能分。且繹懦而無謀，多疑少斷。愚民難與慮始，皆戀邑居，既惡遷移，當保羅郭。所以用下策也。』謹乃令中山公護及大將軍楊忠等，率精騎先據江津，斷其走路。」見《周書》，卷15，〈于謹傳〉，頁247。

〔註392〕《周書》，卷11，〈晉蕩公護傳〉，頁166。

〔註393〕《周書》，卷15，〈于謹傳〉，頁248。

〔註394〕《周書》，卷11，〈晉蕩公護傳〉，頁166。

〔註395〕《周書》，卷31，〈韋孝寬傳〉，頁538。

〔註396〕「初，襄陽蠻帥向天保等萬有餘落，恃險作梗。及師還，（宇文）護率軍討平之。」《周書》，卷11，〈晉蕩公護傳〉，頁166。

〔註397〕《周書》，卷11，〈晉蕩公護傳〉，頁174。

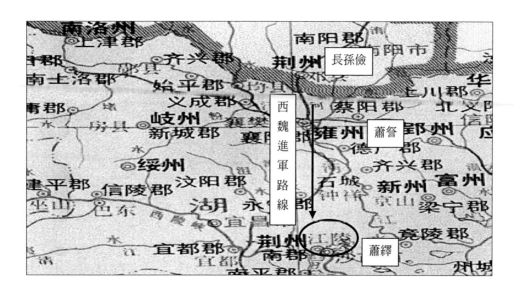

圖 2-12　江陵會戰簡圖

　　本節略述宇文護入關後的發展，因為宇文泰諸子年幼，促使宇文泰委任宇文導、宇文護、賀蘭祥、尉遲迥與尉遲綱這些親族的成員，逐漸成為宇文泰政權中重要的角色，而宇文護是親族成員中最特殊的成員，不管是轉事賀拔岳、被委以家務、娶元氏女、封中山公與率軍出征等等，藉此說明宇文泰對宇文護的重視與特殊照顧，這也是宇文泰選擇宇文護輔佐宇文覺的原因。

第四節　宇文護受遺輔嗣子

　　西魏恭帝三年（556）正月，宇文泰初行《周禮》，建六官，此政治體制與漢魏以來的官制頗有不同，同年九月，宇文泰有疾，遺詔以宇文護輔佐嗣子〔註398〕。

一、北周的六官體制

　　在討論宇文護受遺詔輔佐宇文覺的局勢以前，先略述宇文泰在西魏恭帝三年（556）正月依《周禮》所建的體制，首先最重要的便是宇文泰所擔任的大冢宰一職，《周禮》中有記：

　　　　大宰之職，掌建邦之六典，以佐王治邦國，一曰治典，以經邦國，

〔註398〕建六官與宇文護受遺輔佐嗣子的記載，參見《周書》，卷 2，〈文帝紀〉下，頁 36～37。

以治官府，以紀萬民；二曰教典，以安邦國，以教官府，以擾萬民；

三曰禮典，以和邦國，以統百官，以諧萬民；四曰政典，以平邦國，

以正百官，以均萬民；五曰刑典，以詰邦國，以刑百官，以糾萬民；

六曰事典，以富邦國，以任百官，以生萬民。〔註399〕

大宰掌六典，而這六典，與大司徒掌邦教〔註400〕、大宗伯掌邦禮〔註401〕、大司馬掌邦政〔註402〕、大司寇掌邦禁以刑邦國〔註403〕等等，有相合之處，其中司空篇亡〔註404〕遂暫不討論。對於《周禮》中的記載，東漢鄭玄便引鄭眾所述，指出六典分別是指冢宰、司徒、宗伯、司馬、司寇與司空〔註405〕。因此從《周禮》來看，六官的地位並不是等齊的，天官大宰不僅掌治典，同時還包含另外五典，也就是六官都為大宰所治，所以雖然名為六官，不過大宰或大冢宰的地位與權力卻在六官之上的，大宰不止掌握天官府，更包含另外五府〔註406〕。

　　從漢魏職官來看大冢宰，《晉書·職官志》以太傅錄尚書事來比擬大冢宰，而《宋書·百官志》並沒有將錄尚書事比擬大冢宰：

〔註399〕東漢·鄭玄注、唐·賈公彥疏，《周禮注疏》（《十三經注疏附校勘記》本，臺北：藝文印書館，2007年8月初版15刷），卷第2，〈大宰〉，頁26。

〔註400〕「掌邦教以佐王安擾邦國。」見《周禮注疏》，卷第9，〈地官司徒〉，頁138。

〔註401〕「掌邦禮以佐王和邦國。」見《周禮注疏》，卷第17，〈春官宗伯〉，頁259。

〔註402〕「掌邦政以佐王平邦國。」見《周禮注疏》，卷第28，〈夏官司馬〉，頁429。

〔註403〕「掌邦禁以佐王刑邦國。」見《周禮注疏》，卷第34，〈秋官司寇〉，頁510。

〔註404〕《周禮注疏》，卷第39，〈冬官考工記〉，頁593。

〔註405〕「治典冢宰之職，故立其官，曰使帥其屬而掌邦治，以佐王均邦國；教典司徒之職，故立其官，曰使帥其屬而掌邦教，以佐王安擾邦國；禮典宗伯之職，故立其官，曰使帥其屬而掌邦禮，以佐王和邦國；政典司馬之職，故立其官，曰使帥其屬而掌邦政，以佐王平邦國；刑典司寇之職，故立其官，曰使帥其屬而掌邦禁，以佐王刑邦國；此三時皆有官，唯冬無官，又無司空，以三隅反之，則事典司空之職也，司空之篇亡。」見《周禮注疏》，卷第2，〈大宰〉，頁26。

〔註406〕呂春盛在《關隴集團的權力結構演變──西魏北周政治史研究》中作過北周六府的組織圖，不過呂春盛將北周六官的結構處理得類似唐代的六部，其將六府的位置等齊，參見《關隴集團的權力結構演變──西魏北周政治史研究》，頁250。呂春盛在書中也提過六府是平行的關係，並提出五府總於天官，在體制上是要確立天官府高於其他五府，參見《關隴集團的權力結構演變──西魏北周政治史研究》，頁201。對於這些看法，愚見以為還有討論與補充的空間，因為《周禮》中大宰掌六典，六典即六官，恐怕北周所行的六官制度不能用唐代的六部觀念來討論。

漢制遂以爲常，每少帝立則置太傅錄尚書事，猶古冢宰總已之義，
蔻輒罷之。自魏晉以後，亦公卿權重者爲之。〔註407〕

漢東京每帝即位，輒置太傅，錄尚書事，蔻輒省。〔註408〕

第一條引文出自《晉書‧職官志》，可以發現《晉書‧職官志》引古冢宰說明
錄尚書事，第二條則出自《宋書‧百官志》，不過沒有提到冢宰，會出現不同
的記載，可能是不同史官對錄尚書的定義不同而產生的結果。

然而關於大冢宰的職掌，《晉書‧職官志》的說法還有討論的空間，因爲
漢魏職官中重要的中書令、中書監、侍中與黃門郎等職官並不屬於尚書都省，
但是在西魏北周所行的六官體制中，類似中書令、中書監、侍中與黃門郎的
職官卻都是在六官的系統中，分別是御正、內史與納言（原名御伯，後改爲
納言）〔註409〕。

關於御正、內史與納言這幾個六官體制中重要的近侍官，他們和漢魏職
官中重要的中書令、中書監、侍中與黃門郎等等職官的關係，對此《唐六典》
中指出內史同中書監、令〔註410〕，納言爲侍中〔註411〕，不過並沒有提到御正
之職；胡三省同《唐六典》之說，並指出御正「在帝左右，又親密於中書」
〔註412〕；王仲犖與《唐六典》以及胡三省的見解不同，王氏認爲御正如同中
書監、令，納言如同門下侍中，內史「朝政機密，並得參詳」，因此地位非常
重要〔註413〕。上述眾多說法還有補充的空間，從史料中關於御正、內史與納
言的記載，可以更釐清其職掌。

〔註407〕 《晉書》，卷24，〈職官志〉，頁730。

〔註408〕 蕭梁‧沈約撰，《宋書》（新校標點本，北京：中華書局，2003年10月第1
版第8刷），卷39，〈百官志〉，頁1234。

〔註409〕 「（保定四年，564，六月）改御伯爲納言。」見《周書》，卷5，〈武帝紀〉
上，頁70。

〔註410〕 參見唐‧李林輔著、陳仲夫點校，《唐六典》（北京：中華書局，1992年1月
第1版第1刷），卷9，〈中書省〉，頁273。

〔註411〕 《唐六典》，卷8，〈門下省〉，頁241。

〔註412〕 《資治通鑑》，卷168，陳文帝天嘉二年（561），頁5214。

〔註413〕 參見王仲犖著，《北周六典》（北京：中華書局，2007年11月第1版第2刷），
〈前言〉，頁4。

表2-20　御正、內史與納言相關記載一覽表

	人物	參　與　記　載	出　處
御正	宇文邕	武成元年（559），入爲大司空、治御正……甚爲世宗所親愛，朝廷大事，多共參議。	《周書》卷5
	叱羅協	尋轉治御正，又授護府長史……常在（宇文）護側，陳說時事，多被納用。世宗知其材識庸淺，每折之……猶以護所親任，難即屏黜，每含容之。	《周書》卷11
	申徽	明帝以御正任總絲綸，更崇其秩爲上大夫。	《周書》卷32
	趙芬	拜內史下大夫，轉少御正。（趙）芬明習故事，每朝廷有所疑議，眾不能決者，芬輒爲評斷，莫不稱善。	《隋書》卷46
	顏之儀 劉昉	（劉昉）遷小御正，與御正中大夫顏之儀並見親信。	《隋書》卷38
內史	王誼	高祖將欲東討，獨與內史王誼謀之，餘人莫得知也。	《周書》卷12
	鄭譯	既以恩舊，任遇甚重，朝政機密，竝得參詳。	《周書》卷35
	王軌	軍國之政，皆參預焉。	《周書》卷40
	宇文孝伯	大軍東討，拜內史下大夫，令掌留臺事。軍還，帝曰：「居守之重，無忝戰功。」	《周書》卷40
	王襃	建德以後，頗參朝議。凡大詔冊，皆令襃具草。	《周書》卷41
	劉璠	世宗初，授內史中大夫，掌綸誥。	《周書》卷42
納言	盧韜	高祖將東伐，朝臣未有知者，遣納言盧韜等前後乘驛，三詣（于）翼問策焉。	《周書》卷30
	楊瓚	累遷納言……武帝甚親愛之。平齊之役，諸王咸從，留（楊）瓚居守，謂曰：「六府事殷，一以相付，朕無西顧之憂矣。」	《隋書》卷44
	李昶 元則 陸逞 唐瑾	時以近侍清要，盛選國華，乃以（李）昶及安昌公元則、中都公陸逞、臨淄公唐瑾等竝爲納言。	《周書》卷38

表中可略見御正、內史與納言參掌政事的記載，因御正、內史與納言皆屬於皇帝的近侍官，常在皇帝左右，所以當北周皇帝親政之際，這些職官的地位便非常重要。雖然用漢魏職官來比擬並不是十分恰當，畢竟體制並不相同，不過若是爲了方便釐清北周重要職官的職掌，則御正爲「總絲綸」，內史爲「掌綸誥」，納言爲「近侍」，因此王仲犖提出御正如同中書令或監之職與納言如

同門下侍中等說法比較恰當〔註414〕。

此外表中的記載也可見御正、內史與納言職權與地位的細微變化。內史與納言地位的提升與參與朝政的情況，是在武帝宇文邕親政以後才慢慢成形，甚至於到了宣帝宇文贇時期，內史地位與御正並列成為都需要參議的職官〔註415〕；相對於內史與納言，御正在武帝宇文邕親政以前便有參與朝政的記載，主要便是集中在明帝宇文毓時期，這可能與宇文毓重視御正有關，因宇文毓以御正總絲綸〔註416〕，表示御正在宇文毓親政時期是相當重要的角色，如宇文邕為大司空治御正與叱羅協為御正兼宇文護府長史，而他們都有參與朝政的記載。

簡略說明完御正、內史與納言等職掌，可以發現他們對應的便是漢魏職官中重要的中書與門下，然而在西魏北周所行的六官體制中，御正與納言屬於天官府〔註417〕，內史則屬於春官府〔註418〕，又天官府本來就是大冢宰所管轄，同時大冢宰又治六官，因此御正、內史與納言皆是大冢宰可以控制的職官，所以若單純就制度來看，大冢宰的權力是大過錄尚書事。若與唐代三省制度作參照，唐代尚書令不輕授，而左、右僕射地位急速下滑，到了唐玄宗時只有中書門下是宰相，左、右僕射還要加同中書門下三品或同中書門下平章事〔註419〕，足見君主對尚書令與左右僕射的猜忌，而大冢宰權力較尚書令更大，更容易引起北周皇帝的猜忌。

強化皇帝近侍官來削弱以大冢宰為首的外朝官，是北周皇帝親政之際的趨勢，如明帝宇文毓增制御正上大夫四員；武帝宇文邕親政時期出現大內史〔註420〕，並藉由內史參與政事〔註421〕，以納言楊瓚留守京師領六府〔註422〕，

〔註415〕 王仲犖提出御正如同中書監或中書令，而從內史與御正皆掌綸誥，但御正卻為「總」來看，則愚見以為內史恐怕比較類似中書侍郎或中書舍人。

〔註416〕 「內史御正，職在弼諧，皆須參議，共治天下。」見《周書》，卷40，〈顏之儀附樂運傳〉，頁722。

〔註417〕 《周書》，卷32，〈申徽傳〉，頁557。

〔註418〕 參見《北周六典》，卷2，〈天官府〉，頁53～64。

〔註419〕 參見《北周六典》，卷2，〈天官府〉，頁174～185。

〔註420〕 參見王吉林著，《唐代宰相與政治》（臺北：文津，1999年6月1刷），頁159～163。

〔註421〕 「及齊平，授相州刺史。未幾，復徵為大內史。」見《隋書》，卷40，〈王誼傳〉，頁1168。

〔註422〕 「保定中，除內史中大夫……建德以後，（王褒）頗參朝議。凡大詔冊，皆令褒具草。」見《周書》，卷41，〈王褒傳〉，頁731；「建德初，（王軌）轉內史

可以證明宇文邕在位時期權力自天官大冢宰轉移到內史與納言，更可以佐證因為武帝宇文邕重用近侍官，造成近侍官的權力與地位急速上升；至宇文邕之子宣帝宇文贇即位以後，又增制御正與內史上大夫〔註423〕，而御正與內史甚至於形成「宰輔」〔註424〕的地位，與漢魏以下內朝官與外朝官的衝突如出一轍。

　　既然大冢宰的權力較尚書令更大，則何種職位較類似《周禮》中的大冢宰？在行《周禮》以前，宇文泰以丞相的身分總朝政，這恐怕比較類似《周禮》中大宰的地位，雖然六官才剛剛開始實施，在運作上不會馬上就如同《周禮》中所記，也可能只是套用《周禮》中的官名，畢竟行《周禮》時間還太短，然而不管是行《周禮》以前的丞相或是行《周禮》以後的大冢宰，宇文泰在眾人中的優越地位是無庸置疑。

　　略述完大冢宰與御正、內史和納言，其次再說明西魏北周時期大冢宰總朝政體制下最重要的天官司會與夏官軍司馬：

　　　　司會李植、軍司馬孫恆以先朝佐命，入侍左右。〔註425〕

　　　　時司會李植、軍司馬孫恆等，在太祖之朝，久居權要。〔註426〕

〔註422〕　中大夫……軍國之政，皆參預焉。」見《周書》，卷40，〈王軌傳〉，頁711。

〔註422〕　「累遷納言……武帝甚親愛之。平齊之役，諸王咸從，留（楊）瓚居守，謂曰：『六府事殷，一以相付，朕無西顧之憂矣。』」見《隋書》，卷44，〈滕穆王瓚傳〉，頁1221。

〔註423〕　「內史、御正皆置上大夫。」見《周書》，卷7，〈宣帝紀〉，頁119；「尋遷內史上大夫，進爵沛國公。上大夫之官，自（鄭）譯始也。」見《周書》，卷35，〈鄭孝穆附子譯傳〉，頁611；「至如初置四輔官，及六府諸司復置中大夫，并御正、內史增置上大夫等。」見《北史》，卷30，〈盧辯傳〉，頁1101。三段引文中可以發現《周書》記「皆置」，且記載內史置上大夫是宣帝宇文贇時期的鄭譯才開始，而《北史》卻記「增置」，究竟是「皆置」還是「增置」？從《周書·鄭孝穆附子譯傳》中來看，似乎內史上大夫是宣帝宇文贇時期才開始的，不過再看御正於明帝宇文毓時期便已經置上大夫了，詳參《周書·申徽傳》；武帝宇文邕時期也有內史上大夫，詳參《隋書·王誼傳》，因此宣帝宇文贇再置上大夫似乎多此一舉。而《周書·鄭孝穆附子譯傳》或有可能還有別的意思，因非本文主旨暫不討論，總之若從《周書·申徽傳》與《隋書·王誼傳》來看，「御正、內史增置上大夫等」應該比較適當。

〔註424〕　「內史御正，職在弼諧，皆須參議，共治天下……凡諸刑罰爵賞，爰及軍國大事，請參諸宰輔，與眾共之。」見《周書》，卷40，〈顏之儀附樂運傳〉，頁722。

〔註425〕　《周書》，卷3，〈孝閔帝紀〉，頁49。

〔註426〕　《周書》，卷11，〈晉蕩公護傳〉，頁166。

（宇文）護遂徵（叱羅）協入朝。既至，護引與同宿，深寄託之……
護大悅，以爲得協之晚。即授軍司馬，委以兵事……及世宗崩，便
授協司會中大夫、中外府長史。〔註427〕

（宇文）護所委信者，又有朔方邊平，位至大將軍、軍司馬、護府
司馬。〔註428〕

晉公護雅重其才，表（陸逞）爲中外府司馬，賴委任之。尋復爲司
會兼納言。〔註429〕

（宇文）護乃殺（齊）軌，以（薛）善忠於己，引爲中外府司馬。
遷司會中大夫，副總六府事。加授京兆尹，仍治司會。〔註430〕

上列五條引文可見西魏宇文泰時期的天官司會與夏官軍司馬是「先朝佐命，
入侍左右」與「久居權要」；宇文護執政委信的陸逞與薛善等人都擔任司會，
邊平是擔任軍司馬，而最委信的叱羅協則是司會與軍司馬都擔任過，可見天
官司會與夏官軍司馬的重要。

　　從體制來看，大冢宰的副手應是小冢宰，不過在《周禮》中，司會的職
權〔註431〕未必不如小冢宰〔註432〕，因兩者皆有「掌邦之六典八灋八則之貳」
的記載，而「六典」有「六官」的意義，所以可從小冢宰與司會皆是「掌邦
之六典八灋八則之貳」中發現天官在六官中卓越的地位。而在朝政的實際運
作上，天官司會的重要性似乎大過小冢宰，以宇文泰時期擔任小冢宰的李穆
爲例，史料中並沒有他擔任小冢宰後參與朝政運作的記載〔註433〕，反而前述
擔任司會的李植有參與朝政運作；宇文護時期也出現類似的狀況，擔任小冢
宰的長孫儉也沒有參與朝政運作〔註434〕，反而前述擔任司會的叱羅協、陸逞

〔註427〕　《周書》，卷11，〈晉蕩公護附叱羅協傳〉，頁179～180。
〔註428〕　《周書》，卷11，〈晉蕩公護附馮邊傳〉，頁181。
〔註429〕　《周書》，卷32，〈陸通附弟逞傳〉，頁560。
〔註430〕　《周書》，卷35，〈薛善傳〉，頁624。
〔註431〕　「司會掌邦之六典八灋八則之貳。以逆邦國都鄙官府之治。」《周禮注疏》，
　　　　　卷第6，〈司會〉，頁99。
〔註432〕　「小宰之職。掌建邦之宮刑。以治王宮之政令。凡宮之糾禁。掌邦之六典八灋八
　　　　　則之貳。以逆邦國都鄙官府之治。」見《周禮注疏》，卷第3，〈小宰〉，頁42。
〔註433〕　「後轉雍州刺史，入爲小冢宰。孝閔帝踐阼，增邑通前三千七百戶，又別封
　　　　　一子爲縣伯。」見《周書》，卷30，〈于翼附李穆傳〉，頁528。可見李穆擔任
　　　　　小冢宰時並沒有參與朝政的記載。
〔註434〕　「及周閔帝初，趙貴等將圖晉公護，（長孫）儉長子僧衍預其謀，坐死。護乃

與薛善有參與朝政運作，這種情況直到天和三年（568），受宇文護親委的宇文憲以大司馬之職治小冢宰〔註435〕以後，小冢宰與司會之間的地位才與之前的狀況不太一樣。

　　若御正、內史與納言如同中書與門下，則天官司會是否能比擬漢魏的職官？

　　　會，大計也。司會主天下之大計，計官之長，若今尚書。〔註436〕

上條引文是東漢鄭玄對司會的注文，鄭玄認為司會如同尚書一職，但是鄭玄所指的尚書並不是尚書令：

　　　尚書六人，六百石。本注曰：成帝初置尚書四人，分為四曹：常侍
　　　曹尚書主公卿事；二千石曹尚書主郡國二千石事；民曹尚書主凡吏
　　　上書事；客曹尚書主外國夷狄事。世祖承遵，後分二千石曹，又分
　　　客曹為南主客曹、北主客曹，凡六曹。〔註437〕

文中司馬彪所記的「凡六曹」，劉昭注曰：「周禮天官有司會，鄭玄曰『若今尚書』」〔註438〕，若依劉昭的注文來理解，劉昭認為天官司會類似漢代的尚書六曹，不過問題是在司會不僅「副總六府事」而已，甚至於還有「總六府事」〔註439〕的記載，而功能近似於中書與侍中的御正、內史、納言是在六府中，則御正、內史、納言與天官司會之間也會有職權上的關係，因此天官司會如同大冢宰一樣，恐怕不易用漢魏職官來比擬。為方便檢視，將六官結構簡略整理如下。

　　　微儉，拜小冢宰。保定四年（564），拜柱國。朝議以儉操行清白，勳績隆重，
　　　乃下詔褒美之，兼賜以雜綵粟麥，以彰其美。天和初，轉陝州，總管七州諸
　　　軍事、陝州刺史」見《北史》，卷22，〈長孫儉傳〉，頁809。可見長孫儉擔任
　　　小冢宰時並沒有參與朝政的記載。
〔註435〕　《周書》，卷12，〈齊煬王憲傳〉，頁188。
〔註436〕　《周禮注疏》，卷第1，〈天官冢宰〉，頁16。
〔註437〕　《後漢書》，卷26，〈百官志〉，頁3597。
〔註438〕　《後漢書》，卷26，〈百官志〉，頁3598。
〔註439〕　「及高祖為大冢宰，總百揆，以（鄭）譯兼領天官都府司會，總六府事。」
　　　　　見《隋書》，卷38，〈鄭譯傳〉，頁1137。

表 2-21 　《周禮》六官結構簡表 〔註 440〕

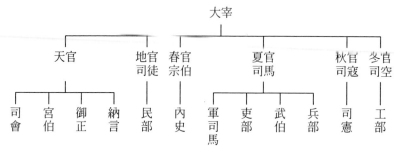

表中天官府所轄司會（副總六府事）、御正（總絲綸，類似中書令或中書監）、納言（近侍）之職掌出處已如前述，宮伯則掌禁軍〔註 441〕；地官府所轄民部掌戶口〔註 442〕；春官府所轄內史（掌綸誥）之職掌出處已如前述；夏官府所轄軍司馬掌兵事〔註 443〕，吏部屬夏官〔註 444〕掌選舉事〔註 445〕，而武伯掌禁衛〔註 446〕，兵部掌發兵用兵符〔註 447〕；秋官府司憲掌「丞司寇之法，以左右刑罰」〔註 448〕；冬官府工部掌「百工之籍」〔註 449〕。

故而北周所行六官與後來的吏、戶、禮、兵、刑、工的六部並不完全相似，如天官便與吏部無涉〔註 450〕，且其職掌還包含漢魏以下興起的中書門下之職，兼以同時掌握禁軍，是相當重要的職位；又如夏官府掌兵權又掌選舉，

〔註 440〕 本表的六官結構參自《北周六典》，此外為節省篇幅，表中除六官之長以外，各府下所轄之職官以重要者為主。

〔註 441〕 「後周警衛之制，置左右宮伯，掌侍衛之禁，各更直於內。」見《隋書》，卷12，〈禮儀志〉，頁281。

〔註 442〕 參見《北周六典》，卷3，〈地官府〉，頁90～94。

〔註 443〕 史料中沒有明白記載軍司馬的職掌，唯一記載的只有叱羅協本傳中「即授軍司馬，委以兵事。」見《周書》，卷11，〈晉蕩公護附叱羅協傳〉，頁179。因此暫時依叱羅協本傳中的記載。

〔註 444〕 王仲犖於《北周六典》中提出吏部屬於夏官。參見《北周六典》，卷10，〈夏官府〉，頁355。

〔註 445〕 《唐六典》，卷2，〈尚書吏部〉，頁26～27。

〔註 446〕 參見《北周六典》，卷10，〈夏官府〉，頁370～372。

〔註 447〕 王仲犖先生以出土文物提出北周兵部有掌兵符的可能。參見《北周六典》，卷5，〈夏官府〉，頁377。

〔註 448〕 參見《北周六典》，卷11，〈秋官府〉，頁406～407。

〔註 449〕 參見《北周六典》，卷12，〈冬官府〉，頁468～470。

〔註 450〕 《唐六典》將尚書吏部比喻為天官，參見《唐六典》，卷2，〈尚書吏部〉，頁26。但是北周所行的六官中掌選事的吏部卻是在夏官，因此用尚書吏部比喻天官或許並不恰當。

可以視爲掌握漢魏以下的吏部與兵部，可見夏官的重要性。

二、宇文護受遺輔政以前的局勢

　　簡述完西魏北周所行的《周禮》體制，其次再略論宇文護受遺詔輔佐宇文覺以前的局勢，以下筆者略述宇文泰病卒以前，霸府、京師與地方重要官員，可略見宇文護所要面臨的狀況。

表 2-22　宇文泰病逝前的霸府幕僚一覽表〔註451〕

人　物	參　與　狀　況	出　處
裴文舉	遷威烈將軍、著作郎、中外府參軍事。	《周書》卷 37
崔彥穆	軍國草籾，眾務殷繁，太祖乃詔彥穆入幕府，兼掌文翰。	《周書》卷 36
杜　整	周太祖引爲親信。後事宇文護子中山公訓，甚被親遇。	《隋書》卷 54

上表中裴文舉雖然擔任中外府參軍事，但卻沒有參與朝政運作的記載；杜整的狀況也是相同，後來轉事宇文護之子宇文訓；只有崔彥穆掌文翰。從成員的狀況來看，此時宇文泰委以朝政的成員並不在霸府。

表 2-23　宇文泰病逝前中央重要官員一覽表

	人　名	職　官	出　處
六官大卿	李　弼	大司徒	《周書》卷 15
	趙　貴	大宗伯	《周書》卷 16
	獨孤信	大司馬	《周書》卷 16
	于　謹	大司徒	《周書》卷 15
	侯莫陳崇	大司空	《周書》卷 16
六官小卿	尉遲迥	小宗伯	《北史》卷 62
	賀蘭祥	小司馬	《周書》卷 20
	李　遠	小司寇	《周書》卷 25
	宇文護	小司空	《周書》卷 11

〔註451〕六官建制後，宇文泰已不是丞相而是大冢宰，至於相府是否因此被廢或幕僚轉任他職，因史料不足暫略不談，所以本表中的霸府幕僚暫不討論相府幕僚。

	厙狄峙	小司空	《周書》卷 33
重要官員	柳 慶	司會中大夫	《周書》卷 22
	李 植	司會中大夫〔註452〕	《周書》卷 11
	孫 恆	軍司馬	《周書》卷 3
	薛 端	軍司馬	《周書》卷 35
	李 彥	軍司馬	《周書》卷 37
	李 基	御正中大夫	《周書》卷 25
	郭 彥	民部中大夫	《周書》卷 37
	李 昶	內史下大夫	《周書》卷 38
	薛 寘	內史下大夫	《周書》卷 38
	宇文深	小吏部	《周書》卷 27
禁 軍	尉遲綱	總宿衞〔註453〕	《周書》卷 20
	蔡 祐	兵部中大夫	《周書》卷 27
	于 翼	左宮伯	《周書》卷 30
	若干鳳	左宮伯	《周書》卷 17
	李 淳	小武伯	《周書》卷 30

依史料所記載，宇文泰此時委以朝政的成員是天官司會李植、夏官軍司馬孫恆與內史下大夫李昶〔註454〕三人，因此可知此時宇文泰委以朝政的已不是霸府的幕僚，霸府幕僚中較重要的是崔彥穆，但他的主要工作是「兼掌文翰」。

〔註452〕李植的職官在李遠本傳中有記：「在太祖時已爲相府司錄參軍，掌朝政」見《周書》，卷25，〈李賢附弟遠傳〉，頁422。不過恭帝三年（556）正月行《周禮》建六官，改漢魏官制，宇文泰擔任大冢宰，因此宇文泰在六官建制後已不是丞相，李植按理說也不應該是相府司錄參軍。再參孝閔帝本紀與宇文護本傳，「司會李植、軍司馬孫恆以先朝佐命，入侍左右。」見《周書》，卷3，〈孝閔帝紀〉，頁49；「時司會李植、軍司馬孫恆等，在太祖之朝，久居權要。」見《周書》，卷11，〈晉蕩公護傳〉，頁166；「（乙弗）鳳等又曰：『以先王之聖明，猶委（李）植、（孫）恆以朝政，今若左提右挈，何向不成。』」見《周書》，卷11，〈晉蕩公護傳〉，頁167。則見李植恐已是天官司會。

〔註453〕尉遲綱原是大都督、開府儀同三司、侍中、大將軍、中領軍領宿衞，六官建制後掌禁軍者爲宮伯、武伯等，但史料中並不見尉遲綱帶其職，疑是總宿衞但尚無職事官。參見《周書》，卷20，〈尉遲綱傳〉，頁340。

〔註454〕「（李）昶於太祖世已當樞要，兵馬處分，專以委之，詔冊文筆，皆昶所作也。」見《周書》，卷38，〈李昶傳〉，頁687。

　　除了委以朝政的單位有變化外，宇文泰此時也在處理接班的安排，首先便是嫡子之位：

> 時太祖嫡嗣未建，明帝居長，已有成德；孝閔處嫡，年尚幼沖。乃召羣公謂之曰：「孤欲立子以嫡，恐大司馬有疑。」大司馬即獨孤信，明帝敬后父也。眾皆默，未有言者，遠曰：「夫立子以嫡不以長，禮經明義。畧陽公爲世子，公何所疑。若以信爲嫌，請即斬信。」便拔刀而起。太祖亦起曰：「何事至此！」信又自陳說，遠乃止。於是羣公並從遠議……六官建，授小司寇。〔註455〕

引文中的衝突事件發生在何年？獨孤信拜大司馬是在大統十二年〔註456〕（546），而宇文泰長子宇文毓娶獨孤信女兒應是在西魏恭帝元年（554）以後〔註457〕，又《周書·孝閔帝紀》中記宇文覺在西魏恭帝三年（556）三月爲世子〔註458〕，六官建制則是在同年的春正月〔註459〕，李遠與獨孤信的事件是發生在李遠還沒有拜六官的小司寇以前，所以爭議最可能發生的時間是在恭帝元年（554）至六官建制（恭帝三年，556）以前的這段時間。

　　宇文覺在李遠的堅持下，順利成爲宇文泰的嫡子，而輔政人物是如何安排？

> 太祖不豫，（蔡）祐與晉公護、賀蘭祥等侍疾。及太祖崩，祐悲慕不已，遂得氣疾。〔註460〕

引文是蔡祐、賀蘭祥與宇文護三人在宇文泰臨終前侍疾的記載，其中宇文泰視蔡祐爲子〔註461〕，賀蘭祥「特爲太祖（宇文泰）所愛」〔註462〕，宇文護則

〔註454〕　《周書》，卷25，〈李賢附弟遠傳〉，頁421。

〔註455〕　「（大統）十二年（546），涼州刺史宇文仲和據州不受代……（獨孤）信親帥壯士襲其西南，值仲剋之。擒仲和，虜其民六千户，送于長安。拜大司馬。（大統）十三年（547），大軍東討。時以茹茹爲寇，令信移鎮河陽。」《周書》，卷16，〈獨孤信傳〉，頁266。

〔註456〕　「帝之在藩也，納爲夫人。」見《周書》，卷9，〈皇后·明帝獨孤皇后傳〉，頁143。宇文毓出鎮外州是擔任宜州諸軍事、宜州刺史時，參見《周書》，卷4，〈明帝紀〉，頁53。宜州原名北雍州，在恭帝元年（554）時才改名爲宜州，參見《周書》，卷2，〈文帝紀〉下，頁34。因此宇文毓迎娶獨孤信長女的時間可能是在西魏恭帝元年（554）以後。

〔註457〕　《周書》，卷3，〈孝閔帝紀〉，頁45。

〔註458〕　《周書》，卷2，〈文帝紀〉下，頁36。

〔註459〕　《周書》，卷27，〈蔡祐傳〉，頁444。

〔註460〕　「吾今以爾爲子，爾其父事我。」見《周書》，卷27，〈蔡祐傳〉，頁443。

〔註462〕　《周書》，卷20，〈賀蘭祥傳〉，頁336。

是受宇文泰遺詔輔嗣子，可見三人都爲宇文泰委信。在三人都有侍疾的情況下，宇文泰對蔡祐與賀蘭祥兩人是否也有安排？從史料所見，蔡祐轉掌禁軍〔註463〕，賀蘭祥是在宇文護執政後，軍國之事皆有參謀〔註464〕，可是無法確定這是宇文泰的安排還是三人自己協議的結果。

三、宇文護面臨的問題與處理的方式

依史料所見，爲了穩定政局，宇文護最早的合作對象，極可能就是與宇文護一同侍疾的蔡祐與賀蘭祥，蔡祐控制京師禁軍，而賀蘭祥參與軍國之事，這三人也是最初輔佐宇文泰嫡子宇文覺的重要成員。然而在宇文泰病逝後，宇文護馬上就面臨羣公「莫相率服」的局勢，於是宇文護找上了于謹，在于謹的支持下，宇文護順利「統理軍國」。

> 及太祖崩，孝閔帝尚幼，中山公護雖受顧命，而名位素下，羣公各圖執政，莫相率服。護深憂之，密訪於（于）謹。謹曰：「夙蒙丞相殊眷，情深骨肉。今日之事，必以死爭之。若對眾定策，公必不得辭讓。」明日，羣公會議。謹曰：「昔帝室傾危，人圖問鼎。丞相志在匡救，投袂荷戈，故得國祚中興，羣生遂性。今上天降禍，奄棄庶寮。嗣子雖幼，而中山公親則猶子，兼受顧託，軍國之事，理須歸之。」辭色抗屬，眾皆悚動。護曰：「此是家事，素雖庸昧，何敢有辭。」謹既太祖等夷，護每申禮敬。至是，謹乃趨而言曰：「公若統理軍國，謹等便有所依。」遂再拜。羣公迫於謹，亦再拜，因是眾議始定。〔註465〕

引文中「羣公各圖執政，莫相率服」的「羣公」可能有誰？從「名位素下」的記載來看，「羣公」應是名位在宇文護之上的人，他們在于謹支持宇文護統理軍國的局勢下，暫時「眾議始定」。然而此時有誰名位在宇文護之上？八柱國十二將軍是當時的門閥，宇文護並沒有拜柱國，因此柱國的名位自然在他之上，而從十二將軍來看，宇文導〔註466〕、侯莫陳順拜〔註

〔註463〕 「孝閔帝踐阼，拜少保。（蔡）祐與尉遲綱俱掌禁兵，遞直殿省。」見《周書》，卷27，〈蔡祐傳〉，頁444～445。

〔註464〕 《周書》，卷20，〈賀蘭祥傳〉，頁337。

〔註465〕 《周書》，卷15，〈于謹傳〉，頁248。

〔註466〕 「（大統十六年，550）秋七月，太祖率諸軍東伐，拜章武公（宇文）導爲大將軍，總督留守諸軍事，屯涇北以鎮關中。」見《周書》，卷2，〈文帝紀〉下，頁32。

467〕、豆盧寧〔註 468〕、宇文貴〔註 469〕、賀蘭祥〔註 470〕等都是拜於大統十六年（550），達奚武〔註 471〕與王雄〔註 472〕拜於大統十七年（551）以前，楊忠〔註 473〕與李遠〔註 474〕拜大將軍時間不確定。倘若暫不討論時間不確定的楊忠與李遠，則宇文護拜大將軍的時間與上述眾人差不多〔註 475〕，因此宇文護的名位至少爲十二將軍之列〔註 476〕，至於宇文護沒有名列十二將軍的原因暫略不談〔註 477〕，既是如此，則名位在宇文護之上的便只剩下八柱國，也就是「霫公」應該便是指李弼、獨孤信、趙貴、于謹與侯莫陳崇等這些柱國。

這些柱國在于謹支持宇文護統理軍國的局勢下，暫時「眾議始定」，宇文護則是朝政多與于謹參議：

> 孝閔帝踐阼，進封燕國公，邑萬戶。遷太傅、大宗伯，與李弼、侯

〔註 467〕「（大統）十六年（550），拜大將軍，出爲荊州總管、山南道五十二州諸軍事、荊州刺史。」見《周書》，卷 19，〈侯莫陳順傳〉，頁 308。

〔註 468〕「（大統）十六年（550），拜大將軍。」見《周書》，卷 19，〈豆盧寧傳〉，頁 309。

〔註 469〕「（大統）十六年（550），遷中外府左長史，進位大將軍。」見《周書》，卷 19，〈宇文貴傳〉，頁 313。

〔註 470〕「（大統）十六年（550），拜大將軍。」見《周書》，卷 20，〈賀蘭祥傳〉，頁 337。

〔註 471〕「久之，進位大將軍。（大統）十七年（551），詔武率兵三萬，經畧漢川。」見《周書》，卷 19，〈達奚武傳〉，頁 304。

〔註 472〕「進位大將軍，行同州事。（大統）十七年（551），（王）雄率軍出子午谷。」見《周書》，卷 19，〈王雄傳〉，頁 320。

〔註 473〕楊忠進位大將軍是在擒梁將柳仲禮以後。參見《北史》，卷 11，〈高祖文帝紀〉，頁 396。楊忠擒柳仲禮是在大統十六年（550）。參見《周書》，卷 2，〈文帝紀〉下，頁 32。只能確定是在擒柳仲禮以後，但不易判斷正確時間。

〔註 474〕「東魏將段孝先率步騎二萬趨宜陽……（李）遠密知其計，遣兵襲破之，獲其輜重器械……拜大將軍。」見《周書》，卷 25，〈李賢附弟遠傳〉，頁 421。但無法確定段孝先出兵的時間。

〔註 475〕「（大統）十五年（549），出鎮河東，遷大將軍。」見《周書》，卷 11，〈晉蕩公護傳〉，頁 166。

〔註 476〕曾田大輔指出宇文護位於十二大將軍級的位置。參見〈北周宇文護執政期再考——以宇文護幕僚人事組成爲中心〉（收錄於《早期中國史研究》第 4 卷第 1 期，2012 年 6 月），頁 7。

〔註 477〕宇文護是政治鬥爭的失敗者，因此修史之際曲筆隱諱在所難免，如與楊堅產生政治衝突的尉遲迥，同樣是在大統十六年（550）拜大將軍，甚至於還立下平定西蜀的功績，參見《北史》，卷 62，〈尉遲迥傳〉，頁 2209。但尉遲迥也沒有名列十二將軍。因討論八柱國十二將軍的人選會牽涉到正史修撰的部分，於此暫不討論。

> 莫陳崇等參議朝政。及賀蘭祥討吐谷渾也，（于）謹遙統其軍，授以
> 方略……及晉公護東伐，謹時老病，護以其宿將舊臣，猶請與同行，
> 詢訪戎略……朝廷凡有軍國之務，多與謹決之。謹亦竭其智能，弼
> 諧帝室。故功臣之中，特見委信，始終若一，人無間言。〔註478〕

雖然于謹支持宇文護統領軍國，然而北周初年的政治衝突幾乎都沒有于謹參與的記載，不管是宇文護與趙貴，還是宇文護與天王宇文覺，甚至於後來繼位的明帝宇文毓以及武帝宇文邕，史料中都沒有于謹參與政爭的記載；而從「朝廷凡有軍國之務，多與（于）謹決之。謹亦竭其智能，弼諧帝室。故功臣之中，特見委信，始終若一，人無間言」的這段記載中可以發現于謹雖然支持宇文護統領軍國，但是並沒有不尊重帝室，反而是「竭其智能，弼諧帝室」。

宇文護雖然有于謹支持「統理軍國」，但還是需要安撫其他的柱國來穩定局勢。西魏恭帝三年（556）十月宇文泰卒後，史書記載宇文護便開始行禪代之事〔註479〕，然而此事是宇文護個人推動的嗎？從宇文覺受魏帝禪位的記載中或可略見端倪：

> 使大宗伯趙貴持節奉冊書……是日，魏帝遜于大司馬府。〔註480〕

雖然史書記載不夠詳盡，無法確定這是宇文泰的遺願還是另有他人在推動，但引文中可見參與運作禪讓的是大宗伯趙貴與大司馬獨孤信，而這兩人不久後便與宇文護產生政治衝突〔註481〕，顯示兩人都不是宇文護可以控制或掌握的對象，因此魏帝禪位應該不是宇文護個人決定或是力量推動的，倘若從宇文覺踐阼（天王元年，557）後，趙貴便擔任大冢宰一職〔註482〕來看，禪讓事件恐是宇文護與趙貴合作的結果，宇文護藉大冢宰一職拉攏趙貴以順利完成以周代魏之事。

宇文覺踐阼（天王元年，557）後，宇文泰四子宇文邕出鎮同州〔註483〕。

〔註478〕《周書》，卷15，〈于謹傳〉，頁248～250。
〔註479〕《周書》，卷11，〈晉蕩公護傳〉，頁166。
〔註480〕《周書》，卷3，〈孝閔帝紀〉，頁45～46。
〔註481〕《周書》，卷3，〈孝閔帝紀〉，頁47～48。
〔註482〕「孝閔帝踐阼，遷太傅、大冢宰，進封楚國公，邑萬戶。」見《周書》，卷16，〈趙貴傳〉，頁262～263。
〔註483〕「孝閔帝踐阼，拜大將軍，出鎮同州。」見《周書》，卷5，〈武帝紀〉上，頁63。

同州是宇文泰建立霸府後的權力中心，也是軍系的重鎮〔註484〕，原先應該繼承同州的是宇文泰的嫡子宇文覺，可是宇文覺卻去長安當天王，反而是四子宇文邕出鎮同州。而除了同州以外，與宇文護關係密切的河東，也出現過皇子坐鎮的記載，很湊巧的仍是宇文邕〔註485〕，宇文邕坐鎮河東時，正是河東改制爲蒲州之際〔註486〕，宇文邕的同母弟宇文直也曾經擔任此職〔註487〕，其餘諸皇子都沒有坐鎮過蒲州，而在宇文直以後，坐鎮蒲州的只見宇文護之子，甚至於深受宇文護親委的宇文憲〔註488〕都沒有擔任過同州或蒲州之職，可見此人事異動的重要性。

　　宇文邕在宇文覺與宇文毓的嫡子之位爭議以前〔註489〕，便曾被宇文泰試圖出鎮益州：

> 初，平蜀之後，太祖（宇文泰）以其形勝之地，不欲使宿將居之。
> 諸子之中，欲有推擇。徧問高祖（宇文邕）已下，誰能此行。並未
> 及對，而（宇文）憲先請。太祖曰：「刺史當撫眾治民，非爾所及。
> 以年授者，當歸爾兄。」憲曰：「才用有殊，不關大小。試而無効，
> 甘受面欺。」太祖大悅，以憲年尚幼，未之遣也。〔註490〕

宇文泰欲使諸子出鎮益州，於是徧問含宇文邕以下的皇子，結果宇文憲自動請纓，但宇文泰以年歲爲理由拒絕了宇文憲，並直指出鎮益州應歸宇文邕，不過宇文邕本紀中並沒有出鎮過益州的記載〔註491〕，所以宇文邕應該沒有去益州，至於宇文邕沒有去的原因，史料不足暫不討論。這條引文其實已經說明宇文泰屬意宇文邕出鎮益州，因爲若以年歲爲由拒絕了五子宇文憲，那宇文憲以下的諸皇子年齡就更小，也更不可能出鎮益州，所以宇文泰的本意應

〔註484〕 如八柱國的李虎與十二將軍的楊忠都住在同州。參見唐・溫大雅撰，《大唐創業起居注》（新校標點本，上海：上海古籍出版社，1983 年 10 月第 1 版第 1刷），卷 2，頁 35。

〔註485〕 《周書》，卷 5，〈武帝紀〉上，頁 63。

〔註486〕 《周書》，卷 4，〈明帝紀〉，頁 54。

〔註487〕 《周書》，卷 13，〈衛剌王直傳〉，頁 202。

〔註488〕 「時晉公護執政，雅相親委，賞罰之際，皆得預焉。」見《周書》，卷 12，〈齊煬王憲傳〉，頁 188。

〔註489〕 尉遲迥攻克成都是在廢帝二年（553）。參見《周書》，卷 2，〈文帝紀〉下，頁 34。而宇文泰嫡子的爭議可能的時間點是在恭帝元年（554）至恭帝三年（556）。

〔註490〕 《周書》，卷 12，〈齊煬王憲傳〉，頁 187～188。

〔註491〕 《周書》，卷 5，〈武帝紀〉上，頁 63。

該就是要宇文邕出鎮益州，而時間點恰在嫡子之位爭議前，這極可能與宇文泰權力交班有關。

在嫡子爭議之際，宇文泰諸子中僅長子宇文毓與四子宇文邕有被出鎮外州的狀況與意圖，長子宇文毓疑是在恭帝元年〔註492〕（554）出鎮宜州，西魏恭帝三年（556）轉鎮隴右〔註493〕；四子宇文邕則如前述欲被出鎮益州，因此長子宇文毓與四子宇文邕極可能都是宇文覺嫡子之位的競爭者，所以宇文泰才有這樣的安排與意圖。宇文毓身為長子，又娶了獨孤信的女兒，在北周建立後，宇文護欲廢宇文泰嫡子宇文覺改立宇文毓之際，賀蘭祥與尉遲綱都參與了此事〔註494〕，同時兩人與宇文毓都有姻親關係〔註495〕，這些或可顯示宇文毓背後的擁戴勢力，因此宇文毓是宇文覺嫡子之位的強力競爭者並不意外，如此則宇文邕背後是否也有支持與擁戴勢力？促使宇文泰欲使宇文邕出鎮益州，以避免權力接班時可能產生的麻煩？

有幾條史料或可試圖釐清宇文邕背後可能的擁戴勢力，分別是宇文邕出鎮同州、宇文邕受遺詔登基與宇文邕欲拜楊忠為太傅。

（1）宇文邕出鎮同州

這個狀況是否有可能顯示宇文邕是宇文護的班底？或這人事命令象徵兩人關係很好？然而《周書》中並沒有宇文護親愛或親委宇文邕的記載，再者宇文護剛執政，朝中不滿的成員還很多，藉由合作、拉攏與安撫以得到他們的支持來穩固政局是宇文護此時的主要工作〔註496〕，因此現階段不太可能用自己人出鎮同州，既然如此，為什麼宇文邕能出鎮同州？若從宇文覺踐阼以後參與朝政的成員來看，宇文邕出鎮同州的人事，最有可能便是這些人參議的結果。

〔註492〕宜州原名北雍州，在恭帝元年（554）時才改名為宜州，參見《周書》，卷2，〈文帝紀〉下，頁 34。因此宇文毓出鎮宜州恐是在恭帝元年（554）以後。

〔註493〕《周書》，卷4，〈明帝紀〉，頁 53。

〔註494〕「（宇文）護乃召柱國賀蘭祥、小司馬尉遲綱等，以鳳謀告之。祥等並勸護廢帝。」見《周書》，卷 11，〈晉蕩公護傳〉，頁 167。

〔註495〕「（賀蘭祥子）師，尚世宗女，位至上儀同大將軍、幽州刺史、博陵郡公。」見《周書》，卷 20，〈賀蘭祥傳〉，頁 339；「（尉遲綱子）敬，尚世宗女河南公主，位至儀同三司。」見《周書》，卷 20，〈尉遲綱傳〉，頁 341。

〔註496〕「時嗣子沖弱，彊寇在近，人情不安。（宇文）護綱紀內外，撫循文武，於是眾心乃定。」見《周書》，卷 11，〈晉蕩公護傳〉，頁 166。

及晉公護執政，朝之大事，皆與于謹及（李）弼等參議。〔註497〕

遷太傅、大宗伯，（于謹）與李弼、侯莫陳崇等參議朝政。〔註498〕

眾人中于謹是支持宇文護統領軍國的重要人物，且嗣子于寔與宇文護聯姻〔註499〕，但是次子于翼卻是宇文邕的腹心〔註500〕，同時于謹還有「竭其智能，弼諧帝室」的記載，可見于謹與宇文護以及宇文邕兩人的關係都很好；李弼沒有記載他與宇文邕的互動或關係；侯莫陳崇是在宇文護與孝閔帝宇文覺、明帝宇文毓兩位皇帝產生權力衝突時都沒有參與，可是在宇文邕即位以後，卻隨宇文邕幸原州，最後因為說話不謹慎而被殺〔註501〕，因此宇文邕能出鎮同州，最有可能與于謹以及侯莫陳崇兩人有關。

（2）宇文邕受遺詔登基

武成二年（560），深為宇文護所重的崔猷〔註502〕提出反對宇文邕即位的意見，但是宇文護卻遵從遺詔立宇文邕。

> 世宗崩，遺詔立高祖。晉公護謂（崔）猷曰：「魯國公（宇文邕）稟性寬仁，太祖諸子之中，年又居長。今奉遵遺旨，翊戴為主，君以為何如？」猷對曰：「殷道尊尊，周道親親，今朝廷既遵周禮，無容輒違此義。」護曰：「天下事大，但恐畢公（宇文毓之子宇文賢）沖幼耳。」猷曰：「昔周公輔成王以朝諸侯，況明公親賢莫二，若行周

〔註497〕《周書》，卷15，〈李弼傳〉，頁241。

〔註498〕《周書》，卷15，〈于謹傳〉，頁248。

〔註499〕「（于）顯字元武，身長八尺，美鬚眉。周大冢宰宇文護見而器之，妻以季女。」見《隋書》，卷60，〈于仲文附兄顯傳〉，頁1455。于顯是于寔之子。參見《周書》，卷15，〈于謹附子寔傳〉，頁251。

〔註500〕「晉公護以帝委（于）翼腹心，內懷猜忌。」見《周書》，卷30，〈于翼傳〉，頁525。

〔註501〕「（侯莫陳）崇從高祖幸原州，高祖夜還京師，竊怪其故。崇謂所親人常昇曰：『吾昔聞卜筮者言，晉公今年不利。車駕今忽夜還，不過是晉公死耳。』於是眾皆傳之。或有發其事者。高祖召諸公卿於大德殿，責崇。崇惶恐謝罪。其夜，護遣使將兵就崇宅，逼令自殺。」見《周書》，卷16，〈侯莫陳崇傳〉，頁269。

〔註502〕「（崔）猷深為晉公護所重，護乃養猷第三女為己女，封富平公主。」見《周書》，卷35，〈崔猷傳〉，頁616；「後以明經為晉公宇文護參軍事，尋轉記室。」見《隋書》，卷60，〈崔仲方傳〉，頁1447。崔猷不僅深為宇文護所重，第三女又被宇文護收養為女兒，封為富平公主，且其子崔仲方起家官便是宇文護的開府參軍事，可見崔猷一族與宇文護的關係相當密切。

公之事，方為不負顧託。」事雖不行，當時稱其守正。〔註503〕

遺詔所立的魯國公宇文邕是明帝宇文毓的弟弟，年歲約差宇文毓九歲〔註504〕，而崔猷提出的皇位繼任人選是明帝宇文毓之子宇文賢，年歲比起宇文毓與宇文邕之間的年歲差距更大，因此崔猷擁立宇文毓之子宇文賢的建議，應是宇文賢的年齡較宇文邕小的多而比較好控制，則可「行周公之事，方為不負顧託」。

崔猷的建議對宇文護想長久執政的立場〔註505〕應是比較適當，但是宇文護卻立了此時皇子中年齡最長的宇文邕，雖說有遺詔，不過權臣若想矯詔並非難事〔註506〕，則宇文護為什麼要遵從遺詔？

根據《周書》記載，受遺詔的是宇文護與于翼〔註507〕，然而于翼並沒有被明帝宇文毓委信或親委的記載，則為什麼是于翼受遺詔？反而不是明帝宇文毓「特相友昵」並且掌握禁軍的蔡祐〔註508〕受遺詔？宇文護遵從遺詔立宇文邕是否與于翼有關？這個遺詔真是明帝宇文毓所授？還是另有他人？而于翼的父親于謹在這次事件中又扮演什麼角色？在史料不足的情況下甚難釐清詳情，但宇文護沒有辦法立比較好控制的皇帝卻是顯而易見的事實。

〔註503〕《周書》，卷35，〈崔猷傳〉，頁617。

〔註504〕參見表2-20 宇文泰諸子於大統十五年（549）的年歲以及與宇文護年歲差距一覽表。

〔註505〕「自恃建立之功，久當權軸。」見《周書》，卷11，〈晉蕩公護傳〉，頁175。

〔註506〕粗舉同時期的北周與隋代為例，「初，宣帝不豫，詔后父入禁中侍疾。及大漸，劉昉、鄭譯等因矯詔以后父受遺輔政。」見《周書》，卷9，〈皇后·宣帝楊皇后傳〉，頁146；「劉昉、鄭譯初矯詔召高祖受顧命輔少主，總知內外兵馬事。」見《隋書》，卷42，〈李德林傳〉，頁1198；「上於仁壽宮寢疾，（柳）述與楊素、黃門侍郎元巖等侍疾宮中。時皇太子無禮於陳貴人，上知而大怒，因令述召房陵王。述與元巖出外作勅書，楊素聞之，與皇太子協謀，便矯詔執述、巖二人，持以屬吏。」見《隋書》，卷47，〈柳機附子述傳〉，頁1273；「上遂發怒，欲召庶人勇。太子謀之於（楊）素，素矯詔追東宮兵士帖上臺宿衛，門禁出入，並取宇文述、郭衍節度，又令張衡侍疾。上以此日崩，由是頗有異論。」見《隋書》，卷48，〈楊素傳〉，頁1288。上述史料可見矯詔的例子。

〔註507〕「世宗崩，（于）翼與晉公護同受遺詔，立高祖。」見《周書》，卷30，〈于翼傳〉，頁524。

〔註508〕「孝閔帝踐阼，拜少保。（蔡）祐與尉遲綱俱掌禁兵，遞直殿省……世宗即位，拜小司馬，少保如故。帝之為公子也，與祐特相友昵，至是禮遇彌隆。」見《周書》，卷27，〈蔡祐傳〉，頁445。

（3）宇文邕欲拜楊忠為太傅

武帝保定三年（563）楊忠率軍進攻北齊，楊忠返回京師後，宇文邕厚加賞賜，並且要以楊忠為太傅，可是宇文護以楊忠「不附己」為理由，出為外州總管。

> （保定）三年（563），乃以（楊）忠為元帥……四年（564）……攻晉陽……高祖遣使迎勞忠於夏州。及至京師，厚加宴賜。高祖將以忠為太傅，晉公護以其不附己，難之，乃拜總管涇（幽）〔豳〕靈雲鹽顯六州諸軍事、涇州刺史。〔註509〕

這條史料在說明宇文邕打算讓不附宇文護的楊忠擔任太傅，更重要的在於此時宇文邕才剛即位不久，便出現這樣可能產生衝突的行為，但宇文護卻只將楊忠出為外州總管，對於宇文邕的行為則沒有追究的記載。

從上述三點中可以發現宇文邕背後必定有相當支持與擁戴的勢力，不僅讓宇文邕能出鎮霸府同州，且讓宇文邕順利即位為皇帝，甚至於讓宇文護不追究宇文邕欲拜楊忠為太傅之事，凡此種種，在在說明了這股勢力讓宇文護面對宇文邕時頗多顧慮。若是從宇文邕能出鎮軍系重鎮的霸府同州，以及八柱國十二將軍中于謹（弼諧帝室，且二子于翼是宇文邕腹心）、侯莫陳崇（隨宇文邕幸原州）與達奚武（登峯展誠）〔註510〕的態度來看，雖然三人在史料中並沒有明顯支持宇文邕的記載，但是他們對武帝宇文邕的態度比起對孝閔帝宇文覺或明帝宇文毓更為親近與尊崇也是顯而易見，因此相較於宇文覺或宇文毓，宇文邕與軍系的關係更好也更受軍系擁戴，這恐是宇文護對宇文邕頗多顧慮的主要原因。

以下筆者略為整理宇文泰諸子的出身背景〔註511〕，試圖整理宇文邕與軍

〔註509〕《周書》，卷19，〈楊忠傳〉，頁318。

〔註510〕「（達奚）武之在同州也，時屬天旱，高祖勅武祀華岳，岳廟舊在山下，常所禱祈。武謂僚屬曰：『吾備位三公……不可同於眾人，在常祀之所，必須登峯展誠，尋其靈奧。』岳既高峻，千仞壁立，巖路嶮絕，人跡罕通。武年踰六十，唯將數人，攀藤援枝，然後得上……高祖聞之，璽書勞武。」見《周書》，卷19，〈達奚武傳〉，頁305~306。引文中十二將軍之一的達奚武因為武帝宇文邕的一道勅令，便登峯展誠，可是達奚武對北周皇帝如此尊重的態度，史料中也只有對宇文邕才如此，對孝閔帝宇文覺與明帝宇文毓都沒有這樣的記載。

〔註511〕宇文泰第七子宇文招以下的諸子皆記後宮生，因此暫不討論。參見《周書》，卷13，〈文閔明武宣諸子傳〉，頁201。

系關係較好的原因：

（1）宇文毓

宇文泰長子，生於永熙二年（534），生母爲姚夫人〔註512〕。因爲出生時距西魏恭帝元年（554）俘虜江陵蕭梁漢人北上的時間尚早，所以姚夫人應該不是江左的漢人，而姚氏除了漢人以外，還可能出自關隴當地的羌人〔註513〕；雖然姚夫人於《周書》中記載不夠詳盡，不過以史料中記載姚夫人不似其他皇子以「後宮」來稱呼，則姚夫人若非後秦姚氏，也可能是出自地方大族。此外宇文毓的婚姻對象是獨孤信的女兒。

（2）宇文震

宇文泰次子，生年不詳，生母也無記載，只記「後宮」。大統十六年（550）尚魏文帝女，同年卒〔註514〕，卒因不詳。

（3）宇文覺

宇文泰嫡子，也是宇文泰第三個兒子。宇文覺生於大統八年〔註515〕（542），《周書》中記載其母是魏孝武帝之妹〔註516〕，婚姻對象則爲魏文帝之女〔註517〕，可見宇文泰諸子中，宇文覺與元氏的關係最好。

（4）宇文邕

宇文泰四子，生於大統九年（543），生母爲叱奴氏〔註518〕，《周書·皇后傳》中只記叱奴氏是代人〔註519〕，而代有「武川之泛言」〔註520〕，則宇文邕的出身背景與北鎮的關係比較密切。宇文邕的婚配對象是突厥公主，但這個婚姻是在宇文邕即位以後才開始推動的〔註521〕，在此暫不討論。

〔註512〕《周書》，卷4，〈明帝紀〉，頁53。
〔註513〕姚薇元以姚氏爲羌族人，參見氏著，《北朝胡姓考》，頁345～346。
〔註514〕《周書》，卷13，〈文閔明武宣諸子·宋獻公震傳〉，頁201。
〔註515〕《周書》，卷3，〈孝閔帝紀〉，頁45。
〔註516〕《周書》，卷9，〈皇后·文帝元皇后傳〉，頁142。
〔註517〕《周書》，卷9，〈皇后·孝閔帝元皇后傳〉，頁143。
〔註518〕《周書》，卷5，〈武帝紀〉上，頁63。
〔註519〕《周書》，卷9，〈皇后·文宣叱奴皇后傳〉，頁143。
〔註520〕參見《北朝胡姓考》，頁297。
〔註521〕「太祖（宇文泰）方與齊人爭衡，結以爲援。俟斤初欲以女配帝，既而悔之。高祖（宇文邕）即位，前後累遣使要結，乃許歸后於我。保定五年（565）二月，詔陳國公純、許國公宇文貴、神武公竇毅、南安公楊荐等，奉備皇后文

（5）宇文憲

宇文泰五子，生於大統十年（544）或十一年（545）〔註522〕，生母是達步干氏，茹茹人〔註523〕。婚姻對象是豆盧勣的妹妹〔註524〕。

（6）宇文直

宇文泰六子，生年不詳，生母爲叱奴氏，是四子宇文邕的同母弟〔註525〕。

（7）宇文招

宇文泰七子，生年不詳，生母爲王姬，史料不足無法判斷出身背景〔註526〕。

表 2-24　宇文泰諸子生年與生母以及出身背景一覽表〔註527〕

諸　　子	生　　　　　年	生　母	生母出身背景
宇文毓	北魏孝武帝永熙三年（534）	姚氏	關隴
宇文覺	西魏文帝大統八年（542）	元氏	元魏
宇文邕	西魏文帝大統九年（543）	叱奴氏	武川
宇文憲	文帝大統十年（544）或十一年（545）	達步干氏	茹茹

宇文泰婚姻關係中並沒有與漢人通婚的記載，若以宇文泰的婚姻關係來對照同時期的高歡，可以發現兩者類似又不盡相同的狀況。高歡婚配中出自北鎮者爲元配婁氏與上黨太妃韓氏，也有出自北魏末年權臣之後的大爾朱氏與小爾朱氏，有出自漢人士族者如榮陽鄭氏與隴西李氏，也有出自元魏勳臣八姓的穆氏，甚至於還有茹茹公主〔註528〕，可見高歡婚配對象出身廣泛。若高歡

物及行殿，并六宮以下百二十人，至俟斤牙帳所，迎后。」見《周書》，卷9，〈皇后·武帝阿史那皇后傳〉，頁 144。
〔註522〕宇文憲本傳與碑文出現不同的記載，參見《周書》，卷12，〈校勘記〉，頁 199〜200。因爲本傳與碑文時間不一致，因此宇文憲應是生於大統十年（544）或十一年（545）。
〔註523〕《周書》，卷12，〈齊煬王憲傳〉，頁 196。
〔註524〕《隋書》，卷39，〈豆盧勣傳〉，頁 1155。
〔註525〕「（宇文）直高祖母弟，性浮詭，貪狠無賴。」見《周書》，卷 13，〈文閔明武宣諸子傳〉，頁 201。
〔註526〕《周書》，卷13，〈文閔明武宣諸子傳〉，頁 201。
〔註527〕生年、生母與生母出身背景不詳者不置入表中。
〔註528〕參見《東魏北齊統治集團》，頁 152〜157。

的婚配對象反映了其內部的派系〔註529〕，則宇文泰的婚配對象是否也能反映西魏時期的派系？宇文泰霸府中有大量出自河東與關隴的漢人，這批成員都成為宇文泰重要且委信的幕僚，不管是留在霸府或是在京師擔任重要官職，可是宇文泰的婚配對象並不見這些漢人，甚至於此時諸子的婚姻對象也不見漢人。宇文泰復胡姓〔註530〕，或是將這批委信的漢人賜姓宇文氏的舉動，可能已經暗示了宇文泰為什麼沒有與漢人士族婚配的原因，筆者於此並不想探究復胡姓或是鮮卑化的問題，而是在這種局勢與背景下，象徵著未進入洛陽漢化的北鎮成員，在宇文泰掌權時期是有獨特與優越性的。

因此宇文邕生母叱奴氏武川的出身背景，促使宇文邕與其弟宇文直是宇文泰諸子中與北鎮武川關係最近者，而侯莫陳崇與達奚武等軍系勳貴也都出自武川，所以宇文邕與軍系的關係比較好，可能與其出身背景有關。

宇文護在得到于謹支持掌握軍國後，便以大冢宰與趙貴取得合作機會，並且藉宇文邕出鎮同州來拉攏或安撫軍系，除此之外便是增設柱國。天王元年（557）以宇文毓、達奚武、豆盧寧、李遠、賀蘭祥與尉遲迥等並為柱國〔註531〕，這些新柱國的職事官大多沒有異動，只有支持宇文覺成為嫡子的李遠自小司寇轉鎮弘農〔註532〕。

表2-25 天王元年（557）柱國一覽表

人物	新官職	出處
趙貴	大冢宰、柱國大將軍	《周書》卷16
李弼	大司徒、柱國大將軍	《周書》卷15
獨孤信	大宗伯、柱國大將軍	《周書》卷16
宇文護	大司馬、柱國大將軍	《周書》卷11
于謹	大司寇、柱國大將軍	《周書》卷11
侯莫陳崇	大司空、柱國大將軍	《周書》卷15
賀蘭祥	小司馬、柱國大將軍	《周書》卷20
尉遲迥	小宗伯、柱國大將軍	《北史》卷62

〔註529〕 參見《東魏北齊統治集團》，頁154。
〔註530〕 《周書》，卷2，〈文帝紀〉下，頁36。
〔註531〕 《周書》，卷3，〈孝閔帝紀〉，頁46。
〔註532〕 《周書》，卷25，〈李賢附弟遠傳〉，頁421～422。

李　遠	鎮弘農、柱國大將軍	《周書》卷 25
豆盧寧	柱國大將軍	《周書》卷 19
達奚武	柱國大將軍	《周書》卷 19
宇文毓	岐州諸軍事、岐州刺史、柱國大將軍	《周書》卷 4

增制的柱國有七人，除宇文護自己以外，其餘如賀蘭祥是宇文護表親，「少相親愛」，宇文護軍國之事皆與賀蘭祥參議〔註533〕；李遠是支持宇文覺成為嫡子的重要人物，卻反而從朝中小司寇出鎮弘農；而尉遲迥、豆盧寧、達奚武與宇文毓四人的政治立場在此時尚未表態，因此不易判斷他們對宇文護的態度。在《周書》中有所謂「八柱國十二大將軍」〔註534〕，其中八柱國若扣除可能在六官建制以前便已卒的元欣〔註535〕，以及史料缺乏的李虎，剩餘六人便是六官之首，可見此時柱國地位的崇高，因此在六官建制之際，形成了六柱國也是六官之首的狀況。位少權重，王吉林以唐太宗藉由「加銜宰相」來貶低三省長官身分〔註536〕，透過增加宰相來削弱宰相原本的權力與地位，宇文護恐也是藉由增設柱國來削弱原先柱國如于謹、李弼與侯莫陳崇等人在軍系的地位與影響力；除此之外，增設柱國更是一種拉攏與安撫朝中成員的手段。

增制柱國之餘，宇文護也藉中外府與開府吸收成員來擴大自己的勢力與影響力。

表 2-26　天王元年（557）宇文護霸府幕僚一覽表

	人　物	官　職	出　處
中外府	蕭　濟	記室參軍	《周書》卷 42
開　府	馮　遷	掾	《周書》卷 11
	元　偉	司錄	《周書》卷 38
	王　慶	典籤	《周書》卷 33

將上表的成員略述如下：

〔註533〕《周書》，卷 20，〈賀蘭祥傳〉，頁 337。
〔註534〕《周書》，卷 16，〈十二大將軍〉，頁 272。
〔註535〕《北史》，卷 19，〈廣陵王羽子欣〉，頁 699。
〔註536〕參見王吉林著，《唐代宰相與政治》（臺北：文津，1999 年 6 月 1 刷），頁 160。

（1）蕭濟

蕭撝嗣子。在宇文覺踐阼（天王元年，557）後擔任中外府記室參軍，後至蒲陽郡守、車騎大將軍、儀同三司，無法確定擔任蒲陽郡守的時間，此外在中外府擔任記室參軍時沒有參與朝政運作的記載〔註537〕。

（2）元偉

元魏宗室，元順之子。在尉遲迥率兵入蜀（西魏廢帝二年，553）時，擔任尉遲迥的司錄，負責書檄文記。宇文覺踐阼（天王元年，557）後成為宇文護府司錄，擔任宇文護府司錄時沒有參與朝政運作的記載〔註538〕。

（3）馮遷

隨直閤將軍馮靈豫入關。宇文覺踐阼（天王元年，557）後擔任宇文護開府掾，因「不以勢位加人」、「明練時事善於斷決」，且「每校閱文簿，孜孜不倦，從辰逮夕，未嘗休止」而被宇文護委任〔註539〕。

（4）王慶

原是殿中將軍，在宇文覺踐阼後擔任宇文護典籤，因王慶樞機明辨而漸見親待〔註540〕。

上述眾人是此時宇文護吸收進霸府擔任幕僚的成員，其中被委任與親待的是馮遷與王慶，元偉似乎沒有與宇文護有太多互動，而蕭濟則是史料記載太少。此外，在宇文護執政以前，史料中關於宇文護的班底並沒有太多的記載，能確定的大概只有侯伏侯龍恩〔註541〕，因此這批成員應是宇文護最初的班底，其中有些成員被宇文護委任，有些關係則比較淺。除了這些成員以外，還有曾入過宇文泰霸府的杜整，轉事宇文護子中山公訓，甚被親遇〔註542〕。

〔註537〕《周書》，卷42，〈蕭撝附子濟傳〉，頁753。
〔註538〕《周書》，卷38，〈元偉傳〉，頁688。
〔註539〕《周書》，卷11，〈晉蕩公護附馮遷傳〉，頁181。
〔註540〕《周書》，卷33，〈王慶傳〉，頁575。
〔註541〕《周書》，卷11，〈晉蕩公護傳〉，頁165～166。
〔註542〕「後事宇文護子中山公訓，甚被親遇。俄授都督。明帝時，為內侍上士。」見《隋書》，卷54，〈杜整傳〉，頁1366。宇文護自中山公進為晉國公是在宇文覺天王元年（557）正月。參見《周書》，卷23，〈孝閔帝紀〉，頁47。因此宇文護世子襲爵中山公應該也是在宇文覺天王元年（557）正月以後，而杜整本傳中記其被宇文訓親遇是在明帝宇文毓即位以前，所以從時間來看，最有可能便是在宇文覺即位以後至宇文毓即位以前。

　　北周宇文覺天王元年（557），宇文護藉由拉攏與安撫的策略暫時穩定了局勢，但是在宇文護仍留下霸府並掌控朝政的情況下，長安的皇帝與同州的權臣之間仍存在著複雜的政治衝突。

第三章　宇文護執政後的衝突

　　宇文泰起初的根據地是原州高平〔註 1〕，在孝武帝入關以後遷移到長安〔註 2〕，至西魏文帝大統四年〔註 3〕（538）左右再轉移至同州（原名華州）〔註 4〕，直到西魏恭帝三年〔註 5〕（556）宇文泰病逝為止，約十八年左右，宇文泰都居同州遙領朝政，同州也成為西魏的權力中心。在宇文泰病逝後，原本應該繼承宇文泰同州霸府的嫡子宇文覺去長安當皇帝，而出鎮同州則的則是宇文泰四子宇文邕〔註 6〕，雖然同州霸府看似是四子宇文邕繼承，可是霸府的兵權卻掌握在宇文護之手：

　　　自太祖為丞相，立左右十二軍，總屬相府。太祖崩後，皆受（宇文）
　　　護處分，凡所徵發，非護書不行。〔註 7〕

〔註 1〕「（永熙三年，534）秋七月，太祖帥眾發自高平。」見《周書》，卷 1，〈文帝紀〉上，頁 12；「文帝自原州赴雍州，命（韋）孝寬隨軍。」見《周書》，卷 31，〈韋孝寬傳〉，頁 536；「魏孝武將西遷，除（柳）慶散騎侍郎，馳傳入關。慶至高平見太祖，共論時事。」見《周書》，卷 22，〈柳慶傳〉，頁 369。

〔註 2〕「太祖乃進軍討（薛）瑾，虜其卒七千，還長安，進位丞相。」見《周書》，卷 1，〈文帝紀〉上，頁 13；「太祖率騎六千還長安……太祖還軍長安。」見《周書》，卷 2，〈文帝紀〉下，頁 22。

〔註 3〕「（大統）四年（538）春三月，太祖率諸將入朝。禮畢，還華州……八月……魏帝還長安，太祖復屯華州。」見《周書》，卷 2，〈文帝紀〉下，頁 24～26。

〔註 4〕同州原名華州，在西魏廢帝三年（554）更名同州，參見《周書》，卷 2，〈文帝紀〉下，頁 34。

〔註 5〕《周書》，卷 2，〈文帝紀〉下，頁 37。

〔註 6〕「孝閔帝踐阼，拜大將軍，出鎮同州。」見《周書》，卷 5，〈武帝紀〉上，頁 63。

〔註 7〕《周書》，卷 11，〈晉蕩公護傳〉，頁 168。

宇文護掌握的不僅只有兵權，他同時也是大冢宰，控制了北周早年的政權，
而其執政時期也居於同州〔註8〕，如同宇文泰一樣在同州遙領朝政，於是北周
皇帝坐上了原先西魏皇帝的位置，宇文護則扮演宇文泰的角色，《周書》中對
宇文護的心態有這樣的描述：

> （宇文）護性甚寬和，然暗於大體。自恃建立之功，久當權軸。
> 〔註9〕

《周書》認爲宇文護最大的問題便是想長期執政，因此宇文護在宇文氏已取
代元魏當皇帝後仍然留下霸府，並以權臣之姿在同州控制朝政，進而造成北
周早年君、相之間的政治衝突。

　　宇文護控制朝政的模式是否和宇文泰相似之處？在宇文泰在出鎮同州以
前，是委任開府司馬周惠達〔註10〕、相府右長史宇文測〔註11〕與大行臺郎中
申徽〔註12〕等霸府幕僚來控制朝政；至宇文泰出鎮同州以後，周惠達〔註13〕
與申徽〔註14〕進入中央控制朝政，另外霸府仍參與朝政運作的幕僚除了原有
的相府右長史宇文測以外，還有唐瑾〔註15〕、蘇綽〔註16〕與盧柔〔註17〕等
人；最後在宇文泰病逝以前，參與朝政運作的是天官司會李植、夏官軍司馬
孫恆〔註18〕與內史下大夫李昶〔註19〕三人，但是已經不見霸府幕僚參政，這

〔註8〕　「（宇文）護自同州還。」見《周書》，卷11，〈晉蕩公護傳〉，頁175。
〔註9〕　《周書》，卷11，〈晉蕩公護傳〉，頁175。
〔註10〕　「及太祖爲大都督總管兵起雍，復以（周）惠達爲府司馬，便委任焉。」見
　　　　《周書》，卷22，〈周惠達傳〉，頁362。
〔註11〕　「軍國政事，多委任之。」見《周書》，卷27，〈宇文測傳〉，頁454。
〔註12〕　「乃爲大行臺郎中。時軍國草創，幕府務殷，四方書檄，皆（申）徽之辭也。」
　　　　見《周書》，卷32，〈申徽傳〉，頁555。
〔註13〕　「太祖出鎮華州，留惠達知後事。于時既承喪亂，庶事多關。（周）惠達營造
　　　　戎仗，儲積食糧，簡閱士馬，以濟軍國之務，時甚賴焉。」見《周書》，卷22，
　　　　〈周惠達〉，頁363。
〔註14〕　「（大統）四年（538），拜中書舍人，修起居注。」見《周書》，卷32，〈申徽
　　　　傳〉，頁556。
〔註15〕　「軍書羽檄，（唐）瑾多掌之。」見《周書》，卷32，〈唐瑾傳〉，頁564。
〔註16〕　「參典機密，……（蘇）綽始制文案程式，朱出墨入，及計帳、戶籍之法。」
　　　　見《周書》，卷23，〈蘇綽傳〉，頁382。
〔註17〕　「與蘇綽對掌機密。」見《周書》，卷32，〈盧柔傳〉，頁563。
〔註18〕　「時司會李植、軍司馬孫恆等，在太祖之朝，久居權要。」見《周書》，卷11，
　　　　〈晉蕩公護傳〉，頁166。
〔註19〕　「（李）昶於太祖世已當樞要，兵馬處分，專以委之，詔冊文筆，皆昶所作
　　　　也。」見《周書》，卷38，〈李昶傳〉，頁687。

是宇文泰控制朝政的幕僚變化。宇文護則是在宇文覺踐阼（天王元年，557）時吸收了蕭濟〔註20〕、元偉〔註21〕、馮遷〔註22〕與王慶〔註23〕等人進入霸府，不過他們剛進入宇文護霸府時，尚未有被委以朝政的記載，因此宇文護起初執政時，朝政運作並不是在宇文護的霸府，而是隨著局勢穩定才有不同的變化。

本章敘述宇文護控制朝政的方式與演變，以及獨攬大權後造成君相之間緊張而產生的政治衝突。

第一節 宇文覺廢黜的原因

前章已敘述宇文護採取合作與安撫的方式暫時穩固了政局，但是在宇文覺天王元年（557）九月〔註24〕，在宇文覺與宇文護之間因為權力產生衝突的情況下，宇文覺決定聯合支持他的朝臣殺宇文護，不過在此之前，柱國趙貴早在天王元年（557）二月時便已向宇文護發難：

> 初，（趙）貴與獨孤信等皆與太祖等夷，及孝閔帝即位，晉公護攝
> 政，貴自以元勳佐命，每懷怏怏，有不平之色，乃與信謀殺護。
> 〔註25〕

趙貴因「自以元勳佐命，每懷怏怏，有不平之色」，於是與獨孤信同謀要殺宇文護，造成這種狀況的主要原因，是參與朝政運作的機關有了變化，這必須從宇文泰晚年控制朝政的方式說起。

宇文泰晚年以大冢宰控制朝政，委以朝政的幕僚是天官司會李植、夏官軍司馬孫恆與春官內史李昶三人，所以司會、軍司馬與內史是當時朝政運作的重要機關，這是宇文泰晚年控制朝政的模式與結構。

〔註20〕 《周書》，卷42，〈蕭撝附子濟傳〉，頁753。
〔註21〕 《周書》，卷38，〈元偉傳〉，頁688。
〔註22〕 《周書》，卷11，〈晉蕩公護附馮遷傳〉，頁181。
〔註23〕 《周書》，卷33，〈王慶傳〉，頁575。
〔註24〕 《周書》，卷3，〈孝閔帝紀〉，頁49。
〔註25〕 《周書》，卷16，〈趙貴傳〉，頁262～263。

表 3-1　六官建制後宇文泰控制朝政簡表

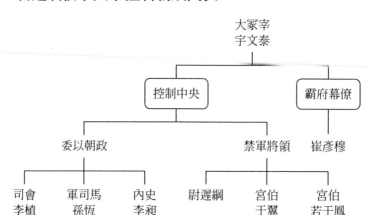

在趙貴擔任大冢宰以後，依宇文泰晚年朝政運作的模式，應是大冢宰趙貴總百揆掌朝政，且依《周禮》體制，大冢宰治六官，則趙貴按體制應是掌握北周朝政運作最重要的角色，可是實際狀況卻與《周禮》中的體制並不一致，大冢宰趙貴不僅沒有執政權，甚至於沒有參與朝政的記載〔註26〕。

　　及晉公護執政，朝之大事，皆與于謹及（李）弼等參議。〔註27〕

　　時晉公護執政，（賀蘭）祥與護中表，少相親愛，軍國之事，護皆與
　　祥參謀。及誅趙貴，廢孝閔帝，祥有力焉。〔註28〕

下表是天王元年（557）宇文護朝政運作簡表，表中略見宇文護以六官控制朝政的方式與宇文泰末年並不相同，宇文泰依《周禮》建六官，運作模式以大冢宰爲中心，宇文泰牢牢掌握權力；但宇文護卻是以大司馬爲中心，藉由和李弼、于謹、侯莫陳崇與賀蘭祥等軍系重要成員共同參議朝政，「詔冊文筆」則繼續委任內史李昶〔註29〕，此外宇文護並沒有控制中央的禁軍。

〔註26〕　目前史料中並沒有趙貴參與朝政的記載，不過雖然沒有趙貴參與朝政的記
　　　　　載，但是以其大冢宰的職位，不排除趙貴有參與朝政，但卻希望掌握更大的
　　　　　權力而決定謀殺宇文護的可能性。
〔註27〕　《周書》，卷15，〈李弼傳〉，頁241。
〔註28〕　《周書》，卷20，〈賀蘭祥傳〉，頁337。
〔註29〕　「及晉公護執政，委任如舊。」見《周書》，卷38，〈李昶傳〉，頁687。

表3-2　天王元年（557）宇文護朝政運作簡表〔註30〕

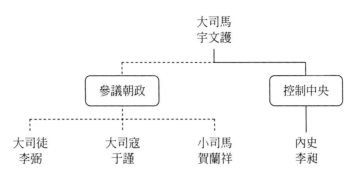

擔任大冢宰的趙貴被排除了參與朝政的情況，造成大冢宰一職反而有職無權，因此趙貴與宇文護產生了政治衝突，筆者將宇文護與趙貴的衝突事件中，選擇支持宇文護者表列如下：

表3-3　趙貴謀反事件中支持宇文護者一覽表

人　　物	事　　　　蹟	出　　　處
賀蘭祥	及誅趙貴，廢孝閔帝，（賀蘭）祥有力焉。	《周書》卷20
宇文盛	及楚公趙貴謀爲亂，（宇文）盛密赴京告之。	《周書》卷29
宇文丘	預告趙貴謀，拜車騎大將軍、儀同三司。	《周書》卷29

上表爲趙貴發動對宇文護的政變時，首先表態支持宇文護的三人，其中賀蘭祥與宇文護爲表親，受宇文護委任；宇文盛最初擔任宇文泰帳內，後隨其征戰，至密告趙貴以前，擔任鹽州刺史一職〔註31〕，其子宇文述深得宇文護喜愛〔註32〕；宇文丘則是宇文盛的弟弟〔註33〕。

　　支持趙貴的成員有誰？

　　　　致使楚公（趙）貴不悅于朕，與万俟幾通、叱奴興、王龍仁、長孫
　　　　僧衍等陰相假署，圖危社稷……其貴、通、興、龍仁罪止一家，僧

〔註30〕　表中以虛線表示參議朝政，是因爲李弼、于謹、侯莫陳崇與賀蘭祥等人和宇文護的關係並不同於宇文護與他的僚屬，因此以虛線表示。此外宇文護委任與親待的霸府幕僚馮遷與王慶，因爲才剛入宇文護霸府遂暫不置入表中。

〔註31〕　《周書》，卷29，〈宇文盛傳〉，頁493。

〔註32〕　「（宇文）述性恭謹沈密，周大冢宰宇文護甚愛之，以本官領護親信。」見《隋書》，卷61，〈宇文述傳〉，頁1463。

〔註33〕　《周書》，卷29，〈宇文盛附弟丘傳〉，頁493。

衍止一房，餘皆不問。〔註34〕

眾人中万俟幾通與王龍仁缺乏記載，叱奴興則只有參與蜀中戰役的記載〔註35〕，而長孫僧衍是長孫儉的長子，可是史料中對於長孫僧衍的記載也不多〔註36〕，除了上述眾人以外，還有柱國之一的獨孤信與趙貴同謀〔註37〕，此外元氏也被捲入〔註38〕。

　　趙貴被殺後，原是大司馬的宇文護接收趙貴原先擔任的大冢宰，賀蘭祥則進位爲大司馬，達奚武爲大司寇，宇文貴與侯莫陳順則補上了趙貴與獨孤信的柱國之位〔註39〕，于謹擔任大宗伯〔註40〕，宇文貴時爲御正中大夫〔註41〕，侯莫陳順此時似乎沒有擔任職事官〔註42〕。

〔註34〕　《周書》，卷23，〈孝閔帝紀〉，頁48。

〔註35〕　「於是乃令（尉遲）迥督開府元珍、乙弗亞、侯呂陵始、叱奴興、綦連雄、宇文昇等六軍，甲士一萬二千，騎萬疋，伐蜀。」見《周書》，卷21，〈尉遲迥傳〉，頁350；「（宇文）貴乃命開府叱奴興救隆州，又令開府成亞擊祐及遁。」見《周書》，卷19，〈宇文貴傳〉，頁313。

〔註36〕　「及周閔帝初，趙貴等將圖晉公護，（長孫）儉長子僧衍預其謀，坐死。」見《北史》，卷22，〈長孫儉傳〉，頁809。只能從中瞭解長孫僧衍是長孫儉的長子。

〔註37〕　「趙貴誅後，（獨孤）信以同謀坐免。居無幾，晉公護又欲殺之，以其名望素重，不欲顯其罪，逼令自盡於家。」見《周書》，卷16，〈獨孤信傳〉，頁267；「乃與（獨孤）信謀殺（宇文）護。及期，（趙）貴欲發，信止之。」見《周書》，卷16，〈趙貴傳〉，頁263。

〔註38〕　「元氏子女自坐趙貴等事以來，所有沒入爲官口者，悉宜放免。」見《周書》，卷4，〈明帝紀〉，頁53。

〔註39〕　《周書》，卷23，〈孝閔帝紀〉，頁48。此時參議朝政的是李弼、于謹、侯莫陳崇與賀蘭祥等人，因此愚見懷疑補上柱國的宇文貴與侯莫陳順應是眾人商議的結果。

〔註40〕　《周書》，卷15，〈于謹傳〉，頁248。

〔註41〕　《周書》，卷19，〈宇文貴傳〉，頁313。

〔註42〕　「（大統）十六年（550），拜大將軍，出爲荊州總管、山南道五十二州諸軍事、荊州刺史。孝閔帝踐阼，拜少師，進位柱國。」見《周書》，卷19，〈侯莫陳順傳〉，頁308。從侯莫陳順本傳中見其職事官是荊州總管、山南道五十二州諸軍事、荊州刺史，可是江陵會戰以後長孫儉拜總管荊襄等五十二州諸軍事、行荊州刺史，參見《北史》，卷22，〈長孫儉傳〉，頁809。從侯莫陳順在江陵會戰後便已經沒有坐鎮荊州，且侯莫陳順本傳中也沒有擔任其他職官的記載，所以侯莫陳順此時可能並沒有帶職事官。

表 3-4　天王元年（557）趙貴事件後柱國一覽表

人　物	職　　　官	出　　處
宇文護	大冢宰、柱國大將軍	《周書》卷 11
李　弼	大司徒、柱國大將軍	《周書》卷 15
于　謹	大宗伯、柱國大將軍	《周書》卷 15
賀蘭祥	大司馬、柱國大將軍	《周書》卷 20
達奚武	大司寇、柱國大將軍	《周書》卷 19
侯莫陳崇	大司空、柱國大將軍	《周書》卷 16
尉遲迥	小宗伯、柱國大將軍	《北史》卷 62
李　遠	鎮弘農、柱國大將軍	《周書》卷 25
豆盧寧	柱國大將軍	《周書》卷 19
宇文毓	歧州諸軍事、岐州刺史、柱國大將軍	《周書》卷 4
宇文貴	御正中大夫、柱國大將軍	《周書》卷 19
侯莫陳順	柱國大將軍	《周書》卷 19

表中柱國仍維持十二個成員的數量，補上的宇文貴與侯莫陳順是位列八柱國十二將軍中屬於十二將軍的成員。在趙貴被殺後，參與朝政的仍是李弼、于謹〔註43〕與賀蘭祥〔註44〕，而侯莫陳崇也開始參議朝政〔註45〕，此外內史李昶也仍被宇文護委任〔註46〕，然而其他六官中重要的官員，例如宇文泰晚年所委任的司會李植與軍司馬孫恆，此時仍然沒有參與朝政的記載，筆者將趙貴被殺後的中央重要官員表列如下：

〔註43〕　《周書》，卷 15，〈李弼傳〉，頁 241。
〔註44〕　《周書》，卷 20，〈賀蘭祥傳〉，頁 337。
〔註45〕　「遷太傅、大宗伯，（于謹）與李弼、侯莫陳崇等參議朝政。」見《周書》，卷 15，〈于謹傳〉，頁 248。引文中見侯莫陳崇參議朝政是在于謹遷大宗伯之際。于謹遷大宗伯是在原先擔任大宗伯的獨孤信被廢以後，而獨孤信被廢是因為參與趙貴謀反之事，因此侯莫陳崇開始參議朝政應該是在趙貴被殺以後。
〔註46〕　《周書》，卷 38，〈李昶傳〉，頁 687。

表 3-5 天王元年（557）六官成員一覽表〔註47〕

	成　員	職　官　記　載	出　　處
天　官	宇文護	大冢宰	《周書》卷 11
	長孫儉	小冢宰	《北史》卷 22
	李　穆	雍州刺史兼小冢宰	《隋書》卷 37
	李　植	司會大夫	《周書》卷 11
	柳　慶	司會中大夫	《周書》卷 22
	乙弗鳳	宮伯	《周書》卷 11
	賀拔提	宮伯	《周書》卷 11
	元　進	宮伯	《周書》卷 11
	張光洛	宮伯	《周書》卷 11
	伊婁穆	兵部中大夫治御正	《周書》卷 29
	宇文貴	御正中大夫	《周書》卷 19
	薛　慎	御正下大夫	《周書》卷 35
	楊　荐	御伯大夫	《周書》卷 33
	梁　睿	御伯大夫	《隋書》卷 37
地　官	李　弼	大司徒	《周書》卷 15
	韋孝寬	小司徒	《周書》卷 31
	于　寔	民部中大夫	《周書》卷 15
春　官	于　謹	大宗伯〔註48〕	《周書》卷 15
	尉遲迴	小宗伯	《北史》卷 62
	楊　忠	小宗伯	《周書》卷 19
	李　昶	內史	《周書》卷 38
	盧　柔	內史	《周書》卷 32

〔註47〕 本表以趙貴被殺後且較為重要以及時間記載比較清楚精確者為主。

〔註48〕 「孝閔帝踐阼，進封燕國公，邑萬戶。遷太傅、大宗伯，與李弼、侯莫陳崇等參議朝政。」見《周書》，卷 15，〈于謹傳〉，頁 248。宇文覺即位後擔任大宗伯的原是獨孤信。參見《周書》，卷 16，〈獨孤信傳〉，頁 266。因此于謹擔任大宗伯應是獨孤信參與趙貴謀反被殺以後。

夏　官	賀蘭祥	大司馬	《周書》卷 20
	尉遲綱	小司馬	《周書》卷 20
	孫　恆	軍司馬	《周書》卷 11
	宇文深	吏部中大夫	《周書》卷 27
	蔡　祐	兵部中大夫	《周書》卷 27
	伊婁穆	兵部中大夫治御正	《周書》卷 29
	王　謙	治右小武伯	《周書》卷 21
秋　官	達奚武	大司寇	《周書》卷 19
	厙狄峙	小司寇	《周書》卷 33
	令狐整	司憲中大夫	《周書》卷 36
	權景宣	司憲中大夫	《周書》卷 28
冬　官	侯莫陳崇	大司空	《周書》卷 16
	陸　通	小司空	《周書》卷 32
	侯莫陳凱	工部中大夫	《周書》卷 16

參議朝政的李弼、于謹、賀蘭祥與侯莫陳崇等人都屬六官大卿，即是宇文護最初輔政時，是以六官大卿共同參議朝政，而不像宇文泰以司會、軍司馬與內史爲朝政運作的中心。因此趙貴對宇文護的發難只是剛開始，因爲宇文泰時期參與以及委任朝政的成員在宇文護掌權後產生變化，原先掌握權力的成員也開始對宇文護產生不滿，即是宇文護雖然已擔任大冢宰，但是並沒有將朝政委以司會李植與軍司馬孫恆，於是李植與孫恆決意說服天王宇文覺謀殺宇文護：

> 帝性剛果，見晉公護執政，深忌之。司會李植、軍司馬孫恆以先朝佐命，入侍左右，亦疾護之專，乃與宮伯乙弗鳳、賀拔提等潛謀，請帝誅護。帝然之。又引宮伯張光洛同謀。光洛密白護，護乃出植爲梁州刺史，恆爲潼州刺史。鳳等遂不自安，更奏帝，將召羣公入，因此誅護。光洛又白之。時小司馬尉遲綱總統宿衛兵，護乃召綱共謀廢立。令綱入殿中，詐呼鳳等論事。既至，以次執送護第，並誅之。綱仍罷散禁兵，帝方悟，無左右，獨在內殿，令宮人持兵自守。

護又遣大司馬賀蘭祥逼帝遜位。〔註49〕

宇文覺在李植、孫恆與乙弗鳳等人推波助瀾的情況下贊成了謀害宇文護的計畫〔註50〕，固然宇文覺「性剛果」是原因之一，而其中另一個原因，便是原先被宇文泰委任的李植與孫恆，在失去權勢後對宇文護不滿的結果。李植與孫恆謀殺宇文護是聯合天官府的宮伯乙弗鳳、張光洛、賀拔提與元進等禁軍將領〔註51〕，相對來說同樣掌握禁軍的夏官武伯王謙便沒有參與，禁軍成員只有天官參與而沒有夏官參與的原因無法確定，只能確定參與者主要是以天官府的司會李植與宮伯乙弗鳳、賀拔提、元進等人為主〔註52〕。

〔註49〕 《周書》，卷23，〈孝閔帝紀〉，頁49～50。

〔註50〕 「說帝曰：『護誅（朝）〔趙〕貴以來，威權日盛，謀臣宿將，爭往附之，大小政事，皆決於護。以臣觀之，將不守臣節，恐其滋蔓，願早圖之。』帝然其言。（乙弗）鳳等又曰：『以先王之聖明，猶委（李）植、（孫）恆以朝政，今若左提右挈，何向不成。且晉公常云我今夾輔陛下，欲行周公之事。臣聞周公攝政七年，然後復子明辟，陛下今日，豈能七年若此乎。深願不疑。』帝愈信之。」見《周書》，卷11，〈晉蕩公護傳〉，頁167。

〔註51〕 除了上述眾人以外，天官府的左中侍上士王誼在此時的政治立場與所扮演的角色頗令人好奇。「周閔帝時，為左中侍上士。時大冢宰宇文護執政，勢傾王室，帝拱默無所關預。有朝士於帝側，微為不恭，（王）誼勃然而進，將擊之。其人惶懼請罪，乃止。自是朝士無敢不肅。歲餘，遷御正大夫。丁父艱，毀瘠過禮……歲餘，起拜雍州別駕，固讓，不許。武帝即位，授儀同，累遷內史大夫，封楊國公。」見《隋書》，卷40，〈王誼傳〉，頁1168。王誼對不恭敬天王宇文覺的朝士「將擊之」，從此朝士對宇文覺便比較恭敬，史料中除了王誼以外，並沒有見到其他擔任禁軍的成員做出類似的行為，而王誼在做出這樣的行為以後，也沒有因此被貶官或外放，同時他也沒有參與謀殺宇文護之事，更特別之處是王誼在歲餘後竟然拜了御正大夫，看起來是否為宇文護委任所以拜御正？但是王誼卻拒絕去擔任宇文護雍州別駕之職，因此王誼的政治立場與他在宇文覺和宇文護的衝突中所扮演的角色恐怕不單純。王誼是宇文泰四子宇文邕所重且親委的人，「汾州稽胡為亂，（王）誼率兵擊之。帝弟越王盛、譙王儉雖為總管，並受誼節度。其見重如此。」見《隋書》，卷40，〈王誼傳〉，頁1168；「（王）誼倜儻有大志，深為高祖所親委。少歷顯職，見重於時。」見《周書》，卷20，〈王盟附兄子顯子誼傳〉，頁335。在宇文護與宇文覺起衝突後，若宇文覺被廢，得利的自然是其他有可能成為皇帝者如宇文毓或宇文邕，因此王誼「將擊之」的事件仍待更多史料加以證明與釐清背後是否有其他人在參與運作。

〔註52〕 與宇文護和賀蘭祥一同在宇文泰身邊侍疾的蔡祐雖然知道天王宇文覺的計畫，不過卻沒有將此事告知宇文護。「（蔡）祐與尉遲綱俱掌禁兵，遞直殿省。時帝信任司會李植等，謀害晉公護，祐每泣諫，帝不聽。尋而帝廢。」見《周書》，卷27，〈蔡祐傳〉，頁445。當宇文覺欲謀害宇文護時，蔡祐「泣諫」，但史料中蔡祐並沒有告發宇文覺的計畫；當宇文護欲廢宇文覺而以尉遲綱罷

　　李植聯合禁軍殺宇文護的計畫剛開始之際，因爲參與成員中的張光洛告密〔註53〕，李植等人的計畫被宇文護所知，最初宇文護選擇將李植與孫恆分別被出爲梁州與潼州刺史，看似並未採取激烈的方式〔註54〕，不過乙弗鳳與天王宇文覺仍執意殺宇文護，在張光洛再次告密的情況下，宇文護便與掌禁軍的尉遲綱合作廢立，宇文護表親賀蘭祥則負責逼宇文覺遜位。

　　天王宇文覺被廢的原因似乎是李植與孫恆在被出爲外州刺史以後，仍執意謀害宇文護所產生的結果，可是如果從時間順序來看，恐怕並非如此：

> （宇文）護微知之，乃出（李）植爲梁州刺史，（孫）恆爲潼州刺史，欲過其謀。後帝思植等，每欲召之……（宇文護）因泣涕，久之乃止。帝猶猜之。（乙弗）鳳等益懼，密謀滋甚……，護乃召柱國賀蘭祥、小司馬尉遲綱等，以鳳謀告之。祥等竝勸護廢帝。〔註55〕

> （天王元年，557）九月庚申（24日）……時小司馬尉遲綱總統宿衛兵，護乃召綱共謀廢立。〔註56〕

> 及孝閔帝廢，晉公護遣使迎帝於岐州。秋九月癸亥（27日），至京師，止於舊邸。甲子（28日），羣臣上表勸進，備法駕奉迎。帝固讓，羣臣固請，是日，即天王位，大赦天下。〔註57〕

三條引文略述了時間的先後順序，因李植與孫恆謀害宇文護，宇文護便出李植與孫恆爲外州刺史，之後因天王宇文覺仍執意殺宇文護，因此宇文護才與尉遲綱以及賀蘭祥討論廢帝。然而將李植與孫恆出爲外州刺史以及討論廢帝的時間應是在九月二十四日，而且還要與羣臣商議〔註58〕，可是身在岐州的宇文毓卻是在二十七日便至京師，二十八日就登基了，從「共謀廢立」（24日）到宇文毓登基（28日）只有四天左右的時間；其次，依宇文護本傳中的記載，

散禁兵時，罷散禁兵是需要得到與尉遲綱同樣俱掌禁兵的蔡祐之支持或默許，可是並沒有看見蔡祐反對罷散禁兵的記載，同時也沒有看見蔡祐贊成宇文護的作法，可見蔡祐在宇文覺與宇文護衝突時陷入矛盾與複雜的立場。

〔註53〕《周書》，卷23，〈孝閔帝紀〉，頁49。

〔註54〕高蘊華提出這處理是較和緩的。參見高蘊華著，〈宇文護述論〉（收錄於《北朝研究》1992年第3期），頁25。

〔註55〕《周書》，卷11，〈晉蕩公護傳〉，頁167。

〔註56〕《周書》，卷23，〈孝閔帝紀〉，頁49。

〔註57〕《周書》，卷4，〈明帝紀〉，頁53。

〔註58〕「晉公護將廢帝，召羣官議之，（薛）端頗有同異。」見《周書》，卷35，〈薛端傳〉，頁622。可見宇文護要廢天王宇文覺之際，還有召羣官議之。

李植與孫恆是先被出爲外州刺史，宇文覺「每欲召之」，宇文護「因泣涕，久之乃止」，則看來被出爲外州刺史已有一段時日，可是史料中兩人似乎都沒有赴任〔註59〕。

綜上所述，宇文護與尉遲綱以及賀蘭祥恐怕在九月二十四日以前，便已有迎立宇文毓的計畫〔註60〕，而賀蘭祥與尉遲綱以及宇文毓之間還有姻親關係：

> （賀蘭祥）有七子，敬、讓、璨、師、寬知名。敬少歷顯職，封化隆縣侯。後襲爵涼國公，位至柱國大將軍、華州刺史……師，尚世宗女，位至上儀同大將軍、幽州刺史、博陵郡公。〔註61〕

> （尉遲綱）第三子安，以嫡嗣。大象末，位至柱國……安弟敬，尚世宗女河南公主，位至儀同三司。〔註62〕

雖然賀蘭祥與尉遲綱都不是以嗣子和宇文毓聯姻，不過從兩人與宇文護合

〔註59〕「及太祖崩，始利沙興等諸州，阻兵爲逆，信合開楚四州亦叛，唯梁州境內，民無貳心。利州刺史崔謙請援，（崔）猷遣兵六千赴之。信州糧盡，猷又送米四千斛。二鎮獲全，猷之力也。進爵固安縣公，邑二千戶。猷深爲晉公護所重，護乃養猷第三女爲己女，封富平公主。世宗即位，徵拜御正中大夫。」見《周書》，卷35，〈崔猷傳〉，頁616；「太祖徵（叱羅）協入朝，論蜀中事，乃賜姓宇文氏，增邑通前一千五百戶。晉公護既殺孫恆、李植等，欲委腹心於司會柳慶、司憲令狐整等。慶、整並辭不堪，俱薦協。語在慶、整傳。護遂徵協入朝。」見《周書》，卷11，〈晉蕩公護附叱羅協傳〉，頁179。兩段引文中見梁州刺史崔猷是在宇文毓即位天王以後才入京師爲官，且入京師爲官以前並沒有轉任他官，而從「徵拜」一詞可見崔猷並不在京師，可能仍在梁州；坐鎮潼州的叱羅協也是在宇文護殺孫恆與李植以後才被「徵」入朝，則叱羅協也可能仍在擔任原先的職官。因爲崔猷與叱羅協兩人不僅都沒有轉任他官的記載，且兩人都是被「徵」入朝，則兩人恐怕都還是在擔任原先的職位，因此李植與孫恆可能都沒有赴任。

〔註60〕宇文護與尉遲綱以及賀蘭祥同謀廢宇文覺改立宇文毓是九月二十四日，中間的過程還要確定于謹、李弼與侯莫陳崇等人的態度與是否支持，以及朝中重要官僚的意見與立場，還有宇文毓的意願等等，從協調與連繫再到確定宇文毓可以登基，才能去歧州迎立宇文毓，如此一來，自共謀廢立（24日）到宇文毓登基（28日）只有四天恐怕不太可能；再者，被出爲外州刺史的李植與孫恆似乎沒有赴任，既然沒有赴任，則宇文護的主要目的恐怕只是要取回李植與孫恆從天官司會與夏官軍司馬之職，至於兩人是否赴任，恐怕不是宇文護的主要目的。因此愚見懷疑迎立宇文毓的計畫，應是在九月二十四日以前便已蘊釀。

〔註61〕《周書》，卷20，〈賀蘭祥傳〉，頁338～339。

〔註62〕《周書》，卷20，〈尉遲綱傳〉，頁341。

作廢宇文覺而迎立的是宇文毓，以及奉迎宇文毓的是尉遲綱之子尉遲運來看〔註63〕，賀蘭祥與尉遲綱的立場應是支持宇文毓當天王，或者他們認同宇文護迎立宇文毓當天王。

　　天王宇文覺被廢黜事件的起因雖是宇文泰晚年委以朝政的李植與孫恆兩人在失去權勢後對宇文護不滿，於是煽動宇文覺並聯合掌禁軍的宮伯謀害宇文護，可是卻也反映了另外一個問題，即是宇文泰病逝以後，朝中顯貴在自己的立場與利害關係下，對宇文泰的諸子也有不同的態度與想法，如賀蘭祥與尉遲綱他們不僅支持並且參與宇文護廢宇文覺改立宇文毓，可是明帝宇文毓被毒弒與武帝宇文邕被擁立時，便沒有見到賀蘭祥與尉遲綱的參與，也就是迎立宇文毓與擁立宇文邕是不同的成員在運作，唯一相同之處是都有宇文護的參與。

　　這是宇文護執政時期所面臨的困境，宇文護最初雖然得到于謹支持統領軍國，廢宇文覺改立宇文毓則得到賀蘭祥與尉遲綱支持，可是這並不表示他們對宇文護的每一件行動都會支持。

　　天王宇文覺被廢以後，月餘日便被殺〔註64〕，支持宇文覺擔任嫡子的李遠在同年十月甲午日（29日）賜死〔註65〕，而宇文泰晚年委任的李植與孫恆則被殺於李遠賜死以前〔註66〕，宇文泰病逝以前所做的安排，自西魏恭帝三年（556）九月命宇文護輔佐嗣子〔註67〕，至天王元年（557）九月宇文覺被廢，差不多剛好一年。

第二節　宇文毓改制與被弒

　　宇文毓取代宇文覺成為天王是宇文護、尉遲綱與賀蘭祥共同商議的結果。宇文毓是宇文泰的長子，生於北魏孝武帝永熙三年（534），西魏文帝大

〔註63〕「俄而帝廢，朝議欲尊立世宗，乃令（尉遲）運奉迎於岐州。」見《周書》，卷40，〈尉遲運傳〉，頁709。

〔註64〕《周書》，卷23，〈孝閔帝紀〉，頁50。

〔註65〕「（十月）甲午（29日）……柱國、陽平公李遠賜死。」見《周書》，卷4，〈明帝紀〉，頁53。

〔註66〕「於是（宇文）護乃害（李）植，并逼（李）遠令自殺。」見《周書》，卷30，〈李賢附弟遠傳〉，頁422。

〔註67〕「九月，太祖有疾，還至雲陽，命中山公護受遺輔嗣子。」見《周書》，卷2，〈文帝紀〉下，頁37。

統十六年（550）行華州（尚未改名為同州）事，約是在廢帝三年〔註68〕（554）左右出鎮宜州，後再轉鎮隴右，宇文覺天王元年（557）轉鎮岐州，而這些外藩中，宜州與岐州都有帶諸軍事〔註69〕，至宇文護迎宇文毓為皇帝之際（天王元年，557），宇文毓時年約二十四歲，已經有了七年左右的歷練，且也有自己的班底〔註70〕。

　　宇文護殺趙貴後便「威權日盛」〔註71〕，在廢宇文覺迎立宇文毓以後，宇文護進位太師並擔任雍州牧〔註72〕，而除了原有蕭濟、馮遷、元偉與王慶等幕僚以外，宇文護也積極在吸收新成員幫助其控制朝政，但是並不順利：

> 晉公護既殺孫恆、李植等，欲委腹心於司會柳慶、司憲令狐整等。慶、整並辭不堪，俱薦（叱羅）協……護遂徵協入朝。既至，護引與同宿，深寄託之。協欣然承奉，誓以驅命自効。護大悅，以為得協之晚。即授軍司馬，委以兵事。〔註73〕

宇文護原欲吸收司會柳慶與司憲令狐整，但兩人都予以婉拒〔註74〕，並且推薦叱羅協，因此宇文護授叱羅協軍司馬委以兵事，再加上原先委任掌詔冊李昶，轉為行御伯擔任皇帝的近侍官〔註75〕，宇文護對北周皇帝以及中央六官

〔註68〕　西魏原先並沒有宜州，在廢帝三年（554）時才改北雍為宜州。參見《周書》，卷2，〈文帝紀〉下，頁34。因此宇文毓轉鎮宜州可能的時間點應是在廢帝三年（554）左右。

〔註69〕　宇文毓出生與遷轉參見《周書》，卷4，〈明帝紀〉，頁53。

〔註70〕　「世宗出牧宜州，太祖以（劉）志為幕府司錄。世宗雅愛儒學，特欽重之，事無大小，咸委於志。志亦忠恕謹慎，甚得匡贊之體。太祖嘉之，嘗謂之曰：『卿之所為，每會吾志。』於是遂賜名志焉。仍於宜州賜田宅，令徙居之。世宗遷莅岐州，又令志以本官翊從。及世宗即位，除右金紫光祿大夫、車騎大將軍、儀同三司，進爵武鄉縣公，增邑通前一千户，仍賜姓宇文氏。」見《周書》，卷36，〈裴果附劉志傳〉，頁649。引文見劉志是宇文毓即位以前的班底。

〔註71〕　「（宇文）護誅（朝）〔趙〕貴以來，威權日盛，謀臣宿將，爭往附之，大小政事，皆決於護。」見《周書》，卷11，〈晉蕩公護傳〉，頁167。

〔註72〕　《周書》，卷11，〈晉蕩公護傳〉，頁168。

〔註73〕　《周書》，卷11，〈晉蕩公護附叱羅協傳〉，頁179。

〔註74〕　這種情況或許可以反映此時朝中原先擔任六官的部分成員對宇文護總朝政的態度，這可能促成宇文護委任與吸收的幕僚是自外州徵入朝中，如叱羅協與崔猷。

〔註75〕　李昶原是內史，宇文毓即位後轉行御伯。參見《周書》，卷38，〈李昶傳〉，頁686。御伯即是後來的納言，是北周皇帝的近侍。「（保定四年，564，六月）改御伯為納言。」見《周書》，卷5，〈武帝紀〉上，頁70。

的控制力有加強的情況。

　　此時朝政運作主要仍在于謹、侯莫陳崇與賀蘭祥等這批參議朝政的六官大卿之手〔註76〕，朝政運作與天王宇文覺時期仍沒有太大的變化，只是宇文護的控制力有稍微加強的情況。

表3-6　宇文毓即位後宇文護朝政運作簡表

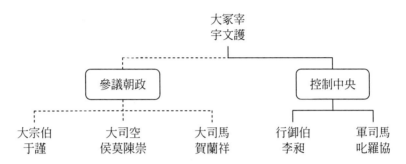

表中宇文護控制中央的重要成員中並沒有禁軍參與，是因爲雖然宇文護廢宇文覺而迎立宇文毓的重要關鍵便是得到掌禁軍的尉遲綱支持，但是在換了宇文毓即位以後，尉遲綱並沒有參與朝政的記載，更沒有支持宇文護的記載〔註77〕，因此不將總禁軍的尉遲綱置入本表。

　　就柱國方面，宇文毓即位天王後，同年九月柱國李弼卒，支持宇文覺

〔註76〕原參議朝政的還有李弼，但李弼卒於天王元年（557）十月，比李遠被賜死的時間還要早。參見《周書》，卷4，〈明帝紀〉，頁53。

〔註77〕呂春盛提出總統宿衛兵的尉遲綱是親宇文護派的要角，宇文毓後來任命尉遲綱爲涇州總管，是爲了排除宇文護的勢力。參見《關隴集團的權力結構演變——西魏北周政治史研究》，頁196～197。對於呂春盛所提的看法，愚見有一小疑問。尉遲綱自總禁軍而被出爲涇州總管後，在武帝宇文邕保定元年（561）便返回京師擔任大司空一職，保定二年（562）再出爲陝州總管，此後再也沒有擔任禁軍之職。參見《周書》，卷20，〈尉遲綱傳〉，頁340。倘若尉遲綱是因親宇文護，因此被明帝宇文毓奪其掌禁軍之職並出爲涇州總管，爲什麼宇文護毒殺宇文毓擁立宇文邕以後，不讓返朝的尉遲綱繼續掌禁軍？難道宇文護有別的人選在控制禁軍，但史料中並沒有人在幫宇文護控制禁軍，那麼宇文護爲什麼不讓親自己的尉遲綱擔任禁軍呢？雖然宇文護沒有讓尉遲綱繼續掌禁軍並不能證明尉遲綱不親宇文護，但是尉遲綱幫宇文護廢天王宇文覺迎立宇文毓，也不能證明尉遲綱之後都會支持宇文護，從史料中只能確定尉遲綱與宇文護應該是在廢宇文覺與迎立宇文毓的利害關係一致所以合作，至於迎立宇文毓以後他們之間的關係是否緊密到會支持宇文護而對宇文毓不利，可能還要更多史料加以證明。

為嫡子的李遠則被賜死，侯莫陳順卒於同年，但不確定是在宇文覺被廢前還是被廢後〔註78〕，補上的柱國是尉遲綱與宇文邕（天王元年，557）〔註79〕以及楊忠與王雄（天王二年，558）〔註80〕，柱國數量仍然維持十二個，因此，柱國雖然增制而造成沒有西魏末年地位崇高，但此時尚未出現濫授的狀況。

然而朝政運作與柱國數量，卻將隨著宇文毓的親政而產生變化。

一、宇文毓在位時期的改制

宇文毓即位之後有許多政治上的改制，首先是在天王二年（558）正月：

> 河東置蒲州，河北置虞州，弘農置陝州，正平置絳州，宜陽置熊州，
> 邵郡置邵州。〔註81〕

其中河東〔註82〕、河北〔註83〕、弘農〔註84〕、正平〔註85〕與宜陽〔註86〕等諸地原先皆屬郡，而且有擔任郡守的成員，邵郡則因為史料中缺少擔任郡守的記載而暫略不談。

〔註78〕「孝閔帝踐阼，拜少師，進位柱國。其年薨。」見《周書》，卷19，〈侯莫陳順傳〉，頁308。

〔註79〕《周書》，卷4，〈明帝紀〉，頁53～54。

〔註80〕《周書》，卷4，〈明帝紀〉，頁55。

〔註81〕《周書》，卷4，〈明帝紀〉，頁54。

〔註82〕「乃授河東郡守。」見《周書》，卷25，〈李賢附弟遠傳〉，頁420；「軍還，除河東郡守。」見《周書》，卷27，〈韓果傳〉，頁442；「孝閔帝踐阼，進爵為公，又除河東郡守。」見《周書》，卷32，〈柳敏傳〉，頁561；「除河東郡守。」見《周書》，卷35，〈薛善傳〉，頁624；「行河東郡事。」見《周書》，卷39，〈辛慶之傳〉，頁697。諸多史料中可見改制以前的河東為郡守。

〔註83〕「久之，轉河北郡守。」見《周書》，卷27，〈厙狄昌傳〉，頁449；「授河北郡守。」見《周書》，卷34，〈元定傳〉，頁589；「除河北郡守。」見《周書》，卷35，〈裴俠傳〉，頁619；「出為河北郡守。」見《周書》，卷37，〈張軌傳〉，頁664。史料中可見改制以前的河北為郡守。

〔註84〕「行弘農郡事。」見《周書》，卷23，〈蘇綽附弟椿傳〉，頁395；「轉行弘農郡事。」見《周書》，卷28，〈權景宣附郭賢傳〉，頁481；「即授弘農郡守。」見《周書》，卷31，〈韋孝寬傳〉，頁536；「出為弘農郡守。」見《周書》，卷41，〈庾信傳〉，頁734。史料中可見改制以前的弘農為郡守。

〔註85〕「除正平郡守。」見《周書》，卷29，〈高琳傳〉，頁496；「轉正平郡守。」見《周書》，卷34，〈楊擽傳〉，頁592；「除正平郡守。」見《周書》，卷36，〈裴果傳〉，頁647；「除正平郡守。」見《周書》，卷37，〈裴文舉附父邃傳〉，頁668。史料中可見改制以前的正平為郡守。

〔註86〕「乃令（韋）孝寬以大將軍行宜陽郡事。」見《周書》，卷31，〈韋孝寬傳〉，頁536；「尋行宜陽郡事……除宜陽郡守。」見《周書》，卷43，〈陳忻傳〉，頁778。史料中可見改制以前的宜陽為郡守。

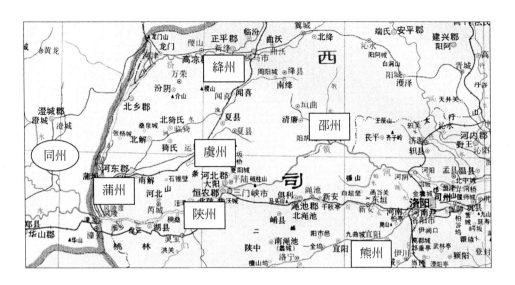

圖 3-1　同州、蒲州、虞州、陝州、絳州、熊州與邵州位置關係圖

可以略見這次改制的州刺史主要集中在蒲州以東，蒲州是宇文護的根據地，且從蒲州的角度來說，虞州、陝州、絳州、熊州與邵州是蒲州面對北齊勢力的前線。改制諸州中比較重要的是蒲州與陝州〔註 87〕，而蒲州則有說明的必要：

> （保定元年，561）尋以本官鎮蒲州，兼知潼關等六防諸軍事。〔註 88〕

> （保定二年，562）除蒲州潼關六防諸軍事、蒲州刺史。〔註 89〕

蒲州改制以前的河東，原先便是同州的重要防衞前線據點，不過史料中並沒有出鎮河東者兼潼關的記載，至宇文護執政時期〔註 90〕，蒲州改制以後便有兼潼關的記載，則蒲州改制應該並非只有自郡升級為州，也許還擴大其所控制的軍事區域。

〔註87〕　諸地中只有蒲州與陝州兩地後來會置總管府，粗舉兩條史料為例：「邵國公（宇文）會為蒲州總管……以開府、中山公（宇文）訓為蒲州總管。」見《周書》，卷5，〈武帝紀〉上，頁67～72；「吳國公尉遲綱為陝州總管……以柱國、昌寧公長孫儉為陝州總管……蔡國公（宇文）廣為陝州總管……以陳國公（宇文）純為陝州總管。」見《周書》，卷5，〈武帝紀〉上，頁67～77。

〔註88〕　《周書》，卷10，〈邵惠公顥附孫廣傳〉，頁156。

〔註89〕　《周書》，卷10，〈邵惠公顥附宇文會傳〉，頁154。

〔註90〕　武帝宇文邕親政以後又不相同，如「（建德）四年（575），出為同州、蒲津、潼關等六防諸軍事、同州刺史。」見《周書》，卷40，〈尉遲運傳〉，頁710。引文可見武帝宇文邕親政的建德年間，潼關轉為同州所轄的軍事區，不過因為時代不同且本文主題是宇文護，暫略不談。

其次是在天王二年（558）三月，改雍州刺史為雍州牧，京兆郡守為京兆尹，並以宇文護擔任雍州牧〔註91〕，京兆尹則因史料不詳而不確定由誰擔任。刺史改為州牧，從以前的制度來看，是秩從六百石轉為二千石〔註92〕，北周時期則州牧為九命，上州刺史為正八命〔註93〕。在宇文護擔任雍州牧後，便以州牧的僚屬招覽人才〔註94〕。

再次便是天王三年（559）春正月，在宇文護上表歸政後〔註95〕，同月改都督諸州軍事為總管〔註96〕。《周書》中沒有記載都督諸州軍事改制為總管後職權的變化，不過從之後隋代「總管刺史加使持節」的制度來看〔註97〕，應該可以作為北周時期總管制度的參考〔註98〕。接著是同年八月改天王制為皇帝制〔註99〕，由深為宇文護所重的崔猷提出〔註100〕。

最後可能也是最為重要的改制，是在武成元年（559）八月的御正改制：

增御正四人，位上大夫。〔註101〕

明帝以御正任總絲綸，更崇其秩為上大夫，員四人，號大御正。

〔註102〕

改制後最重要的是出現參與朝政的記載，以下整理宇文毓在位時期擔任御正

〔註91〕　《周書》，卷4，〈明帝紀〉，頁54～55。
〔註92〕　「孝武帝初置刺史十三人，秩六百石。成帝更為牧，秩二千石。」見《後漢書》，志28，〈百官志〉，頁3617。
〔註93〕　《周書》，卷24，〈盧辯傳〉，頁404。
〔註94〕　「為晉公護雍州治中。」見《周書》，卷34，〈裴寬附族弟鴻傳〉，頁598。
〔註95〕　宇文護上表歸政的原因不詳，但是應該與當時局勢有關，有可能宇文護是受制於朝議，或者有別的原因，只是史料中缺乏記載。
〔註96〕　《周書》，卷4，〈明帝紀〉，頁56。
〔註97〕　「州，置總管者，列為上中下三等。總管刺史加使持節。」見《隋書》，卷28，〈百官志〉下，頁784。
〔註98〕　依《周書》所記載，當改制以後，拜總管者確實都沒有再帶持節，則《隋書‧百官志》中總管刺史加使持節的記載，很可能在北周時期便是如此。此外呂春盛提出這是宇文護加強控制地方的一項措施。參見《關隴集團的權力結構演變──西魏北周政治史研究》，頁193。
〔註99〕　《周書》，卷4，〈明帝紀〉，頁58。
〔註100〕　「時依周禮稱天王，又不建年號，（崔）猷以為世有澆淳，運有治亂，故帝王以之沿革，聖哲因時制宜。今天子稱王，不足以威天下，請遵秦漢稱皇帝，建年號。」見《周書》，卷35，〈崔猷傳〉，頁616～617。
〔註101〕　《周書》，卷4，〈明帝紀〉，頁58。
〔註102〕　《周書》，卷32，〈申徽傳〉，頁557。

的成員〔註103〕：

表3-7　宇文毓在位時期御正成員一覽表

人　物	參　與　記　載	出　處
伊婁穆	孝閔帝踐阼，拜兵部中大夫，治御正……保定初，授軍司馬。	《周書》卷29
崔　猷	世宗即位，徵拜御正中大夫……請遵秦漢稱皇帝，建年號。朝議從之。武成二年（560），除司會中大夫，御正如故……保定元年（561），重授總管梁利開等十四州白馬儻城二防諸軍事、梁州刺史。	《周書》卷35
王　誼	周閔帝時，為左中侍上士……歲餘，遷御正大夫。丁父艱，毀瘁過禮，廬於墓側，負土成墳。歲餘，起拜雍州別駕，固讓，不許。	《隋書》卷40
叱羅協	尋轉治御正，又授（宇文）護府長史……常在護側，陳說時事，多被納用……猶以護所親任，難即屏黜，每含容之。及世宗崩，便授協司會中大夫、中外府長史。	《周書》卷11
宇文邕	武成元年（559），入為大司空、治御正，進封魯國公，領宗師。甚為世宗所親愛，朝廷大事，多共參議。	《周書》卷5
楊　忠	孝閔帝踐阼，入為小宗伯……武成元年（559）……尋治御正中大夫。保定二年（562），遷大司空。	《周書》卷19
高　賓	武成元年（559），除御正下大夫，兼小載師。出為益州總管府長史。保定初，徵拜計部中大夫，治中外府從事中郎。	《周書》卷37
申　徽	明帝以御正任總絲綸，更崇其秩為上大夫，員四人，號大御正，又以（申）徽為之。歷小司空、少保，出為荊州刺史。	《周書》卷32
達奚寔	武成二年（560），授御正中大夫，治民部，兼晉公護司馬。保定元年（561），出為文州刺史，卒於州。	《周書》卷29
楊　寬	世宗初……從賀蘭祥討吐谷渾……除小冢宰，轉御正中大夫。武成二年（560），詔（楊）寬與麟趾學士參定經籍……保定元年（561），除總管梁興等十九州諸軍事、梁州刺史。	《周書》卷22

御正改制的重要性便在於參議朝政由原先只有六官大卿參與的情況，轉變為御正也有了參與朝政的權力，如表中成員呈現了二種情況：一是擔任御

〔註103〕　呂春盛對御正改制已略有說明，並指出御正是皇帝左右親信要職，因此宇文毓增制御正上大夫，是為提高身邊親信的地位，以鞏固帝權。並指出改天王稱皇帝與宇文憲出為益州總管以及御正改制可能是宇文邕在背後獻策。參見《關隴集團的權力結構演變——西魏北周政治史研究》，頁 194～196。不過愚見以為還有補充的空間，因此整理擔任御正的成員可以更清楚瞭解御正的運作。

正的成員有參與朝政的記載，如叱羅協與宇文邕〔註104〕以及楊寬〔註105〕；二是擔任御正的成員中有兩人還兼有宇文護開府的幕僚，分別是叱羅協兼府長史與達奚寔兼府司馬，表示宇文護也很重視御正〔註106〕。這些都說明了御正開始成為重要的參政機關。

　　表中成員擔任御正的時間如伊婁穆是在宇文覺即位後便以兵部大夫治御正；崔猷是宇文毓即位為天王後便自梁州徵拜為御正，至武帝宇文邕即位後的保定元年（561）轉任梁州刺史；王誼在宇文覺天王元年（557）時為左中侍上士，約一年多才遷御正，約在宇文毓天王二年（558）至武成元年（559）之間，然後再轉任雍州別駕；叱羅協任宇文覺天王元年（557）宇文護殺李植與孫恆以後被徵入朝，宇文護先授軍司馬委以兵事，旋即轉治御正兼開府長史，至明帝宇文毓死後轉任司會；楊忠在明帝武成元年（559）擔任御正，至武帝保定二年（562）遷大司空；高賓也是明帝宇文毓武成元年（559）擔任御正，任益州總管府長史是在武帝保定元年（561）以前；申徽同樣也是在明帝武成元年（559）擔任御正〔註107〕，後轉小司空的時間缺記載；達奚寔是在明帝武成二年（560）擔任御正，至武帝保定元年（561）出為文州刺史；楊寬也是在明帝武成二年（560）擔任御正〔註108〕，至武帝保定元年（561）轉

〔註104〕叱羅協與宇文邕以御正參政的情況並不相同，叱羅協是在宇文護身邊陳說時事而宇文護納用，即是叱羅協是藉由宇文護的權力與地位在參與朝政；而宇文邕與叱羅協不同，宇文邕是明帝宇文毓與他多共參議。

〔註105〕楊寬在其本傳中沒有參與朝政的記載，不過在〈柳慶傳〉中有記：「又與楊寬有隙，及寬參知政事，（柳）慶遂見疎忌……武成二年（560），除宜州刺史……及在宜州，寬為小冢宰，乃因慶故吏，求其罪失。」見《周書》，卷22，〈柳慶傳〉，頁372。

〔註106〕從制度面來看，皇帝親政時，近侍官的權力與地位會上升，但若從實際運作的情況來看明帝宇文毓時期的御正，狀況並不一定相同，尤其是御正中有宇文護委任的叱羅協「陳說時事，多被納用」，而宇文毓「難即屏黜，每含容之」。可見御正在朝政的運作中，並不是宇文毓可以完全自己掌控的，還必須要考慮宇文護的態度。

〔註107〕申徽擔任御正的時間雖然本傳中沒有記載，可是能確定申徽是在宇文毓置御正上大夫時擔任此職，而宇文毓置御正上大夫是在武成元年（559）八月。參見《周書》，卷4，〈明帝紀〉，頁58。因此申徽應該是在武成元年（559）擔任上大夫。

〔註108〕楊寬擔任御正的時間在本傳中沒有記載，只能確定在武成二年（560）以前便已是御正。不過參考柳慶的本傳可以發現楊寬擔任御正的時間。「又與楊寬有隙，及寬參知政事，（柳）慶遂見疎忌……武成二年（560），除宜州刺史……及在宜州，寬為小冢宰，乃因慶故吏，求其罪失。」見《周書》，卷22，〈柳

梁州刺史。暫不討論遷轉不確定者，上述成員幾乎都是在武帝宇文邕即位以後轉出御正而擔任別的職位，尤其是宇文護親委的叱羅協或是兼中外府的達奚寔，這顯示隨著宇文邕即位以後，御正的重要性不及明帝宇文毓親政時期的時候。

　　整理明帝宇文毓武成年間中央六官重要官員，或可更清楚此時的朝政運作：

表 3-8　明帝武成年間（559～560）六官成員一覽表〔註 109〕

	成　員	官　　職	出　　處
天　官	宇文護	大冢宰	《周書》卷 11
	長孫儉	拜小冢宰	《北史》卷 22
	楊　寬	小冢宰轉御正	《周書》卷 22
	崔　猷	司會中大夫兼御正	《周書》卷 35
	楊　忠	治御正中大夫	《周書》卷 19
	叱羅協	治御正兼府長史	《周書》卷 11
	達奚寔	御正中大夫治民部兼府司馬	《周書》卷 29
	楊　荐	御伯大夫	《周書》卷 33
	鄭孝穆	御伯中大夫	《周書》卷 35
	于　翼	右宮伯	《周書》卷 30
	楊　堅	右小宮伯	《隋書》卷 1
地　官	侯莫陳崇	大司徒	《周書》卷 4
	韋孝寬	小司徒	《周書》卷 31
春　官	達奚武	大宗伯	《周書》卷 19
	侯莫陳凱	禮部中大夫	《周書》卷 16
夏　官	賀蘭祥	大司馬	《周書》卷 20
	蔡　祐	小司馬	《周書》卷 27
	豆盧勣	左武伯中大夫	《隋書》卷 39

慶傳〉，頁 372。從柳慶本傳中可以發現楊寬在武成二年（560）仍擔任小冢宰，因此楊寬轉任御正的時間應該是在武成二年（560）。

〔註 109〕本表以仕宦遷轉時間比較清楚精確者爲主。

	伊婁穆	兵部中大夫治御正	《周書》卷 29
	辛 昂	小職方下大夫治小兵部	《周書》卷 39
	王 謙	治右小武伯	《周書》卷 21
秋 官	豆盧寧	大司寇	《周書》卷 4
	王 悅	司憲中大夫	《周書》卷 33
	王 慶	行小賓部	《周書》卷 33
冬 官	宇文邕	大司空治御正領宗師	《周書》卷 5
	陸 通	小司空	《周書》卷 32

　　表中有參與朝政或被委任記載的是宇文邕、楊寬、賀蘭祥與叱羅協等人，其中宇文邕是被明帝宇文毓所親愛而多共參議；楊寬參知政事是在明帝親政以後〔註110〕擔任小冢宰之際，但無法確定是宇文毓還是宇文護的意思；賀蘭祥在軍國之事上皆是宇文護參謀的對象，並在武成元年（559）率軍征討吐谷渾〔註111〕；叱羅協則是宇文護親委的成員。除此之外還有于謹與辛昂，雖然于謹並沒有帶職事官，但仍被委信〔註112〕；辛昂則是被宇文護親待〔註113〕。

　　除了朝中六官以外，宇文護霸府是如何參與朝政運作？

表3-9　明帝武成年間（559～560）宇文護霸府幕僚一覽表

	人 物	官　　　職	出　　處
中外府	李 昶	中外府司錄	《周書》卷 38
開 府	叱羅協	治御正兼府長史	《周書》卷 11
	達奚寔	御正中大夫治民部兼府司馬	《周書》卷 29

〔註110〕 「從賀蘭祥討吐谷渾，破之，別封宜陽縣公，邑一千戶。除小冢宰，轉御正中大夫。」見《周書》，卷 22，〈楊寬傳〉，頁 367。賀蘭祥討吐谷渾是在武成元年（559）三月，此時明帝宇文毓已經親政。參見《周書》，卷 4，〈明帝紀〉，頁 56。
〔註111〕 《周書》，卷 20，〈賀蘭祥傳〉，頁 337。
〔註112〕 「（于）謹亦竭其智能，弼諧帝室。故功臣之中，特見委信，始終若一，人無間言。」見《周書》，卷 15，〈于謹傳〉，頁 250。
〔註113〕 「時晉公護執政，（辛）昂稍被護親待，高祖以是頗銜之。及護誅，加之捶楚，因此遂卒。」見《周書》，卷 39，〈辛慶之附族子昂傳〉，頁 700。

上表是武成年間仕宦遷轉記載比較清楚的宇文護霸府幕僚，原先在霸府擔任典籤並受宇文護親待的王慶，在明帝武成二年（560）轉行小賓部〔註114〕，這是宇文護霸府幕僚仕宦遷轉的時間記載比較明確的例子；叱羅協與達奚寔擔任朝中重要職官御正，同時兼宇文護開府長史與司馬，比較需要說明的是李昶轉任中外府司錄：

> （李）昶雖處郎官，太祖恆欲以書記委之。於是以昶爲丞相府記室參軍、著作郎，修國史。轉大行臺郎中、中書侍郎。頃之，轉黃門侍郎……六官建，拜內史下大夫……遷內史中大夫。世宗初，行御伯中大夫。武成元年，除中外府司錄……昶於太祖世已當樞要，兵馬處分，專以委之，詔冊文筆，皆昶所作也。及晉公護執政，委任如舊。〔註115〕

從李昶的遷轉可以略見其從宇文泰霸府幕僚轉入中央擔任掌詔誥的內史，這是宇文泰時期李昶的遷轉變化；宇文護如同宇文泰一樣委任李昶，但李昶的遷轉卻是從朝中六官轉入宇文護的霸府擔任幕僚。

宇文護執政初年〔註116〕的霸府幕僚，不管是開府或中外府的記室參軍、參軍事或司錄等等，如深受宇文護委信的馮遷〔註117〕，他在霸府的職掌也沒有李昶「兵馬處分，專以委之，詔冊文筆，皆昶所作也」這樣的記載，雖然這代表了李昶深受委任且職權很重，但史料中並沒有記載李昶職權很重卻反而自朝中六官轉任宇文護中外府司錄的原因〔註118〕，恐仍待更多新史料的出現加以還原與釐清。

〔註114〕「武成元年（559），以前後功，賜爵始安縣男。二年（560），行小賓部。」見《周書》，卷32，〈王慶傳〉，頁575。

〔註115〕《周書》，卷38，〈李昶傳〉，頁686～687。

〔註116〕指天王宇文覺與宇文毓在位初年（天王元年至天王二年，557～558）。

〔註117〕「（馮）遷性質直，小心畏慎，雖居樞要，不以勢位加人。兼明練時事，善於斷決。每校閱文簿，孜孜不倦，從辰逮夕，未嘗休止。以此甚爲（宇文）護所委任。」見《周書》，卷11，〈晉蕩公護附馮遷傳〉，頁181。

〔註118〕李昶自朝中六官轉任宇文護中外府司錄，或許表示「兵馬處分」與「詔冊文筆」之權自朝中六官轉入宇文護中外府；也或許是明帝宇文毓親政後，另外委以他人掌詔誥，李昶只負責宇文護中外府的事務。而這兩種不同的可能會產生不一樣的政治局勢，在史料不足的情況下暫不討論。

表 3-10　明帝武成年間（559～560）宇文護朝政運作簡表

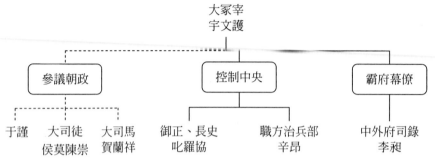

武成年間（559～560）朝政運作的二個特色分別是御正開始參與朝政，以及宇文護的霸府出現控制「兵馬處分」與「詔冊文筆」的幕僚。

二、宇文毓被毒弒的背景

宇文護與宇文毓之間衝突是如何發生的？

> 武成元年（559），（宇文）護上表歸政，帝許之。軍國大事尚委於護。帝性聰睿，有識量，護深憚之。有李安者，本以鼎俎得寵於護，稍被升擢，位至膳部下大夫。至是，護乃密令安因進食於帝，加以毒藥。帝遂寢疾而崩。〔註119〕

上條引文是宇文護本傳中的記載，因為明帝宇文毓「性聰睿，有識量」，所以宇文護「深憚之」，這是史料中宇文護選擇毒殺宇文毓的原因。以下整理明帝宇文毓親政以後對朝臣的拉攏與安撫政策，約分為三個部分討論，分別是禁軍將領與統治階層成員的立場，以釐清宇文護選擇毒殺宇文毓的原因〔註120〕。

（1）禁軍將領的立場

蔡祐：

> 帝之為公子也，與（蔡）祐特相友昵，至是禮遇彌隆。御膳每有異味，輒輟以賜祐；羣臣朝宴，每被別留，或至昏夜，列炬鳴笳，送

〔註119〕《周書》，卷11，〈晉蕩公護傳〉，頁168。

〔註120〕 呂春盛提出宇文毓默默鞏固行政權，親閱六軍，引進親信鞏固君權。因此宇文護選擇毒殺宇文毓。參見《關隴集團的權力結構演變——西魏北周政治史研究》，頁197。不過呂春盛在文中所引的例子主要是宇文邕、尉遲綱等人，筆者則試圖補充禁軍將領如蔡祐的立場，與其他統治階層成員的立場等等。

　　　祐還宅。祐以過蒙禮遇，常辭疾避之。〔註121〕

明帝宇文毓在即位以前便與蔡祐感情很好，即位以後對蔡祐更是禮遇，而在原先與蔡祐俱掌禁軍的尉遲綱〔註122〕出鎮涇州總管以後〔註123〕，蔡祐對禁軍的掌握恐會更強，因此蔡祐在京師的角色也更為重要，雖然蔡祐立場疑似比較偏向北周皇帝〔註124〕，但從「以過蒙禮遇，常辭疾避之」的作法來看，蔡祐恐怕並不願意捲入政治衝突。

　　此外還有擔任宮伯與武伯成員的立場，武成年間擔任宮伯的有于翼〔註125〕與楊堅〔註126〕，擔任武伯的是王謙〔註127〕，但三人的政治立場在此時並不明顯〔註128〕。而除了宮伯與武伯以外，還有中侍上士宇文神舉「恆得侍從」〔註129〕與被明帝宇文毓召為左侍上士的王頒〔註130〕，但中侍與左侍的

〔註121〕　《周書》，卷27，〈蔡祐傳〉，頁445。

〔註122〕　「（蔡）祐與尉遲綱俱掌禁兵，遞直殿省。」見《周書》，卷27，〈蔡祐傳〉，頁445。

〔註123〕　「（武成元年，559，十月）以柱國、吳國公尉遲綱為涇州總管。」見《周書》，卷4，〈明帝紀〉，頁58。

〔註124〕　蔡祐在天王宇文覺與宇文護起衝突時，只有泣諫宇文覺，不僅沒有將宇文覺欲殺宇文護的計畫告知宇文護，也沒有參與宇文護聯合尉遲綱廢宇文覺的計畫，愚見以為這恐能佐證蔡祐雖然不想捲入政治衝突，但立場可能比較偏向北周皇帝。

〔註125〕　「賀蘭祥討吐谷渾，（于）翼率州兵先鋒深入。以功增邑一千二百戶。尋徵拜右宮伯。世宗雅愛文史，立麟趾學。」見《周書》，卷30，〈于翼傳〉，頁523。賀蘭祥討吐谷渾是在武成元年（559）三月，參見《周書》，卷4，〈明帝紀〉，頁56。則于翼擔任右宮伯應是在武成元年（559）三月至明帝宇文毓立麟趾學以前。

〔註126〕　「明帝即位，授右小宮伯。」見《隋書》，卷1，〈高祖紀〉上，頁2。

〔註127〕　「孝閔踐祚，治右小武伯。（王）雄從晉公護東討，為齊人所斃。朝議以謙父殞身行陣，特加殊寵，乃授謙柱國大將軍。」見《周書》，卷21，〈王謙傳〉，頁352～353。從引文所見王謙在武成年間仍是治右小武伯。

〔註128〕　三人在史料中都沒有依附宇文護或是依附宇文毓的記載，楊堅雖然婉拒宇文護引為腹心，但是楊堅並沒有去投靠宇文毓。「（楊）堅為開府儀同三司、小宮伯，晉公護欲引以為腹心。堅以白忠，忠曰：『兩姑之間難為婦，汝其勿往！』堅乃辭之。」見《資治通鑑》，卷170，臨海王光大二年（568），頁5274。

〔註129〕　「世宗初，起家中侍上士。世宗留意翰林，而（宇文）神舉雅好篇什。帝每有遊幸，神舉恆得侍從。」見《周書》，卷40，〈宇文神舉傳〉，頁714。

〔註130〕　「王頒……父僧辯……頒少倜儻，有文武幹局。其父平侯景，留頒質於荊州，遇元帝為周師所陷，頒因入關。聞其父為陳武帝所殺，號慟而絕，食頃乃蘇，哭泣不絕聲，毀瘠骨立……周明帝嘉之，召授左侍上士。」見《隋書》，卷

重要性不及宮伯與武伯。

（2）統治階層成員的立場

宇文憲：

> 武成初，除益州總管、益寧巴瀘等二十四州諸軍事、益州刺史，進
> 封齊國公，邑萬戶。初，平蜀之後，太祖以其形勝之地，不欲使宿
> 將居之。諸子之中，欲有推擇。徧問高祖已下，誰能此行。並未及
> 對，而（宇文）憲先請……太祖大悅，以憲年尚幼，未之遣也。世
> 宗追遵先旨，故有此授。〔註131〕

宇文憲出鎮益州，史料中沒有記載這是明帝宇文毓還是宇文護的意思，或是
宇文毓與宇文護兩人協調後的結果，而明帝宇文毓親政時間太短，無法確定
兩人是否已經建立合作關係〔註132〕，若只就史料來看，並沒有宇文憲被宇文
毓收編的記載。

竇熾：

> 武成二年（560），拜柱國大將軍。世宗以（竇）熾前朝忠勳，望實
> 兼重，欲獨爲造第。熾辭以天下未定，干戈未偃，不宜輕發徒役，
> 世宗不許。尋而帝崩，事方得寢。〔註133〕

明帝宇文毓不僅拜竇熾爲柱國大將軍，更欲獨爲竇熾〔註134〕造第。自宇文覺

〔註131〕 72，〈孝義・王頒傳〉，頁1665。
〔註131〕 《周書》，卷12，〈齊煬王憲傳〉，頁187～188。
〔註132〕 雖然從宇文憲的幕僚的背景可以略見他們與明帝宇文毓的關係。如高賓「世
　　　　宗初，除咸陽郡守。政存簡惠，甚得民和。世宗聞其能，賜田園於郡境……
　　　　加使持節、車騎大將軍、儀同三司、散騎常侍，賜姓獨孤氏。武成元年
　　　　（559）……出爲（宇文憲）益州總管府長史。」見《周書》，卷37，〈裴文
　　　　舉附高賓傳〉，頁670；如姚最「世宗盛聚學徒，校書於麟趾殿，（姚）最亦
　　　　預爲學士。俄授齊王憲府水曹參軍，掌記室事。特爲（宇文）憲所禮接，賞
　　　　賜隆厚。」見《周書》，卷47，〈藝術・姚僧垣附子最傳〉，頁844。高賓與姚
　　　　最兩人跟宇文毓的關係都不錯，兩人也都轉任爲宇文憲的幕僚，固然或許可
　　　　以懷疑這表示宇文毓與宇文憲的關係好，所以宇文憲才會用高賓與姚最，但
　　　　也可能只是巧合，再者高賓與姚最轉任宇文憲幕僚的時候，無法確定那時宇
　　　　文毓是否尚未被毒弒，因此從目前史料來看，不易確定兩人是否有合作關
　　　　係。
〔註133〕 《周書》，卷30，〈竇熾傳〉，頁519。
〔註134〕 竇熾出自武川，北鎮亂後避地中山，後跟隨葛榮，葛榮敗給尒朱榮以後，竇
　　　　熾轉隨尒朱榮，因此竇熾的際遇與宇文氏很類似。竇熾隨北魏孝武帝入關，
　　　　在西魏年間擔任過涇州刺史與原州刺史，位至大將軍，不過竇熾並沒有進入

天王元年（557）以來，雖然柱國自六個增制十二個，但是在武成二年（560）拜竇熾為柱國以前，朝中一直維持十二個柱國，至武成二年（560）後變成十三個柱國，分別是宇文護、于謹、侯莫陳崇、賀蘭祥、尉遲迥、豆盧寧、達奚武、宇文邕、尉遲綱、宇文貴、楊忠、王雄與竇熾〔註135〕，不過竇熾婉拒了宇文毓造第之舉，同時史料中也沒有依附宇文護。

豆盧寧：

> 父（豆盧）長，柔玄鎮將，有威重，見稱於時。武成初，以寧著勳，追贈柱國大將軍、少保、涪陵郡公……孝閔帝踐阼，授柱國大將軍。
>
> 武成初，出為同州刺史。〔註136〕

豆盧寧的父親在武成年間被追封，同時還擔任同州刺史，追封應有拉攏或示好的意思，不過豆盧寧並沒有倒向宇文毓。此外明帝宇文毓還有對趙昶〔註137〕與王悅〔註138〕賜姓並加以賞賜，不過趙昶與王悅兩人的影響力恐不及宇文憲、竇熾與豆盧寧等人。

除了對原有統治階層的成員拉攏以外，明帝宇文毓還打算吸收西魏末年在漢中與入蜀以及江陵之戰後投降或俘虜的南朝士人。麟趾學〔註139〕約在明帝武成二年（560）所立〔註140〕，集公卿已下有文學者八十餘人於麟趾殿刊校經史〔註141〕，史料中有記載者為楊寬〔註142〕、韋孝寬〔註143〕、

過宇文泰霸府擔任僚屬。關於竇熾的事蹟，參見《周書》，卷30，〈竇熾傳〉，頁519～520。

〔註135〕擔任柱國的成員前文皆已有加註說明，為節省篇幅，暫不加註。

〔註136〕《周書》，卷19，〈豆盧寧傳〉，頁309～310。

〔註137〕「（趙）昶自以被拔擢居將帥之任，傾心下士。虜獲氐、羌，撫而使之，皆為昶盡力。……至是，世宗錄前後功，進爵長道郡公，賜姓宇文氏，賞勞甚厚。（天王）二年（558），徵拜賓部中大夫，行吏部。尋以疾卒。」見《周書》，卷33，〈趙昶傳〉，頁578。

〔註138〕「遷司憲中大夫，賜姓宇文氏，又進爵河北縣公。（王）悅性儉約，不營生業，雖出入榮顯，家徒四壁而已。世宗手勅勞勉之，賜粟六百石。」見《周書》，卷33，〈王悅傳〉，頁581。

〔註139〕「世宗雅愛文史，立麟趾學，在朝有藝業者，不限貴賤，皆預聽焉。」見《周書》，卷30，〈于翼傳〉，頁523。

〔註140〕《周書·明帝紀》中的記載不易判斷立麟趾學的時間。不過《周書·楊寬傳》有記：「武成二年（560），詔（楊）寬與麟趾學士參定經籍。」見《周書》，卷22，〈楊寬傳〉，頁367；又《隋書·庾季才傳》也有記：「武成二年（560），與王褒、庾信同補麟趾學士。」見《隋書》，卷78，〈庾季才傳〉，頁1765。則麟趾學可能是在武成二年（560）所立。

〔註141〕《周書》，卷4，〈明帝紀〉，頁60。

元偉〔註144〕、顏之儀〔註145〕、蕭搋〔註146〕、蕭大圜〔註147〕、宗懍〔註148〕、姚最〔註149〕、柳裘〔註150〕、明克讓〔註151〕、鮑宏〔註152〕、王褒、庾信、庾季才等十四人〔註153〕。上述十四人中，屬於原本西魏統治階層的只有楊寬、韋孝寬與元偉三人，其餘十一人都是在西魏末年的漢中與入蜀以及江陵之戰後投降或俘虜的南朝士人，可見麟趾學很明顯是爲了吸收這批南朝士人。

　　從禁軍將領與統治階層成員來看，明帝宇文毓的拉攏策略似乎並沒有顯著的效果，不管是控制京師的禁軍將領如蔡祐，或是重要的統治階層成員如宇文憲、竇熾與豆盧寧等人，都沒有辦法證明他們已被宇文毓收編，至於麟趾學所吸收的南朝士人此時還不成氣候，那麼還有什麼原因促使宇文護要毒殺宇文毓？

（3）宇文邕的角色

　　前已略述明帝宇文毓讓御正有了參議朝政的權力，其中的代表人物就是宇文邕，爲什麼宇文毓會找宇文邕擔任御正參議朝政呢？宇文邕入朝治御正

〔註142〕「武成二年（560），詔寬與麟趾學士參定經籍。」見《周書》，卷22，〈楊寬傳〉，頁367。

〔註143〕「明帝初，參麟趾殿學士，考校圖籍。」見《周書》，卷31，〈韋孝寬傳〉，頁538。

〔註144〕「世宗初，拜師氏中大夫。受詔於麟趾殿刊正經籍。」見《周書》，卷38，〈元偉傳〉，頁688。

〔註145〕「世宗以爲麟趾學士，稍遷司書上士。」見《周書》，卷40，〈顏之儀傳〉，頁720。

〔註146〕「武成中，世宗令諸文儒於麟趾殿校定經史，仍撰世譜，（蕭）搋亦預焉。」見《周書》，卷42，〈蕭搋傳〉，頁752。

〔註147〕「俄而開麟趾殿，招集學士。（蕭）大圜預焉。」見《周書》，卷42，〈蕭大圜傳〉，頁757。

〔註148〕「世宗即位，又與王褒等在麟趾殿刊定羣書。數蒙宴賜。保定中卒，年六十四。」見《周書》，卷42，〈宗懍傳〉，頁760。

〔註149〕「世宗盛聚學徒，校書於麟趾殿，（姚）最亦預爲學士。」見《周書》，卷47，〈姚僧垣附子最傳〉，頁844。

〔註150〕「周明、武間，自麟趾學士累遷太子侍讀，封昌樂縣侯。」見《隋書》，卷38，〈柳裘傳〉，頁1138。

〔註151〕「梁滅，歸于長安，周明帝引爲麟趾殿學士，俄授著作上士，轉外史下大夫。」見《隋書》，卷58，〈明克讓傳〉，頁1415。

〔註152〕「江陵既平，歸于周。明帝甚禮之，引爲麟趾殿學士。」見《隋書》，卷66，〈鮑宏傳〉，頁1547。

〔註153〕「武成二年（560），與王褒、庾信同補麟趾學士。」見《隋書》，卷78，〈庾季才傳〉，頁1765。

參議朝政以前，便曾在宇文覺天王元年（557）出鎮同州，時年十五歲〔註154〕，至宇文毓天王二年（558）河東置蒲州，宇文邕從同州轉鎮蒲州，時年十六歲，最後在宇文毓武成元年（559）御正改制，宇文毓入京師治御正，「朝廷大事，多共參議」，時年十七歲。因此西魏北周時期重要的同州，宇文毓在位時期重要的改制蒲州與御正，都可以發現宇文邕參與的狀態。

　　為什麼武帝宇文邕都能參與這些重要的職掌？從年歲來看，出鎮同州才十五歲，治御正參議朝事才十七歲，是否有可能因為宇文邕年少就才能卓越？如其本紀中所記「幼而孝敬，聰敏有器質……性沉深有遠識，非因顧問，終不輒言……」〔註155〕，可是宇文護毒殺明帝宇文毓的原因就是「帝性聰睿，有識量」〔註156〕，倘若宇文邕年少就才能卓越，則宇文護擁立他豈不矛盾？再看史官對宇文邕的描述「帝沉毅有智謀。初以晉公護專權，常自晦迹，人莫測其深淺」〔註157〕，可見宇文邕在宇文護執政時期，自然是「晦迹」以避免鋒芒畢露而引起宇文護的猜疑，既然如此，宇文邕能參與這些重要的職掌，必然與其才能無涉，而是宇文邕的出身背景與人脈，促使他成為權臣宇文護與明帝宇文毓極力拉攏的對象，他們善待宇文邕的原因是為了宇文邕背後關係良好的重要人物。

　　這些人物可能有誰？首先從姻親關係來看，宇文邕的姐姐嫁給竇毅〔註158〕，竇毅是竇熾的姪子〔註159〕，竇熾在武帝宇文邕天和末年勸宇文護歸政〔註160〕；宇文邕的妹妹嫁給楊瓚，楊瓚是楊忠之子〔註161〕，楊忠不附宇文護，而宇文邕不僅讓楊忠連年出征，並希望拜楊忠為太傅〔註162〕。凡此種

〔註154〕宇文邕生於大統九年（543）。參見《周書》，卷5，〈武帝紀〉上，頁63。因此宇文覺天王元年（557）時宇文邕約十五歲。為節省篇幅，下文宇文邕的年歲不再加註。

〔註155〕《周書》，卷5，〈武帝紀〉上，頁63。

〔註156〕《周書》，卷11，〈晉蕩公護傳〉，頁168。

〔註157〕《周書》，卷6，〈武帝紀〉下，頁107。

〔註158〕「高祖太穆皇后竇氏，京兆始平人，隋定州總管、神武公毅之女也。后母，周武帝姊襄陽長公主。」見《舊唐書》，卷51，〈后妃・高祖太穆皇后竇氏傳〉，頁2163。

〔註159〕《周書》，卷30，〈竇熾傳〉，頁521。

〔註160〕「天和五年（570）……（竇）熾又以高祖年長，有勸（宇文）護歸政之議。」見《周書》，卷30，〈竇熾傳〉，頁519～520。

〔註161〕「滕穆王瓚字恒生，一名慧，高祖母弟也。周世，以太祖軍功封竟陵郡公，尚武帝妹順陽公主。」見《隋書》，卷44，〈滕穆王瓚傳〉，頁1221。

〔註162〕「保定二年（562），遷大司空。時朝議將與突厥伐齊……三年（563），乃以

種，可以佐證因爲姻親關係，使得宇文邕與這些人的關係比較緊密。

其次從受遺詔立宇文邕的成員，也可以略見另一個重要的支持者：

> 世宗崩，（于）翼與晉公護同受遺詔，立高祖……晉公護以帝委翼腹
> 心，内懷猜忌。〔註163〕

受明帝宇文毓遺詔的是于翼與宇文護，反而不是與宇文毓「特相友昵」的蔡祐〔註164〕，在于翼的本傳中並沒有他被宇文毓委信的記載，只能確定于翼是武帝宇文邕的「腹心」，那爲什麼不是宇文毓「特相友昵」並掌禁軍的蔡祐受遺詔擁立宇文邕？或是同族且「恆得侍從」的宇文神舉〔註165〕？反而是本傳中沒有宇文毓委信記載的于翼受遺詔出來擁立宇文邕？于翼有什麼特別的地方？

于翼是于謹之子〔註166〕，宇文護受宇文泰遺詔輔佐嗣子時，便是因爲于謹的幫助而掌握軍國〔註167〕，不過于謹雖然支持宇文護統領軍國，卻沒有不尊重帝室〔註168〕，再從于謹的嗣子于寔與宇文護聯姻，可是于謹的另一子于翼卻成爲宇文邕腹心來看，恐能略見于謹的政治立場。

再看宇文覺天王元年（557）宇文邕出鎮同州，這自然是那時宇文護以及與他共同參議朝政如于謹、李弼、侯莫陳崇與賀蘭祥等人的意思，而這些成員都是軍系的重要角色，他們會同意宇文邕出鎮同州，也可以佐證宇文邕與軍系重要角色的關係。

當明帝宇文毓以宇文邕治御正參議朝政時，相對說來不僅削弱了宇文護

忠爲元帥，大將軍楊纂、李穆、王傑、爾朱敏及開府元壽、田弘、慕容延等十餘人皆隸焉……高祖遣使迎勞忠於夏州。及至京師，厚加宴賜。高祖將以忠爲太傅，晉公護以其不附己，難之，乃拜總管涇（幽）〔豳〕靈雲鹽顯六州諸軍事、涇州刺史……是歲，大軍又東伐，晉公護出洛陽，令忠出沃野以應接突厥……屬晉公護先退，忠亦罷兵還鎮。又以政績可稱，詔賜錢三十萬、布五百疋、穀二千斛。」見《周書》，卷19，〈楊忠傳〉，頁318～319。

〔註163〕《周書》，卷30，〈于翼傳〉，頁524。

〔註164〕「世宗即位，拜小司馬，少保如故。帝之爲公子也，與（蔡）祐特相友昵，至是禮遇彌隆。」見《周書》，卷27，〈蔡祐傳〉，頁445。

〔註165〕「世宗初，起家中侍上士。世宗留意翰林，而（宇文）神舉雅好篇什。帝每有遊幸，神舉恆得侍從。」見《周書》，卷40，〈宇文神舉傳〉，頁714。

〔註166〕《周書》，卷15，〈于謹傳〉，頁251。

〔註167〕「羣公迫於（于）謹，亦再拜，因是眾議始定。」見《周書》，卷15，〈于謹傳〉，頁248。

〔註168〕「（于）謹亦竭其智能，弼諧帝室。故功臣之中，特見委信，始終若一，人無間言。」見《周書》，卷15，〈于謹傳〉，頁250。

大冢宰的權力，同時因爲宇文邕與軍系的關係，可以藉此拉攏更多軍系的成員來支持自己以鞏固政權，這極可能是宇文邕「甚爲世宗所親愛，朝廷大事，多共參議」〔註169〕的主要原因。

在這種局勢下，宇文護開始擔憂軍系的立場，才有了宇文護毒殺宇文毓的結果。雖然仍有疑點不明〔註170〕，也不排除其他的可能〔註171〕，甚至於懷疑宇文毓與宇文邕兩人之間的關係〔註172〕，但依目前的史料，只能確定因爲宇文毓「性聰睿，有識量」，讓宇文護「深憚之」，促使宇文護決定毒殺宇文毓。

根據《周書》記載，武成二年（560）四月，宇文毓「因食遇毒」而卒，遺詔以宇文邕繼位〔註173〕；宇文護連弒兩帝，「有人臣無君之心，爲人主不堪之事」〔註174〕，此時君、相之間已失去轉圜餘地。

第三節　宇文邕即位與晦迹

武帝宇文邕受遺詔後於武成二年（560）四月即位，隔年便改元爲保定，並且下詔以宇文護爲都督中外諸軍事，令五府總於天官〔註175〕，其中都督中外

〔註169〕《周書》，卷5，〈武帝紀〉上，頁63。
〔註170〕宇文護本傳中有記載下毒者是膳部下大夫李安，參見《周書》，卷11，〈晉蕩公護傳〉，頁168～176。不過記載卻產生兩個疑問：一是李安毒殺宇文毓以前是膳部下大夫，毒殺以後還是膳部下大夫，爲什麼立下大功卻沒有仕宦遷轉？二是爲什麼武帝宇文邕會知道是李安毒殺了宇文毓？祕密是如何得知？這兩個疑點仍有待新史料出現才能更瞭解整個事件的前因後果。
〔註171〕從宣讀遺詔的是宇文護與于翼來看，愚見懷疑宇文毓被毒殺有可能是宇文護與軍系部分重要的成員協調之後合謀的結果。首先是受遺詔的爲什麼不是與宇文毓要好的蔡祐，反而是于翼？其次是當宇文護決定毒殺宇文毓時，怎麼會讓他有時間準備遺詔？最後是宇文護爲什麼不直接矯詔？因此愚見懷疑宇文毓的遺詔恐怕已經是矯詔，在宇文護希望掌握更大的權力，而軍系部分重要的成員想擁立與己關係比較好的宇文邕，這恐是宇文護毒殺宇文毓擁立宇文邕的主要原因，但這個懷疑仍待新的史料加以證明。
〔註172〕《周書·武帝紀》的記載是明帝宇文毓親愛宇文邕，不過宇文毓的人事安排仍會讓人產生疑問。劉志是宇文毓即位以前的班底，宇文毓「事無大小，咸委於（劉）志」，可見宇文毓對劉志的信賴，可是劉志在宇文毓即位以後的卻是擔任宇文邕的開府司馬，參見《周書》，卷36，〈裴果附劉志傳〉，頁649。宇文毓爲什麼要把自己最信任的人放在宇文邕的身邊？是合作？是監視？恐怕也仍待新史料出現才能加以釐清。
〔註173〕《周書》，卷4，〈明帝紀〉，頁59～60。
〔註174〕《周書》，卷11，〈晉蕩公護傳〉，頁182。
〔註175〕《周書》，卷5，〈武帝紀〉上，頁63～64。

諸軍事已有相當的研究與討論〔註176〕，今補充說明五府總於天官〔註177〕。

一、五府總於天官與宇文邕初即位的局勢

依《周禮》所記，大宰治六官，制度上本來就已經設計了大宰總朝政的權力，以下試以當時的局勢來瞭解爲什麼宇文邕即位以後另行下詔「五府總於天官」的原因〔註178〕。《周書》中記載「五府總於天官」有兩個時間點：第一次是武帝宇文邕即位以後令五府總於天官；第二次是北周末年楊堅平定了司馬消難與尉遲迥的起兵，於王謙在蜀中的起事平定在即之際，以大丞相的身分加大冢宰與五府總於天官〔註179〕。雖然在時空背景不同的情況下，兩者之間的狀況不盡相同，但是兩次「五府總於天官」都有一個共同的時代背景，即是內朝官的興起。

明帝宇文毓親政以後的御正改制，參與朝政者除了原先軍系重臣如于謹、侯莫陳崇與賀蘭祥以外，還有治御正的宇文邕，同時宇文護也讓委信的叱羅協擔任御正兼府長史，並以達奚寔擔任御正兼府司馬，說明了宇文毓親政以後御正的重要性提高。而原先宇文泰晚年六官建制後委以朝政的重要職官司會與軍司馬，此時的地位與重要性已不及御正〔註180〕，最後在宇文毓被

〔註176〕 參見《關隴集團的權力結構演變──西魏北周政治史研究》，頁367～384。

〔註177〕 關於五府總於天官，王仲犖提出大宰的本職是宮內大臣或奴隸總管，只有天子下了「百官總己以聽於冢宰」的命令後，大宰才總攝五府，並引宇文憲爲例，宇文憲自大司馬遷大冢宰後，就被奪了兵權，因此要下「五府總於天官」，才是眞宰相，權力比大司馬大，如果沒下「五府總於天官」，就只是宮內大臣，參見《北周六典》，頁3～4。可是最初依《周禮》建六官擔任大冢宰的是宇文泰，擔任大司馬的是獨孤信，而宇文泰並沒有「五府總於天官」的記載；宇文護在殺了趙貴以後自大司馬轉爲大冢宰，大司馬則交由賀蘭祥擔任，至武帝宇文邕即位以前，同樣也沒有「五府總於天官」的記載。從宇文泰與宇文護的狀況來看，說他們只是宮內大臣恐有疑問，王仲犖的《北周六典》在資料的整理與考證上有非常傑出的成就，但「五府總於天官」一說，愚見以爲仍有補充與再討論的必要。

〔註178〕 黃永年提出五府總天官是「在形式上來個合法化」，因爲五府本來就總於天官，在宇文泰時期就如此。參見黃永年著，《六至九世紀中國政治史》（上海：上海書店，2006年1月第1版第2刷），頁98。愚見認同五府本來就總於天官的看法，不過北周時期兩次五府總於天官都有共同的時代背景，因此試補充五府總於天官的另一個原因。

〔註179〕 「（大象二年，580）八月……韋孝寬破尉遲迥於鄴城……司馬消難擁其眾以魯山、甑山二鎮奔陳……冬十月……大丞相、隨國公楊堅加大冢宰，五府總於天官……梁睿破王謙於劍南。」見《周書》，卷8，〈靜帝紀〉，頁133～134。

〔註180〕 從御正的成員參與朝政以及宇文護讓開府長史與司馬都在擔任御正，則宇文

毒弒後，即位的武帝宇文邕下詔五府總於天官，御正的重要性降低。從宇文護親委的叱羅協之仕宦遷轉可以看出朝政運作的轉移：

> 晉公護既殺孫恆、李植等……護遂徵（叱羅）協入朝……即授軍司馬，委以兵事。尋轉治御正，又授護府長史。常在護側，陳說時事，多被納用。世宗知其材識庸淺，每折之……猶以護所親任，難即屏黜，每含容之。及世宗崩，便授協司會中大夫、中外府長史。〔註181〕

在明帝宇文毓尚未親政之際，叱羅協擔任軍司馬被委以兵事，宇文毓親政以後，叱羅協是擔任御正兼長史，待宇文毓被殺後，「五府總於天官」，叱羅協便轉為天官司會兼長史。從中可見北周皇帝委任的職官與權臣冢宰委任的職官並不相同，北周皇帝親政與權臣專政的朝政運作機關也不同。

表 3-11　北周皇帝親政與權臣專政的朝政運作簡表

在武帝宇文邕殺宇文護以後，皇帝親政，內朝官的地位再度提高，宇文邕以近侍官參與朝政〔註182〕，至宣帝宇文贇即位以後，近侍官中的內史與御正已提高至宰輔的地位〔註183〕，這些都可以佐證朝政運作機關的轉變。當楊堅以權臣之姿擔任大冢宰欲總朝政時，要面對的是演變至北周末年已經不遜於大冢宰宰輔權力的內史與御正，因此楊堅再次下詔「五府總於天官」以確立大宰治六官的體制。從鄭譯的遷轉可以發現這個事實：

> 高祖為丞相，拜（鄭）譯柱國、相府長史、治內史上大夫事。及高祖為大冢宰，總百揆，以譯兼領天官都府司會，總六府事。〔註184〕

毓親政後，御正的重要性是高過司會與軍司馬。
〔註181〕《周書》，卷11，〈晉蕩公護附叱羅協傳〉，頁179～180。
〔註182〕參見表2-21御正、內史與納言相關記載一覽表。
〔註183〕「內史御正，職在弼諧，皆須參議，共治天下。大尊比來小大之事，多獨斷之。堯舜至聖，尚資輔弼，比大尊未為聖主，而可專恣己心？凡諸刑罰爵賞，爰及軍國大事，請參諸宰輔，與眾共之。」見《周書》，卷40，〈顏之儀附樂運傳〉，頁722。
〔註184〕《隋書》，卷38，〈鄭譯傳〉，頁1137。

鄭譯自治內史到領司會，其遷轉類似叱羅協自治御正到司會，同時也是宇文護與楊堅「五府總於天官」〔註185〕之際，因此「五府總於天官」應是宇文護與楊堅這些權臣在收回大冢宰原先應有的權力。

在「五府總於天官」後，宇文護如何控制朝政？試整理宇文邕保定元年（561）朝中重要官員，將其表列如下：

表3-12　武帝保定元年（561）六官成員一覽表〔註186〕

	成員	官　職	出　處
天　官	宇文護	大冢宰	《周書》卷11
	長孫儉	小冢宰	《北史》卷22
	叱羅協	司會中大夫兼中外府長史	《周書》卷11
	豆盧永恩	司會中大夫	《周書》卷19
	楊　忠	治御正中大夫	《周書》卷19
	楊　荐	御伯大夫	《周書》卷33
	韓　褒	御伯中大夫	《周書》卷37
	高　賓	計部中大夫治中外府從事中郎	《周書》卷37
	楊　堅	左小宮伯	《隋書》卷1
地　官	侯莫陳崇	大司徒	《周書》卷4
春　官	達奚武	大宗伯	《周書》卷19
	蕭　撝	禮部中大夫	《周書》卷42
	侯莫陳凱	禮部中大夫	《周書》卷16
夏　官	賀蘭祥	大司馬	《周書》卷20
	蔡　祐	小司馬	《周書》卷27
	于　翼	軍司馬	《周書》卷30
	伊婁穆	軍司馬	《周書》卷29
	陸　逞	吏部中大夫	《周書》卷32

〔註185〕「晉國公護爲都督中外諸軍事，令五府總於天官。」見《周書》，卷5，〈武帝紀〉上，頁64；「大丞相、隨國公楊堅加大冢宰，五府總於天官。」見《周書》，卷8，〈靜帝紀〉，頁134。

〔註186〕本表以時間比較清楚精確者爲主。

	辛　昂	小職方下大夫治小兵部	《周書》卷 39
	王　謙	治右小武伯	《周書》卷 21
秋　官	豆盧寧	大司寇	《周書》卷 4
	于　寔	小司寇	《周書》卷 15
	劉　志	刑部中大夫	《周書》卷 36
	元　暉	小賓部兼長史〔註187〕	《隋書》卷 46
	王　慶	行小賓部	《周書》卷 33
冬　官	尉遲綱	大司空	《周書》卷 20
	陸　通	小司空	《周書》卷 32

自宇文泰依《周禮》建六官以後，六官大卿幾乎都是軍系的重要成員在擔任，如最初的大卿便是大冢宰宇文泰、大司徒李弼、大宗伯趙貴、大司馬獨孤信、大司寇于謹與大司空侯莫陳崇；宇文泰卒後是趙貴大冢宰、李弼大司徒、獨孤信大宗伯、宇文護大司馬、于謹與侯莫陳崇仍是大司寇與大司空；宇文毓即位天王以後是大冢宰宇文護、大司徒侯莫陳崇、大宗伯達奚武、大司馬賀蘭祥、大司寇豆盧寧與大司空宇文邕等等。

　　除了大冢宰總朝政暫略不談以外，其餘六官大卿在北周政權中當然是重要的，可是卻不是每一個六官大卿都有參與朝政的記載，如後來成為六官大卿的達奚武〔註188〕與豆盧寧〔註189〕，甚至於幫助宇文護廢宇文覺迎立宇文毓

〔註187〕「俄拜儀同三司、賓部下大夫。保定初，大冢宰宇文護引爲長史，會齊人來結盟好，以（元）暉多才辯，與千乘公崔睦俱使于齊。遷振威中大夫。」見《隋書》，卷 46，〈元暉傳〉，頁 1256。引文中不確定元暉在被引爲長史後是否仍擔任小賓部，只能確定元暉擔任長史至出使北齊之際，出使北齊是在何時？從千乘公崔睦或可推測時間，史料中找不到崔睦此人，倘若依其爵位千乘來看可能人選有二：一是崔謙；二是崔彥穆。其中崔謙並沒有出使的記載，且保定四年（564）便轉武康郡公，參見《周書》，卷 35，〈崔謙傳〉，頁 612～613。崔彥穆則有與元暉出使北齊的記載，「（天和三年，568）遣開府崔彥穆、小賓部元暉使於齊。」見《周書》，卷 5，〈武帝紀〉上，頁 75～76。因此崔睦可能便是指崔彥穆，《隋書》記載恐怕有誤。又從〈武帝紀〉中元暉出使北齊擔任小賓部一職來看，則元暉在被宇文護引爲長史時，應該仍兼朝中的小賓部一職。

〔註188〕達奚武本傳中自進位六官大卿後，多以率軍出征或從軍出征爲主，且宇文邕即位不久便出同州，雖是重要的軍系成員，但並沒有參與朝政的記載。參見《周書》，卷 19，〈達奚武傳〉，頁 305～306。

〔註189〕豆盧寧本傳中自進位六官大卿後，大多以率軍出征或從軍出征爲主，是重要

的尉遲綱〔註190〕等等，他們都沒有參與朝政的記載。

從史料中有參與朝政的只有于謹、李弼、侯莫陳崇與賀蘭祥等這些最早擔任六官大卿者來看，六官大卿參議朝政主要出現在北周建立之初的天王年間（557～558），至明帝宇文毓親政後以御正參與朝政，再到武帝宇文邕即位以後「五府總於天官」，可以發現除了大冢宰以外的六官大卿正逐漸退出參議朝政的行列。

此外，自宇文覺踐阼（天王元年，557）至宇文邕改元（保定元年，561）大約四年的時間，雖然宇文護廢宇文覺有和掌禁軍的尉遲綱合作，但是在迎立宇文毓以後到宇文邕即位的這段時間，仍然沒有禁軍成員被宇文護收編〔註191〕，而這個問題到宇文邕即位以後仍然沒有改善。

六官中宇文護委信的是叱羅協，親待的是辛威與王慶，吸收的新成員高賓與元暉則是擔任六官並兼宇文護霸府之職，其中高賓所擔任的計部大夫雖然權力似乎不高，但職位卻很重要，《唐六典》以其同唐代之比部，掌百僚俸料等等〔註192〕；而宇文護親待的王慶與剛被引為長史的元暉都是在賓部，也許能反映宇文護對賓部的重視，賓部掌外交〔註193〕，從史料來看，王慶〔註194〕所負責工作內容較元暉〔註195〕為重。再以下表呈現宇文護霸府的幕僚職務及其兼任官職：

的軍系成員，但並沒有參與朝政的記載。參見《周書》，卷19，〈豆盧寧傳〉，頁310。

〔註190〕尉遲綱進位六官大卿後，沒有參與朝政的記載，參見《周書》，卷20，〈尉遲綱傳〉，頁340。

〔註191〕宇文邕即位以後，掌禁軍的是蔡祐，還有宮伯楊堅與武伯王謙，但三人都沒有被宇文護收編的記載。

〔註192〕參見《唐六典》，卷6，〈尚書刑部〉，頁194～195。

〔註193〕《北周六典》，卷6，〈秋官府〉，頁422～423。

〔註194〕「保定二年（562），使吐谷渾，與共分疆，仍論和好之事……初，突厥與周和親，許納女為后。而齊人知之，懼成合從之勢，亦遣使求婚，財饋甚厚。突厥貪其重賂，便許之。朝議以魏氏昔與蠕蠕結婚，遂為齊人離貳。今者復恐改變，欲遣使結之。遂授（王）慶左武伯，副楊荐為使……以齊人許送皇姑及世母，朝廷遂與通和。突厥聞之，復致疑阻，於是又遣慶往喻之。可汗感悅，結好如初。（保定）五年（565），復與宇文貴使突厥逆女。自此，以慶信著北蕃，頻歲出使。」見《周書》，卷32，〈王慶傳〉，頁575～576。

〔註195〕「以（元）暉多才辯，與千乘公崔睦俱使于齊。遷振威中大夫。武帝之娉突厥后也，令暉致禮焉。」見《隋書》，卷46，〈元暉傳〉，頁1256。

表 3-13　武帝保定元年（561）宇文護霸府幕僚一覽表

人　物	官　職	出　處
叱羅協	司會中大夫兼中外府長史	《周書》卷 11
李　昶	中外府司錄	《周書》卷 38
高　賓	計部中大夫治中外府從事中郎	《周書》卷 37
元　暉	小賓部兼府長史〔註196〕	《隋書》卷 46

隨著五府總於天官，叱羅協也自御正轉任司會，李昶受宇文護委任，元暉在宇文護霸府擔任長史至少大約七年〔註197〕，不過卻沒有委信或親待的記載，原因不詳。原先擔任御正中大夫治民部兼宇文護府司馬的達奚寔出為文州刺史，文州原是葭蘆郡，宇文毓天王二年（558）改置文州〔註198〕，當地的蠻〔註199〕與氐酋〔註200〕在武成年間起事，因此達奚寔出任文州刺史，或有可能是為處理當地蠻與氐的問題，也可能有其他的原因，但史料缺載。

因為五府總於天官，因此叱羅協自御正轉為司會，宇文護以大冢宰掌控政權的局勢逐漸穩定。此外，宇文護控制中央多是吸收原有統治階層的成員，再授與兼任霸府之職，如叱羅協（司會中大夫兼中外府長史）、高賓（計部中大夫治中外府從事中郎）與元暉（小賓部兼長史）等等，或是直接轉入霸府擔任要職如李昶（中外府司錄）；相對來說，宇文護霸府幕僚轉入六官的情況目前並不多，史料中能確定的只有王慶，且王慶是行小賓部，並非擔任司會、軍司馬、御正、內史或兵部等重要的職官，而這個模式與宇文泰並不相同。

〔註196〕 王仲犖認為元暉是宇文護府長史，參見《北周六典》，卷 8，〈封爵〉，頁 562～563。

〔註197〕 「保定初，大冢宰宇文護引為長史，會齊人來結盟好，以（元）暉多才辯，與千乘公崔睦俱使于齊。遷振威中大夫。」見《隋書》，卷 46，〈元暉傳〉，頁 1256；「（天和三年，568）遣開府崔彥穆、小賓部元暉使於齊。」見《周書》，卷 5，〈武帝紀〉上，頁 75～76。因元暉轉振威中大夫後並不確定是否有帶宇文護長史，因此只能說元暉擔任宇文護長史至少大約七年。

〔註198〕 《周書》，卷 4，〈明帝紀〉，頁 54～55。

〔註199〕 「武成元年（559），遷都督利沙文三州諸軍事、利州刺史。時文州蠻叛，（豆盧）永恩率兵擊破之。」見《周書》，卷 19，〈豆盧寧附弟永恩傳〉，頁 310～311。

〔註200〕 「（武成）二年（560），文州氐酋反，詔（高）琳率兵討平之。」見《周書》，卷 29，〈高琳傳〉，頁 497。

表 3-14 武帝保定元年（561）宇文護朝政運作簡表

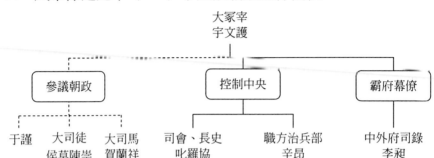

二、宇文邕與宇文護的君臣關係

　　略述完宇文護在宇文邕即位後控制朝政的方式，再看宇文邕如何面對宇文護掌權的局勢？根據《周書》中所記載，宇文邕即位後，「常自晦迹，人莫測其深淺」〔註201〕，不僅讓宇文護都督中外諸軍事，五府總於天官，甚至於連引置左右都請示宇文護〔註202〕，可見宇文邕目的在避免引起宇文護的猜疑，不過關於《周書》中所記載宇文邕與宇文護之間的君臣關係「高祖纘業，未親萬機，慮遠謀深，以蒙養正」〔註203〕還有再討論的空間。

　　首先便是保定元年（561）七月，追封宇文泰長兄宇文顥為邵國公〔註204〕，由宇文護之子宇文會襲封〔註205〕；宇文泰次兄宇文連為杞國公，以宇文導之子宇文亮襲封〔註206〕；宇文洛生為莒國公，以宇文護之子宇文至襲封〔註207〕，這項追封的政策在史書中並沒有記載是誰做的決定。此外還有叱羅協〔註208〕與若干鳳〔註209〕被追封，獨孤善被赦免〔註210〕，楊忠的父親被追

〔註201〕《周書》，卷6，〈武帝紀〉下，頁107。
〔註202〕「高祖即位，欲引置左右。時政在冢臣，不得專制，乃託言少與（宇文）孝伯同業受經，思相啓發。由是晉公護弗之猜也，得入為右侍上士，恆侍讀書。」見《周書》，卷40，〈宇文孝伯傳〉，頁716。
〔註203〕《周書》，卷6，〈武帝紀〉下，頁108。
〔註204〕《周書》，卷10，〈邵惠公顥傳〉，頁153。
〔註205〕《周書》，卷10，〈邵惠公顥附子什肥傳〉，頁153。
〔註206〕《周書》，卷10，〈杞簡公連傳〉，頁159。
〔註207〕《周書》，卷10，〈莒莊公洛生傳〉，頁159。
〔註208〕「保定二年（562），追論平蜀功，別封一子縣侯。又於蜀中食邑一千戶，入其租賦之半。」見《周書》，卷11，〈晉蕩公護附叱羅協傳〉，頁180。
〔註209〕「（若干）鳳字達摩，少沉深，有識度。大統末，襲父爵長樂郡公，尚太祖女……保定四年（564），追錄佐命之功，封鳳徐國公，增邑并前五千戶。」見《周書》，卷17，〈若干惠附子鳳傳〉，頁282。

封〔註211〕，讓賀拔緯娶宇文泰的女兒〔註212〕，以及隨宇文泰在關中建立基業班底的後嗣「節級授官」〔註213〕等等，而這些措施也沒有記載是誰的安排〔註214〕。在宇文護總朝政與宇文邕「常自晦迹，人莫測其深淺」的前提下，倘若這些追封與襲封的政策是宇文護的意思，那問題還不大，但若這些政策不全然都是宇文護的意見，還有宇文邕的意思時，這些政策便會和宇文護「總朝政」以及武帝宇文邕「未親萬機」的前提產生矛盾。

　　其次是武帝保定三年（563）的政治事件，先是正月侯莫陳崇被賜死〔註215〕。侯莫陳崇在宇文覺踐阼（天王元年，557）以後便與于謹和李弼參議朝政〔註216〕，至武帝宇文邕即位後，侯莫陳崇隨宇文邕幸原州，因爲對親人常昇說話的內容被傳出去而被宇文邕召公卿責備，最後被宇文護所殺，也有侯莫陳崇被殺恐是武帝宇文邕的意思〔註217〕，不過從結果來看，宇文邕並不希望在此時得罪宇文護〔註218〕，因爲侯莫陳崇被殺後，宇文邕隨即下詔「自

〔註210〕「以父負譴，久廢於家。保定三年（563），乃授龍州刺史。」見《周書》，卷16，〈獨孤信附子善傳〉，頁267。

〔註211〕「保定中，以（楊）忠勳，追贈柱國大將軍，少保、興城郡公。」見《周書》，卷19，〈楊忠傳〉，頁314。

〔註212〕「（賀拔岳）子緯嗣，拜開府儀同三司。保定中，錄岳舊德，進緯爵霍國公，尚太祖女。」見《周書》，卷14，〈賀拔岳傳〉，頁225。

〔註213〕「（保定三年，563）詔魏大統九年（543）以前，都督以上身亡而子孫未齒敍者，節級授官。」見《周書》，卷5，〈武帝紀〉上，頁68。

〔註214〕倘若是宇文護打算拉攏朝臣，藉以鞏固政權，那爲什麼不讓賀拔緯與自己聯姻？反而是讓賀拔緯娶宇文泰的女兒？又如若干鳳娶的是宇文泰的女兒？又爲什麼宇文護不追封跟自己有聯姻關係的成員？還有楊忠不附宇文護，爲什麼宇文護要追封他的父親？凡此種種，因爲史料不夠，不易確定這些拉攏背後的原因與主使者是誰。

〔註215〕「保定三年（563），（侯莫陳）崇從高祖幸原州，高祖夜還京師，竊怪其故。崇謂所親人常昇曰：『吾昔聞卜筮者言，晉公今年不利。車駕今忽夜還，不過是晉公死耳。』於是眾皆傳之。或有發其事者。高祖召諸公卿於大德殿，責崇。崇惶恐謝罪。其夜，（宇文）護遣使將兵就崇宅，逼令自殺。」見《周書》，卷16，〈侯莫陳崇傳〉，頁269。

〔註216〕《周書》，卷15，〈于謹傳〉，頁248。

〔註217〕黃永年認爲侯莫陳崇被殺恐怕是武帝宇文邕的意思。參見《六至九世紀中國政治史》，頁98。

〔註218〕原先「夜還京師」與「晉公死耳」這兩件事不一定能扯上關係，但當他人問宇文邕「夜還京師」的原因，侯莫陳崇卻回「晉公死耳」以後，便把這兩件事扯在一起，姑且不論侯莫陳崇爲什麼會認爲宇文邕「夜還京師」是因爲「晉公死耳」，畢竟史料不足，但從宇文邕召公卿責備侯莫陳崇來看，宇文邕並不希望「夜還京師」與「晉公死耳」這兩個的事件扯在一起變成同一事件，更

今詔誥及百司文書，並不得稱公名，以彰殊禮」以緩和與宇文護之間的緊張關係〔註219〕。侯莫陳崇在宇文護和趙貴、天王宇文覺與明帝宇文毓等人的衝突中都沒有參與的情況下，爲什麼在武帝宇文邕即位以後反而會捲進兩人之間的緊張關係？可能因爲宇文邕出身背景的地緣關係〔註220〕，因此侯莫陳崇與宇文邕關係比較好；也可能因爲保定二年（562）賀蘭祥卒〔註221〕，宇文護少了「少相親愛」的賀蘭祥幫他控制朝政，因此侯莫陳崇開始與宇文邕比較親近。不過侯莫陳崇的立場並非討論的重點，而是在同年四月〔註222〕于謹被尊崇爲三老〔註223〕：

> 高祖幸太學以食之……三老升席，南面憑几而坐，以師道自居……有司進饌，皇帝跪設醬豆，親自袒割。三老食訖，皇帝又親跪授爵以酳。有司撤訖。皇帝北面立而訪道。三老乃起立於席後。皇帝曰：「邕當天下重任，自惟不才，不知政治之要，公其誨之。」三老答曰：「木受繩則正，后從諫則聖。自古明王聖主，皆虛心納諫，以知得失，天下乃安。唯陛下念之。」又曰：「爲國之本，在乎忠信。是以古人云去食去兵，信不可失。國家興廢，莫不由之。願陛下守而勿失。」又曰：「治國之道，必須有法。法者，國之綱紀。綱紀不可不正，所正在於賞罰。若有功必賞，有罪必罰，則有善者日益，爲惡者日止。若有功不賞，有罪不罰，則天下善惡不分，下民無所措其手足矣。」又曰：「言行者立身之基，言出行隨，誠宜相顧。願陛下三思而言，九慮而行。若不思不慮，必有過失。天子之過，事無大小，如日月之蝕，莫不知者。願陛下慎之。」三老言畢，皇帝再

不希望因此得罪宇文護。

〔註219〕「大冢宰晉國公，智周萬物，道濟天下，所以克成我帝業，安養我蒼生。況親則懿昆，任當元輔，而可同班群品，齊位眾臣！自今詔誥及百司文書，並不得稱公名，以彰殊禮。」見《周書》，卷11，〈晉蕩公護傳〉，頁168～169。雖然詔令的時間沒有記載是幾月，所以不能確定詔令與侯莫陳崇被殺的時間順序，但《通鑑》中有記載此詔令是在侯莫陳崇被殺後所下，參見《資治通鑑》，卷169，陳文帝天嘉四年（563），頁5230～5231。

〔註220〕宇文邕母親叱奴氏爲代人，在史料中是宇文泰妻室裡唯一出自北鎮者。

〔註221〕《周書》，卷5，〈武帝紀〉上，頁66。

〔註222〕《周書》，卷5，〈武帝紀〉上，頁68。

〔註223〕雖然于謹被尊崇爲三老的時間與侯莫陳崇被殺的時間點很近，也許兩者之間有因果的關係，但史料不足，待將來新史料出現應該能完整瞭解兩者之間的關係。

拜受之，三老答拜焉。禮成而出。〔註224〕

此禮是天子率羣臣躬養三老五更于辟雍〔註225〕，從于謹本傳中可以略見北周三老之禮的過程，內容主要是天子尊崇三老，三老指導天子爲國之本與治國之道等等，然而重要的卻是三老之禮〔註226〕背後的政治意義。宇文邕尊崇于謹爲三老，于謹指導宇文邕爲國之本與治國之道，透過此禮不但確立宇文邕爲皇帝的名位，而且也突顯了于謹此時恐較爲偏向支持宇文邕的立場〔註227〕。

在八柱國之一的于謹支持下，宇文邕並非如同天王宇文覺般拱默無所關預〔註228〕，粗舉數條史料可以證明宇文邕參與朝政的例子，如楊忠便是向武帝宇文邕建議突厥的「前後使人皆可斬也」，反而不是向宇文護建議。

> （楊）忠言於高祖曰：「突厥甲兵惡，爵賞輕，首領多而無法令，何
> 謂難制馭。正由比者使人妄道其疆盛，欲令國家厚其使者，身往重
> 取其報。朝廷受其虛言，將士望風畏慴。但虜態詐健，而實易與耳。
> 今以臣觀之，前後使人皆可斬也。」高祖不納。〔註229〕

又如韓襃入朝與武帝宇文邕討論政事，而沒有與宇文護討論政事的記載。

> （韓襃）歷事三帝，以忠厚見知。高祖深相敬重，常以師道處之。
> 每入朝見，必有詔令坐，然後始與論政事。（天和）七年（572），
> 卒。〔註230〕

還有在武帝宇文邕的堅持下，治武伯擔任禁軍的王謙襲爵。

> （王）雄從晉公護東討，爲齊人所斃。朝議以謙父殞身行陣，特加
> 殊寵，乃授謙柱國大將軍。以情禮未終，固辭不拜。高祖手詔奪情，

〔註224〕《周書》，卷15，〈于謹傳〉，頁249。

〔註225〕「禮有三王養老膠庠之文，饗射飲酒之制，周末淪廢。漢明帝永平二年（59）三月，帝始率羣臣躬養三老五更于辟雍，行大射之禮。郡國縣道行鄉飲酒于學校，皆祠先聖先師周公孔子，牲以太牢。」見《晉書》，卷21，〈禮志〉下，頁670。

〔註226〕關於三老的典故與由來以及三老之禮的內容如何，因非本文主旨暫略不談。

〔註227〕從于謹的本傳中「竭其智能，弼諧帝室。故功臣之中，特見委信，始終若一，人無間言。」與次子于翼受遺詔擁立宇文邕並且成爲他的腹心，以及三老的事件，可以突顯于謹偏向宇文邕的立場。

〔註228〕「時大冢宰宇文護執政，勢傾王室，帝拱默無所關預。」見《隋書》，卷40，〈王誼傳〉，頁1168。

〔註229〕《周書》，卷50，〈異域・突厥傳〉，頁911。

〔註230〕《周書》，卷37，〈韓襃傳〉，頁662。

襲爵庸公，邑萬戶。〔註231〕

以及宇文孝伯被武帝宇文邕委任參與朝之機務，皆間接證明宇文邕有參與朝
政運作。

> 天和元年（566），遷小宗師，領右侍儀同。及遭父憂，詔令於服中
> 襲爵。高祖嘗從容謂之曰：「公之於我，猶漢高之與盧綰也。」乃賜
> 以十三環金帶。自是恆侍左右，出入臥內，朝之機務，皆得預焉。（宇
> 文）孝伯亦竭心盡力，無所迴避。至於時政得失，及外間細事，皆
> 以奏聞。高祖深委信之，當時莫與為比。及高祖將誅晉公護，密與
> 衛王直圖之。唯孝伯及王軌、宇文神舉等頗得參預。〔註232〕

再參考宇文憲本傳中的記載，可以更清楚宇文邕與宇文護之間的君臣關
係。

> （宇文）憲既為（宇文）護所委任，自天和之後，威勢漸隆。護欲
> 有所陳，多令憲聞奏。其間或有可不，憲慮主相嫌隙，每曲而暢之。
> 高祖亦悉其心，故得無患。然猶以威名過重，終不能平。〔註233〕

上述許多史料都可以佐證宇文邕是有參與朝政〔註234〕，執政權並非全都交給
宇文護，不過雖然宇文邕有參與朝政運作的記載，但會避免與宇文護產生衝
突。

三、宇文護與北齊的戰爭

宇文護自執政以來，便統領軍國之務，並在保定年間兩次出兵北齊，
以下略述這兩次出兵北齊的經過。第一次由楊忠總兵出征：據楊忠本傳記
載，朝議提出與突厥聯兵進攻北齊應出兵十萬，不過楊忠認為萬騎即可，
於是在保定三年（563）以楊忠為元帥率軍進攻北齊，楊纂、李穆、王傑、
爾朱敏、元壽、田弘、慕容延等人隨楊忠出征〔註235〕，同時達奚武也率軍

〔註231〕《周書》，卷21，〈王謙傳〉，頁352～353。

〔註232〕《周書》，卷40，〈宇文孝伯傳〉，頁717。

〔註233〕《周書》，卷12，〈齊煬王憲傳〉，頁188。

〔註234〕呂春盛認為宇文護獨掌軍事與行政大權，已是獨裁者，而宇文邕只是容忍與
避免猜忌。參見《關隴集團的權力結構演變──西魏北周政治史研究》，頁
201～204。愚見認同宇文邕容忍宇文護以避免猜疑，然而關於宇文護與宇文
邕之間的關係，愚見懷疑還有再討論的空間，因此加以補充。

〔註235〕《周書》，卷19，〈楊忠傳〉，頁318。

與楊忠呼應〔註236〕，此外尚有賀若敦〔註237〕、王慶〔註238〕、尉遲運〔註239〕與竇榮定〔註240〕等人皆隨軍出征，而出征的成員中只有王慶與宇文護關係比較好。

　　楊忠返朝後，宇文邕欲以楊忠爲太傅，因楊忠不附宇文護，所以宇文護拒絕了〔註241〕，可是原先擔任太傅的疑是于謹〔註242〕，因此局勢就變得比較複雜〔註243〕，不過對宇文護來說，此時還有更重要的事，即是其母閻氏自北齊釋回。

〔註236〕「保定三年（563），遷太保。其年，大軍東伐。隨公楊忠引突厥自北道，（達奚）武以三萬騎自東道，期會晉陽。」見《周書》，卷 19，〈達奚武傳〉，頁 305。

〔註237〕「（保定）三年（563），從柱國楊忠引突厥破齊長城，至并州而還。」見《周書》，卷 28，〈賀若敦傳〉，頁 476。

〔註238〕「（王）慶乃引突厥騎，與隨公楊忠至太原而還。」見《周書》，卷 33，〈王慶傳〉，頁 575。

〔註239〕「（保定）三年（563），從楊忠攻齊之并州。」見《周書》，卷 40，〈尉遲運傳〉，頁 709。

〔註240〕「後從武元皇帝（楊忠）引突厥木杆侵齊之并州。」見《隋書》，卷 39，〈竇榮定傳〉，頁 1150。

〔註241〕「高祖遣使迎勞忠於夏州。及至京師，厚加宴賜。高祖將以（楊）忠爲太傅，晉公護以其不附己，難之。乃拜總管涇（幽）〔豳〕靈雲鹽顯六州諸軍事、涇州刺史。」見《周書》，卷 19，〈楊忠傳〉，頁 318。

〔註242〕宇文邕爲保定三年（563）以于謹爲三老。三老無法確定在北周是否屬於正式職官，倘若于謹因爲拜三老而已卸太傅，則宇文邕欲以楊忠爲太傅的事件便沒有那麼複雜，可是「（天和二年，567）以太傅、燕國公于謹爲雍州牧……（天和三年，568）太傅、柱國、燕國公于謹薨。」見《周書》，卷 5，〈武帝紀〉上，頁 74～75。從武帝的本紀中可見于謹在卒前仍是擔任太傅，則可見北周時期三老應該不是職官，于謹仍是太傅。

〔註243〕在三老之禮的事件中，已突顯于謹恐較支持宇文邕當皇帝的立場，既然如此宇文邕爲何又要以楊忠爲太傅？愚見懷疑有四種可能：第一是三老之禮後，也許朝中有議讓三老成爲高於三公名位的職官，既然于謹是三老，則他原職太傅就必須有人擔任，因此宇文邕找了楊忠；第二是于謹雖然支持宇文邕當皇帝，但也支持宇文護統領軍國，相對來說楊忠不附宇文護，因此在楊忠征討立下武勳以後，若能藉此取代于謹，則宇文護掌控政權的局勢會有所不同；第三是于謹是太傅，宇文護是太師，在名位上宇文護反而在于謹之上，倘若楊忠擔任太傅，于謹雖沒有加官但有三老之禮的尊崇，就沒有名位在宇文護之下的問題；第四是于謹在保定二年（562）提出致仕，因爲這個原因，宇文邕必須盡快找到可以替代于謹支持自己的重要軍系成員，于謹致仕的事件參見《周書》，卷 15，〈于謹傳〉，頁 249。因爲史料不足，上述也許都有可能，也或許還有別的原因，仍待新史料的出現加以釐清事件的原貌。

是年，乃遣柱國楊忠與突厥東伐。破齊長城，至并州而還。期後年
更舉，南北相應。齊主大懼。先是，（宇文）護母閻姬與皇第四姑及
諸戚屬，並沒在齊，皆被幽縶。護居宰相之後，每遣間使尋求，莫
知音息。至是，並許還朝，且請和好。〔註244〕

從史料來看，保定三年（563）楊忠出征以後，北周與突厥又約定了後年共同
出兵南北相應，因此北齊懼於北周與突厥聯兵的壓力而決定將宇文護母閻
氏釋回；韋孝寬本傳中則另記載了北齊遣使求通互市，宇文護遂令尹公正與
韋孝寬詳議請北齊將閻氏釋回〔註245〕。保定四年（564）九月閻氏來到北周
〔註246〕，舉朝慶悅並大赦天下〔註247〕，然而宇文護卻因面對突厥率眾赴期出
兵北齊的壓力，只好請兵出征：

是年也，突厥復率眾赴期。（宇文）護以齊氏初送國親，未欲即事征
討，復慮失信蕃夷，更生邊患。不得已，遂請東征……於是徵二十
四軍及左右廂散隸、及秦隴巴蜀之兵、諸蕃國之眾二十萬人。十月，
帝於廟庭授護斧鉞。出軍至潼關，乃遣柱國尉遲迥率精兵十萬為前
鋒，大將軍權景宣率山南之兵出豫州，少師楊攄出軹關。護連營漸
進，屯軍弘農。迥攻圍洛陽。柱國齊公憲、鄭國公達奚武等營於邙
山。〔註248〕

此次參戰成員頗多，將成員表列如下：

〔註244〕 《周書》，卷11，〈晉蕩公護傳〉，頁169。

〔註245〕 「齊人遣使至玉壁，求通互市。晉公護以其相持日久，絕無使命，一日忽來
求交易，疑別有故。又以皇姑、皇世母先沒在彼，因其請和之際，或可致之。
遂令司門下大夫尹公正至玉壁，共（韋）孝寬詳議。孝寬乃於郊盛設供帳，
令公正接對使人，兼論皇家親屬在東之意。使者辭色甚悅。時又有汾州胡抄
得關東人，孝寬復放東還，並致書一牘，具陳朝廷欲敦隣好。遂以禮送皇姑
及護母等。」見《周書》，卷31，〈韋孝寬傳〉，頁538。

〔註246〕 《周書》，卷5，〈武帝紀〉上，頁70。

〔註247〕 《周書》，卷11，〈晉蕩公護傳〉，頁174。

〔註248〕 《周書》，卷11，〈晉蕩公護傳〉，頁174。

表3-15　武帝保定四年（564）宇文護親征參戰成員一覽表

人物	參　戰　記　載	出　處
宇文護	（宇文）護連營漸進，屯軍弘農。	《周書》卷11
于　謹	及晉公護東伐，（于）謹時老病，護以其宿將舊臣，猶請與同行。	《周書》卷15
豆盧寧	屬大兵東討，（豆盧）寧輿疾從軍。	《周書》卷19
權景宣	保定四年（564），晉公護東討，（權）景宣別討河南。	《周書》卷28
辛　昂	大軍東討，（辛）昂與大將軍權景宣下豫州。	《周書》卷39
郭　彥	（郭）彥從尉遲迴攻洛陽。迴復令彥與權景宣南出汝潁。	《周書》卷37
楊　摽	其年，大軍圍洛陽，詔摽率義兵萬餘人出軹關。	《周書》卷34
司馬裔	保定四年（564），隨少師楊摽東征。與齊人交戰。	《周書》卷36
尉遲迴	及晉公護東伐，（尉遲）迴帥師攻洛陽。	《北史》卷62
韓　果	從尉遲迴圍洛陽。軍退，（韓）果所部獨全。	《周書》卷27
辛　威	明年，從尉遲迴圍洛陽。還，拜小司馬。	《周書》卷27
劉　雄	治中外府屬，從征洛陽。	《周書》卷29
韓　盛	尋以本官從晉公護東討，於洛陽戰沒。	《周書》卷34
宇文憲	及晉公護東伐……（宇文）憲與達奚武、王雄等軍於邙山。	《周書》卷12
達奚武	明年，從晉公護東伐……（達奚）武與齊王憲於邙山禦之。	《周書》卷19
王　雄	至邙山，與齊將斛律明月接戰。	《周書》卷19
梁　臺	時大軍圍洛陽，久而不拔。齊騎奄至，齊公憲率兵禦之……（梁）臺望見之，憤怒，單馬突入，射殺兩人，敵皆披靡，執者遂得還。	《周書》卷27
達奚震	諸將皆奔退，（達奚）震與敵交戰，軍遂獨全。	《周書》卷19
陸　騰	齊公憲與晉公護東征，請（陸）騰爲副。	《周書》卷28
李　雄	其後復從達奚武與齊人戰於芒山。	《隋書》卷46
元景山	後與齊人戰於北邙，斬級居多，加開府。	《隋書》卷39
楊　忠	是歲，大軍又東伐，晉公護出洛陽，令（楊）忠出沃野以應接突厥。	《周書》卷19
王　傑	乃招誘稽胡諸首領，咸令在坐。使王傑盛軍容，鳴鼓而至。	《周書》卷19
常　善	突厥出師與隋公楊忠東伐，令（常）善應接之。	《周書》卷27
田　弘	從隨公楊忠伐齊，拜大將軍。明年，又從忠東伐。	《周書》卷27
李　崇	隨宇文護伐齊，以功最，擢授儀同三司。	《隋書》卷37
竇　熾	（保定）四年（564），授大宗伯，隨晉公護東征。	《周書》卷30

出征的成員中，受宇文護委任或親待的只見辛昂〔註249〕，而宇文護霸府幕僚參戰者只有劉雄，其他親委的如叱羅協與馮遷等人都沒有參戰。

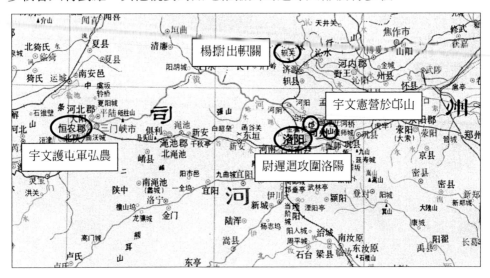

圖 3-2　武帝保定四年（564）宇文護親征簡圖〔註250〕

依《周書》所記載，此次出征因為宇文護「性無戎略，此行又非本心，故師出雖久，無所克獲」〔註251〕，從宇文護屯軍弘農沒有前往洛陽或邙山參戰來看，「此行又非本心」的可能性很大，而失利班師後，武帝宇文邕「弗之責也」〔註252〕，且對宇文護生母閻氏非常尊崇。

> 每四時伏臘，高祖率諸親戚，行家人之禮，稱觴上壽。榮貴之極，
> 振古未聞。〔註253〕

宇文邕對宇文護戰爭失利「弗之責也」，且對閻氏非常的尊崇，尤其是對閻氏的尊崇，可以使宇文邕與宇文護之間的關係更和緩。

四、宇文憲崛起的背景

　　保定四年（564）除了宇文護生母閻氏釋回北周與對北齊親征以外，在朝

〔註249〕「時晉公護執政，（辛）昂稍被護親待。」見《周書》，卷 39，〈辛慶之附族子昂傳〉，頁 700。

〔註250〕因篇幅有限，圖中只舉宇文護屯軍弘農，尉遲迥攻圍洛陽，宇文憲營於邙山，與楊㩲出軹關等等，楊忠聯合突厥與權景宣出兵豫州則省略。

〔註251〕《周書》，卷 11，〈晉蕩公護傳〉，頁 174。

〔註252〕《周書》，卷 11，〈晉蕩公護傳〉，頁 175。

〔註253〕《周書》，卷 11，〈晉蕩公護傳〉，頁 174。

政的控制上也有不同的變化。首先是掌軍政的大司馬一職，在與宇文護少相
親愛的賀蘭祥卒後〔註254〕，繼任賀蘭祥擔任大司馬一職的是尉遲迥〔註255〕，
不過尉遲迥在史料中並沒有被宇文護親委的記載，而尉遲迥的弟弟尉遲綱在
宇文護親征之際則是暗示了他不想捲入宇文護與宇文邕之間衝突的立場：

　　（保定）四年（564），晉公護東討，乃配（尉遲）綱甲士，留鎮京
　　師。綱以天子在宮，必無內慮，乃請出外，頓於咸陽。〔註256〕

尉遲綱曾經幫助宇文護廢宇文覺而迎立宇文毓，可是在擁立宇文邕時並沒有參
與，至宇文邕保定四年（564）宇文護親征，並以尉遲綱留鎮京師，尉遲綱卻「以
天子在宮，必無內慮，乃請出外，頓於咸陽」，顯示尉遲綱與宇文護兩人只是在
迎立宇文毓之際因為有共同的利益而合作，並不是緊密的伙伴關係〔註257〕。

　　繼任大司馬的尉遲迥，他與宇文護的關係不及賀蘭祥〔註258〕，因此宇文
護需要有親近的人能幫他控制朝政，這時宇文護選擇了宇文憲。宇文憲是宇
文泰的第五子，年齡比四子宇文邕小一歲到兩歲〔註259〕，在宇文毓武成元年
（559）出鎮益州〔註260〕，擔任益州總管時「留心政術，辭訟輻湊，聽受不
疲。蜀人懷之，共立碑頌德」〔註261〕，至保定四年（564）返朝擔任雍州牧
〔註262〕，此後開始與宇文護關係密切。

　　　　時晉公護執政，雅相親委，賞罰之際，皆得預焉。〔註263〕

宇文憲入朝以後起初是拜雍州牧，並沒有擔任中央六官的職事官，而是以雍
州牧的職位在參與朝政，這是宇文護自執政以來頗為特別的情況，而此時除

〔註254〕《周書》，卷20，〈賀蘭祥傳〉，頁338。
〔註255〕《周書》，卷5，〈武帝紀〉上，頁67。
〔註256〕《周書》，卷20，〈尉遲綱傳〉，頁340。
〔註257〕尉遲綱在史料中與宇文護的合作是廢宇文覺迎立宇文毓，不過在立宇文毓為
　　　　明帝以後，尉遲綱不僅沒有參與朝政的記載，甚至於不再擔任總禁軍的職掌，
　　　　也沒有參與擁立宇文邕之事，同時也沒有宇文護委信的記載。因此愚見以為
　　　　尉遲綱與宇文護的關係只是在迎立宇文毓時因為共同的利益而合作，他們並
　　　　不是緊密的伙伴關係，尤其從宇文護親征命尉遲綱留鎮京師，尉遲綱卻頓於
　　　　咸陽來看，尉遲綱並不想捲入宇文護與宇文邕之間複雜矛盾的關係。
〔註258〕尉遲迥在史料中被沒有被宇文護親委的記載，同時也沒有參與朝政的記載，
　　　　因此尉遲迥與宇文護的關係不及被宇文護親委且有參議朝政的賀蘭祥。
〔註259〕參見表2-20宇文泰諸子於大統十五年（549）年歲與宇文護年歲差距一覽表。
〔註260〕《周書》，卷4，〈明帝紀〉，頁58。
〔註261〕《周書》，卷12，〈齊煬王憲傳〉，頁188。
〔註262〕《周書》，卷5，〈武帝紀〉上，頁69。
〔註263〕《周書》，卷12，〈齊煬王憲傳〉，頁188。

了宇文憲以外，參議朝政者有誰？宇文護又是如何控制朝政？

表 3-16　武帝保定四年（564）六官成員一覽表 〔註 264〕

	成　員	官　　職	出　　處
天　官	宇文護	大冢宰	《周書》卷 11
	長孫儉	小冢宰	《北史》卷 22
	叱羅協	司會中大夫、中外府長史	《周書》卷 11
	崔猷	司會中大夫	《周書》卷 35
	李昶	納言中大夫〔註 265〕	《周書》卷 38
	唐瑾	納言中大夫	《周書》卷 38
	元則	納言中大夫	《周書》卷 38
	陸逞	納言中大夫	《周書》卷 38
	楊瓚	納言中大夫	《隋書》卷 44
	宇文神舉	治小宮伯	《周書》卷 40
地　官	宇文貴	大司徒	《周書》卷 5
	李穆	小司徒	《周書》卷 30
春　官	竇熾	大宗伯	《周書》卷 5
	竇毅	小宗伯	《周書》卷 30
	王褒	內史中大夫	《周書》卷 41
	柳敏	司宗中大夫〔註 266〕	《周書》卷 32

〔註 264〕本表以時間比較清楚精確者爲主。

〔註 265〕「（保定）二年（562），轉御正中大夫。時以近侍清要，盛選國華，乃以（李）昶及安昌公元則、中都公陸逞、臨淄公唐瑾等竝爲納言。尋進爵爲公，增邑通前一千三百戶。（保定）五年（565），出爲昌州刺史。」見《周書》，卷 38，〈李昶傳〉，頁 686。引文中李昶、唐瑾、元則與陸逞四人竝爲納言，但是卻沒有記載他們何時擔任納言，只能從李昶本傳中推算四人在保定五年（565）以前便已經擔任納言。再參武帝本紀：「（保定四年，564，六月）改御伯爲納言。」見《周書》，卷 5，〈武帝紀〉上，頁 70。可見納言是在保定四年（564）才改名，而李昶保定五年（565）就轉爲昌州刺史，因此四人最有可能擔任納言的時間便是在保定四年（564）改御伯爲納言之時。

〔註 266〕「後改禮部爲司宗，仍以（柳）敏爲之。」見《周書》，卷 32，〈柳敏傳〉，

夏　官	尉遲迥	大司馬	《周書》卷 5
	于　翼	軍司馬	《周書》卷 30
	段　永	軍司馬	《周書》卷 36
	王　慶	左武伯	《周書》卷 33
	劉　雄	齊右下大夫治中外府屬	《周書》卷 29
	柳帶韋	武藏下大夫、中外府掾	《周書》卷 22
	王　謙	治右小武伯	《周書》卷 21
秋　官	于　寔	小司寇	《周書》卷 15
	元　暉	賓部下大夫兼宇文護長史	《隋書》卷 46
冬　官	宇文直	大司空	《周書》卷 5
	陸　通	小司空	《周書》卷 32

自宇文護執政以來，朝中六官兼任宇文護霸府職官是他控制朝中的方式，若從保定四年（564）的六官來看，天官有叱羅協（司會中大夫、中外府長史）與沒兼霸府職位的李昶（納言），夏官有劉雄（齊右下大夫治中外府屬）、柳帶韋（武藏下大夫、中外府掾）與沒兼霸府職位但卻出自霸府的王慶，秋官有元暉（賓部下大夫兼宇文護長史）。從六官的職位來看，表示此時比較重視的職官是擔任司會的叱羅協、擔任納言的李昶、擔任賓部職司外交使臣的元暉、擔任齊右「掌祭祀會同賓克前齊車，王乘則持馬，行則陪乘」的劉雄〔註267〕、以及擔任武藏「司袍襖、司弓矢、司甲、司稍、司刀盾之長」的柳帶韋〔註268〕。

雖說宇文護總朝政，但是在保定四年（564）朝中已經有被視為宇文邕系的成員出現，如有姻親關係的楊瓚（納言）與竇毅（小宗伯），以及腹心于翼在擔任軍司馬。掌禁軍的宇文神舉則是後來參與宇文邕殺宇文護計畫的重要成員〔註269〕，但是此時還無法確定是否已經倒向宇文邕。

略述完朝中六官，再看宇文護霸府。

頁 561。改禮部為司宗是在保定四年（564），參見《周書》，卷 5，〈武帝紀〉上，頁 70。

〔註267〕《北周六典》，卷 5，〈夏官府〉，頁 381。

〔註268〕《北周六典》，卷 5，〈夏官府〉，頁 394。

〔註269〕「高祖將誅晉公護也，（宇文）神舉得預其謀。」見《周書》，卷 40，〈宇文神舉傳〉，頁 715。

表 3-17 武帝保定四年（564）宇文護霸府幕僚一覽表 〔註270〕

人　物	官　　　職	出　　處
叱羅協	司會中大夫兼中外府長史	《周書》卷 11
元　暉	賓部下大夫兼府長史	《隋書》卷 46
柳帶韋	武藏下大夫、中外府掾	《周書》卷 22
劉　雄	齊右下大夫治中外府屬	《周書》卷 29
韋　師	中外府賓曹參軍兼雍州牧主簿	《隋書》卷 46

表中有委信與親待記載的是叱羅協，若從這些成員來看，宇文護霸府幕僚幾乎都兼任他官，這應能反映宇文護執政以來朝政運作的方式。至於霸府的運作狀況，因為有些重要幕僚仕宦遷轉的時間點無法確定〔註271〕，所以不能藉由不同的時間點來表現宇文護執政時期霸府的變化。

表 3-18 武帝保定四年（564）宇文護朝政運作簡表

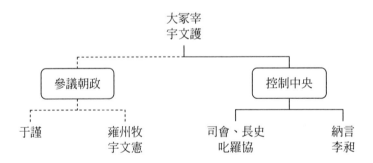

上表的宇文憲是初次於宇文護執政期間參議朝政，而且宇文護的中外府幕僚也有轉任宇文憲的幕僚如高賓〔註272〕，或兼任宇文憲的幕僚如韋師〔註273〕

〔註270〕本表以時間比較清楚精確者為主。

〔註271〕「周冢宰宇文護辟為中外府記室，軍書羽檄，多成其手。後為露門學士，授大都督，封饒陽縣子，歷藍田令、畿伯下大夫。」見《隋書》，卷76，〈文學・劉臻傳〉，頁 1731。引文是宇文護重要的霸府幕僚劉臻，但是仕宦遷轉的時間無法確定。

〔註272〕「保定初，徵拜計部中大夫，治中外府從事中郎……轉太府中大夫、齊公憲府長史。」見《周書》，卷37，〈裴文舉附高賓傳〉，頁 670。

〔註273〕「周大冢宰宇文護引為中外府記室，轉賓曹參軍……齊王憲為雍州牧，引為主簿，本官如故。」見《隋書》，卷46，〈韋師傳〉，頁 1257。則見韋師身兼宇文護中外府賓曹參軍與宇文憲雍州牧主簿。

等等，到了天和年間甚至於宇文護對宇文邕「有所陳」多令宇文憲「聞奏」〔註274〕，可見宇文憲逐漸成為宇文護執政期間的重要角色。

　　宇文護除了引宇文憲參議朝政外，還有原先便委任的叱羅協與李昶幫忙控制朝政，而叱羅協至宇文邕即位以後有受宇文護重委的記載〔註275〕；李昶則是在保定二年（562）自中外府司錄轉入朝中擔任御正中大夫，後來再轉任納言。至此宇文護控制中央已經有些類似宇文泰病逝前控制中央的方式，宇文泰是控制司會、軍司馬與皇帝的近侍官以及禁軍，宇文護也以叱羅協擔任司會與李昶擔任皇帝的近侍官，若軍司馬暫不討論〔註276〕，則宇文護與宇文泰最大的不同在於對京師禁軍的控制，宇文護並沒有信任的人在擔任京師禁軍〔註277〕。

　　保定四年（564）除了有北齊的軍事作戰以外，柱國也開始出現濫授的現象。前已略述明帝武成二年（560）有十三位柱國，在明帝宇文毓被毒弒以後，宇文邕即位為武帝，因為宇文邕原先便是柱國，所以在宇文邕即位以後，柱國剩下十二位。可是此後柱國人數開始增加，保定二年（562）先是宇文直與宇文昭兩人拜為柱國〔註278〕，保定三年（563）韓果為柱國〔註279〕，至保定四年（564）李穆、韋孝寬、長孫儉、陸通、宇文盛與宇文廣都拜柱國〔註280〕，此外宇文憲應該也已經是柱國〔註281〕，如果以保定四年（564）宇文護親征北

〔註274〕《周書》，卷12，〈齊煬王憲傳〉，頁189。
〔註275〕「保定二年（562）……（叱羅）協既受（宇文）護重委，冀得婚連帝室，乃求復舊姓叱羅氏。」《周書》，卷11，〈晉蕩公護附叱羅協傳〉，頁180。
〔註276〕宇文護委信的馮遷與邊平都有擔任軍司馬一職，但是因為時間點不確定，所以暫不討論。參見《周書》，卷11，〈晉蕩公護附馮遷傳〉，頁181。
〔註277〕宇文護親待的王慶雖然擔任武伯，但是史料中記載王慶負責的主要是外交事務，似乎與宮禁宿衛的關係不大。「朝議以魏氏昔與蠕蠕結婚，遂為齊人離貳。今者復恐改變，欲遣使結之。遂授（王）慶左武伯，副楊荐為使。」見《周書》，卷32，〈王慶傳〉，頁575。
〔註278〕「以大將軍衛國公直、大將軍趙國公招並為柱國。又以招為益州總管。」見《周書》，卷5，〈武帝紀〉上，頁67。
〔註279〕「大將軍韓果為柱國。」見《周書》，卷5，〈武帝紀〉上，頁68。
〔註280〕「以大將軍、安武公李穆為柱國……以大將軍韋孝寬、大將軍長孫儉並為柱國……以大將軍陸通、大將軍宇文盛、蔡國公廣並為柱國。」見《周書》，卷5，〈武帝紀〉上，頁69～70。
〔註281〕「尋進位柱國。保定中，徵還京，拜雍州牧。及晉公護東伐，以尉遲迥為先鋒，圍洛陽。（宇文）憲與達奚武、王雄等軍於邙山。」見《周書》，卷12，〈齊煬王憲傳〉，頁188。宇文憲本傳中雖然沒有記載宇文憲拜柱國是在那一年，但是可確定宇文憲入京師擔任雍州牧以前，便已經是柱國。

齊以前的柱國人數來看，新增的柱國多達十位，再扣除已卒的賀蘭祥〔註282〕
與侯莫陳崇〔註283〕，此時朝中有二十位柱國。因爲柱國已經出現濫授的情況，
本文之後不再詳述擔任柱國的成員與人數。

第四節　宇文護專政的結束

　　宇文邕保定五年（565）春正月，宇文邕的同母弟宇文直出任襄州總管，
同時荊州、安州、江陵三總管皆隸屬於襄州總管府〔註284〕，宇文直成爲掌握
荊襄地區的地方大員。

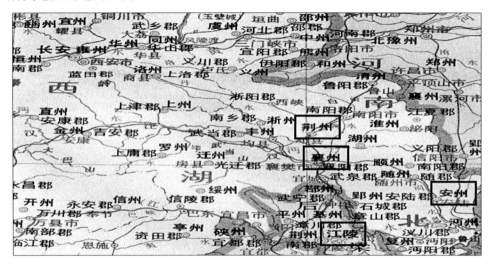

圖 3-3　襄州總管府地理位置圖

宇文直爲什麼重要？因爲宇文護被殺便和宇文直有關。

> 性浮詭，貪狠無賴。以晉公護執政，遂貳於帝而昵護。及沌口還，
> 慍於免黜，又請帝除之，冀得其位。帝夙有誅護之意，遂與（宇文）
> 直謀之。〔註285〕

〔註282〕「保定（四）〔二〕年薨，年四十八。」見《周書》，卷20，〈賀蘭祥傳〉，頁
　　　　338。
〔註283〕「保定三年，（侯莫陳）崇從高祖幸原州，高祖夜還京師，竊怪其故……高祖
　　　　召諸公卿於大德殿，責崇。崇惶恐謝罪。其夜，護遣使將兵就崇宅，逼令自
　　　　殺。」見《周書》，卷16，〈侯莫陳崇傳〉，頁269。
〔註284〕《周書》，卷5，〈武帝紀〉上，頁71。
〔註285〕《周書》，卷13，〈文閔明武宣諸子‧衞刺王直傳〉，頁202。

宇文直因宇文護執政而「貳於帝而昵護」，可是在率軍與陳國交戰（天和二年，567）〔註286〕失利後，便「慍於免黜」所以轉而和宇文邕合作要殺宇文護，希望得到宇文護的位子。宇文直的發展如何？他與宇文護的關係又如何？宇文護執政至天和年間有什麼變化？宇文護又是如何被殺？

一、宇文護與宇文直的關係

宇文直是武帝宇文邕的同母弟〔註287〕，明帝宇文毓武成元年（559）出鎮蒲州〔註288〕，在宇文邕即位後的保定元年（561）十一月轉任雍州牧〔註289〕，保定四年（564）九月再轉爲大司空〔註290〕，至保定五年（565）正月才出鎮轄有荊州、安州與江陵的襄州總管。以下整理擔任襄州總管府的幕僚和襄州所轄荊州、安州與江陵的歷任總管與刺史，並以時間作爲排比順序，方便瞭解襄州總管府的成員和宇文護的關係。

表3-19　宇文直襄州總管府成員一覽表

	成　員	參　　與　　記　　載	出　　處
襄　州	宇文直	令荊州、安州、江陵等總管並隸襄州總管府，以柱國、大司空、衞國公直爲襄州總管。	《周書》卷5
	伊婁穆	衞公直出鎮襄州，以（伊婁）穆爲長史。	《周書》卷29
	裴　鴻	衞公直出鎮襄州，以（裴）鴻爲襄州司馬。天和初，拜郢州刺史，轉襄州總管府長史。	《周書》卷34
	龐　晃	衞王直出鎮襄州，（龐）晃以本官從。	《隋書》卷50
	高　賓	天和二年（567），除都州諸軍事、都州刺史，進位驃騎大將軍、開府儀同三司，治襄州總管府司錄。	《周書》卷37
	長孫平	釋褐衞王侍讀。時武帝逼於宇文護，謀與衞王誅之，王前後常使（長孫）平往來通意於帝。	《隋書》卷46

〔註286〕「（天和二年，567）九月，衞國公直等與陳將淳于量、吳明徹戰於沌口，王師失利。元定以步騎數千先度，遂沒江南。」見《周書》，卷5，〈武帝紀〉上，頁74。

〔註287〕「姚夫人生世宗，後宮生宋獻公震，文元皇后生孝閔皇帝，文宣皇后叱奴氏生高祖、衞剌王直，達步干妃生齊王憲，王姬生趙僭王招，後宮生譙孝王儉、陳惑王純、越野王盛、代奰王達、冀康公通、滕聞王逌。」見《周書》，卷13，〈文閔明武宣諸子傳〉，頁201。

〔註288〕《周書》，卷4，〈明帝紀〉，頁53。

〔註289〕《周書》，卷5，〈武帝紀〉上，頁65。

〔註290〕《周書》，卷5，〈武帝紀〉上，頁70。

荊　州	王士良	保定四年（564），晉公護東伐，權景宣以山南兵圍豫州，（王）士良舉城降。授大將軍、小司徒……尋除荊州總管，行荊州刺史。	《周書》卷36
	權景宣	天和初，授荊州總管、十七州諸軍事、荊州刺史。	《周書》卷35
	崔　謙	（天和）三年（568），遷荊州總管，荊淅等十四州南陽平陽等八防諸軍事、荊州刺史。	《周書》卷35
	侯莫陳瓊	天和四年（569），轉荊州總管、十四州八防諸軍事、荊州刺史。	《周書》卷16
安　州〔註291〕	崔　謙	保定二年（562），遷安州總管、隨應等十一州甑山上明魯山三鎮諸軍事、安州刺史。	《周書》卷35
江　陵	崔　謙	天和元年（566），授江陵總管。	《周書》卷35
	田　弘	天和二年（567），陳湘州刺史華皎來附，（田）弘從衛公直赴援。與陳人戰，不利，仍以弘為江陵總管。	《周書》卷27
	陸　騰	（天和）四年（569），遷江陵總管。	《周書》卷28
	高　琳	（天和）三年（568），遷江陵副總管。	《周書》卷29

〔註291〕安州總管除了崔謙以外，還有李昞。李昞雖然並未立傳，但從零散的史料中仍可略見端倪：「皇考諱（李）昞，周安州總管柱國大將軍……高祖以周天和元年（566）生於長安，七歲襲唐國公。」見《舊唐書》，卷1，〈高祖紀〉，頁1。從史料中可以發現安州總管是李昞最佳或最後的官職，同時李淵生於天和元年（566），則七歲襲唐國公約是在建德元年（572）左右，可見李昞應卒於建德元年（572）左右。再看〈崔謙傳〉中的記載：「保定二年（562），遷安州總管、隨應等十一州甑山上明魯山三鎮諸軍事、安州刺史……天和元年（566）授江陵總管。」見《周書》，卷35，〈崔謙傳〉，頁613。從〈崔謙傳〉中可見李昞擔任安州總管的時間或許是在保定元年（561）以前，因為那時崔謙還未擔任安州總管；再不就是天和元年（566）以後，因為崔謙已轉任江陵總管。那李昞有沒有可能在保定二年（562）以前擔任安州總管？倘若李昞是在保定二年（562）以前擔任安州總管，同時安州總管又是李昞最佳或最後的職官，則表示李昞在保定二年（562）以後不是致仕就是他的仕宦不及安州總管。但是武帝本紀中的記載卻可以發現李昞在保定二年（562）以後不僅沒有致仕，而且仕宦順利。「（保定四年，564，九月）封開府李昞為唐國公……（天和六年，571，五月）以大將軍唐國公李昞……並為柱國。」見《周書》，卷5，〈武帝紀〉上，頁70～78。引文中李昞封唐國公是在保定四年（564），此時李昞為開府，則其職事官、加官、勳官、散官與爵位中，最高且最有代表性者便是開府儀同三司，則李昞的勳官應該不是大將軍，否則史書行文應記大將軍而非開府，所以李昞的勳官大概只有驃騎大將軍或車騎大將軍，而李昞自保定四年（564）至天和六年（571）從驃騎大將軍或車騎大將軍，一直升遷至柱國，顯示李昞並未致仕而且仕宦順利，所以保定中至天和末年應是李昞仕宦最順利的期間，因此愚見懷疑李昞擔任安州總管應是天和年間。

上表成員中，高賓曾擔任過中外府從事中郎；裴鴻曾擔任宇文護雍州治中〔註 292〕，不過沒有擔任過宇文護中外府或開府的幕僚；崔謙〔註 293〕與田弘〔註 294〕的嗣子是宇文護中外府的幕僚，不過崔謙與田弘兩人並沒有入中外府或是被宇文護委任的記載；而其他成員在史料中與宇文護的關係比較不深。

從襄州總管府的成員大部分與宇文護的關係都不深，且史料中並沒有記載宇文直出鎮襄州是來自宇文護的任命，所以提出宇文護任用如宇文直這樣的小人之說法仍有討論空間〔註 295〕。若拿宇文憲與宇文直來對照，宇文憲被宇文護親委，而且宇文憲的雍州幕僚中有高賓與韋師出自宇文護的中外府，其中韋師一直身兼中外府與雍州的幕僚；宇文直沒有被宇文護委信，而襄州幕僚中只有高賓來自宇文護的中外府，且高賓不像韋師一樣帶有中外府之職。因此宇文護應該比較重視宇文憲，也比較重視與宇文憲之間的合作，相對來說，宇文護與宇文直的關係比較不深，甚至於宇文直出鎮襄州是否為宇文護所主導？還需要更多史料加以釐清。

天和二年（567）陳的湘州刺史華皎率眾來附〔註 296〕，《周書·衞剌王直傳》中記載這是宇文護與宇文直之間關係轉變的原因。起因是宇文護欲趁此機會南征陳，雖然崔猷提出反對意見〔註 297〕，可是宇文護並沒有聽從崔猷的意見，於是遣襄州總管宇文直率陸通、田弘、權景宣與元定〔註 298〕等人出兵

〔註 292〕《周書》，卷 34，〈裴寬附族弟鴻傳〉，頁 598。

〔註 293〕「子（崔）曠嗣……曠少溫雅，仁而汎愛。釋褐中外府記室。」見《周書》，卷 35，〈崔謙傳〉，頁 613～614。

〔註 294〕「子（田）恭嗣。」見《周書》，卷 27，〈田弘傳〉，頁 450；「大冢宰宇文護引為中外兵曹。後數載，復以父功拜開府儀同三司，遷中外府掾。從護征伐，數有戰功。」見《隋書》，卷 54，〈田仁恭傳〉，頁 1364。

〔註 295〕高蘊華指出宇文護加意任用一批勢力小人，如宇文直等等。參見高蘊華著，〈宇文護述論〉，頁 28。

〔註 296〕《周書》，卷 5，〈武帝紀〉上，頁 74。

〔註 297〕「天和二年（567），陳將華皎來附，晉公護議欲南伐，公卿莫敢正言。（崔）猷獨進曰：『前歲東征，死傷過半，比雖加撫循，而瘡痍未復。近者長星為災，乃上玄所以垂鑒誡也。誠宜修德以禳天變，豈可窮兵極武而重其譴負哉？今陳氏保境息民，共敦隣好。無容違盟約之重，納其叛臣，興無名之師，利其土地。詳觀前載，非所聞也。』護不從。」見《周書》，卷 35，〈崔猷傳〉，頁 617。

〔註 298〕《周書》，卷 5，〈武帝紀〉上，頁 74。

與陳作戰，此外裴鴻〔註299〕、扶猛〔註300〕、杜叔毗〔註301〕與龐晃〔註302〕等人也有參戰，可是宇文直卻作戰失敗，因為「慍於免黜」，於是轉而和宇文邕合謀殺宇文護。

然而最令人感到疑問的在於宇文直本傳中記載的「慍於免黜」，因為在其他的史料中可以發現宇文直仍擔任襄州總管。

> 陳遣其將章昭達率眾五萬、舢艦二千圍江陵。衛王直聞有陳寇，遣大將軍趙闇、李遷哲等率步騎赴之，並受（陸）騰節度。〔註303〕

> （天和）五年（570），陳將章昭達攻逼江陵。梁主蕭巋告急於襄州，衛公直令（李）遷哲往救焉。〔註304〕

兩條史料都是在描述陳將章昭達攻逼江陵，而宇文直遣李遷哲等人率軍援助，不過〈陸騰傳〉並沒有記載時間，〈李遷哲傳〉則記載事件發生在天和五年（570），而那時坐鎮襄州的是宇文直，既然宇文直並沒有被免黜，則「慍於免黜」的記載就會產生疑點；倘若宇文直在敗戰後確實有被免黜，只是不久便官復原職，可是宇文直本傳中並沒有這樣的記載，同時史料中襄州自宇文直出鎮（保定五年，565）到宇文直與宇文邕聯手殺宇文護（建德元年，572）的這段期間，並沒有他人擔任過總管的記載，因此無法證明宇文直是否真的被免黜。

既然從史料來看，宇文直並沒有被免黜，則「慍於免黜」恐大有疑問；除了「慍於免黜」以外，「冀得其位」也是宇文直要殺宇文護的原因之一，但是疑點更多〔註305〕，因為史料不足暫略不談。

〔註299〕「從（宇文）直南征，軍敗，遂沒。尋卒於陳。」見《周書》，卷34，〈裴寬附族弟鴻傳〉，頁599。

〔註300〕「從衛公直援陳將華皎。時大軍不利，唯（扶）猛所部獨全。」見《周書》，卷44，〈扶猛傳〉，頁796。

〔註301〕「天和二年（567），從衛國公直南討，軍敗，為陳人所擒。陳人將降之，（杜）叔毗辭色不撓，遂被害。」見《周書》，卷46，〈孝義・杜叔毗傳〉，頁830。

〔註302〕「尋與長湖公元定擊江南，孤軍深入，遂沒於陣。」見《隋書》，卷50，〈龐晃傳〉，頁1321。

〔註303〕《周書》，卷28，〈陸騰傳〉，頁472。

〔註304〕《周書》，卷44，〈李遷哲傳〉，頁792。

〔註305〕首先，宇文直的本傳中有記：「初，高祖以（宇文）直第為東宮，更使直自擇所居。直歷觀府署，無稱意者，至廢陟屺佛寺，欲居之。」見《周書》，卷13，〈文閔明武宣諸子・衛刺王直傳〉，頁202。本傳中的時間點是在武帝宇文邕殺宇文護以後，再從引文中的記載可見宇文直是住在東宮，似乎是宇文邕皇位的接班人，則宇文直為什麼會成為太子？是宇文護的意思還是誰的意

　　除了「慍於免黜」與「冀得其位」這兩個原因以外，愚見懷疑宇文護對宇文憲的親委可能也是原因之一。宇文直本傳中記載宇文直原先「貳於帝而昵護」，天和二年（567）宇文直作戰失利後是否有被免黜暫且不談，可是宇文憲卻有了很大的升遷。

　　　　天和三年（568），以（宇文）憲爲大司馬，治小冢宰，雍州牧如故。
〔註306〕

宇文護讓宇文憲擔任總知戎馬〔註307〕的大司馬一職，並且還讓宇文憲治小冢宰兼雍州牧，因此宇文憲本傳中有記「自天和之後，威勢漸隆」〔註308〕。相對於宇文憲的「威勢漸隆」，宇文直卻沒有升遷與威勢，這恐是宇文直決定不再昵於宇文護，轉而決定與其兄宇文邕聯手殺宇文護的原因之一。

二、天和末年的政局演變

　　自保定五年（565）委任的納言李昶轉任外州刺史以後，宇文護便沒有委信的幕僚擔任武帝宇文邕近侍官御正、內史與納言的記載〔註309〕；在禁軍方面，雖然宇文護的女婿于顗有擔任過禁軍，但是無法確定于顗出任的時間〔註310〕，另一個女婿蘇威則沒有擔任禁軍的記載〔註311〕，而曾被宇文護親待

思？若是宇文護的意思，爲什麼宇文護不讓親委的宇文憲當太子，反而讓宇文直當太子？武帝宇文邕是宇文泰第四子，宇文憲是第五子，宇文直是第六子，不管從皇子順位還是親委程度來看，爲什麼不是宇文護親委的第五子宇文憲入住東宮？反而是第六子宇文直入住東宮？其次，既然宇文直是皇位的接班人，爲什麼放著皇帝不做，反而跟武帝宇文邕結盟想要取得宇文護大冢宰的位子？上述諸多疑點仍待將來新史料的出現再作釐清。

〔註306〕《周書》，卷12，〈齊煬王憲傳〉，頁188。

〔註307〕「又請爲大司馬，意欲總知戎馬，得擅威權。」見《周書》，卷13，〈文閔明武宣諸子・衞刺王直傳〉，頁202。引文中見大司馬有總知戎馬之職權。

〔註308〕《周書》，卷12，〈齊煬王憲傳〉，頁189。

〔註309〕受限於史料，不排除只是缺載，或者是因仕宦遷轉的時間無法確定所造成。

〔註310〕「周大冢宰宇文護見而器之，妻以季女。尋以父勳，賜爵新野郡公，邑三千戶。授大都督，遷車騎大將軍、儀同三司。其後累以軍功，授上開府。歷左、右宮伯，郢州刺史。大象中，以水軍總管從韋孝寬經略淮南。」見《隋書》，卷60，〈于仲文附兄顗傳〉，頁1455～1456。引文中于顗擔任左、右宮伯的時間不明，也許是宇文護執政時期，也或許是宇文邕親政以後。

〔註311〕「大冢宰宇文護見而禮之，以其女新興主妻焉。見護專權，恐禍及己，逃入山中，爲叔父所逼，卒不獲免。然威每屏居山寺，以諷讀爲娛。未幾，授使持節、車騎大將軍、儀同三司，改封懷道縣公。」見《隋書》，卷41，〈蘇威傳〉，頁1185。

的王慶，雖然已擔任武伯許久，可是委信不及叱羅協〔註312〕。

　　而這個局勢至天和三年（568）有了明顯的變化，首先就是宇文憲出任大司馬治小冢宰兼雍州牧，此外便是于謹與楊忠都卒於同年，若按時間順序來看，于謹卒於三月〔註313〕，宇文憲拜大司馬治小冢宰兼雍州牧〔註314〕是在四月〔註315〕，楊忠則是卒於七月〔註316〕。所以至天和三年（568），宇文護不只少了「弼諧帝室」而產生箝制作用的于謹，也少了一個不附己而難以控制的楊忠，更多了一個親委的宇文憲擔任大司馬，促使宇文護掌控朝政的力量更加增強。

　　除此之外還收編了陸逞。

> （天和）四年（569），除京兆尹……俄遷司會中大夫，出爲河州刺
> 史。晉公護雅重其才，表爲中外府司馬，賴委任之。尋復爲司會，
> 兼納言，遷小司馬。〔註317〕

陸逞本傳中記載其在天和四年（569）以後被宇文護表爲中外府司馬，「賴委任之」，再轉司會兼納言，可以確定宇文護於天和四年（569）後終於有委任的幕僚擔任武帝宇文邕的近侍官。

　　和宇文護有姻親關係的于寔擔任涼州總管。

> （天和六年，571）夏四月……以柱國、燕國公于寔爲涼州總管。
> 〔註318〕

〔註312〕 參見《周書》，卷33，〈王慶傳〉，頁575～576。

〔註313〕 「三月……太傅、柱國、燕國公于謹薨。」見《周書》，卷5，〈武帝紀〉上，頁75。

〔註314〕 從時間順序來看，宇文憲拜大司馬是在于謹卒以後，愚見懷疑兩者之間可能有關聯。宇文憲最初被宇文護親委開始參與朝政是擔任雍州牧，這是宇文護執政時期的特例，而且在于謹卒以前，宇文憲一直沒有擔任六官之職，以宇文護對宇文憲親委的情勢，爲什麼不讓宇文憲擔任之前賀蘭祥擔任的大司馬參與朝政？或是讓宇文憲擔任別的六官之職來參與朝政？反而讓他一直擔任雍州牧，直到于謹卒後才取代尉遲迥擔任大司馬？以于謹「弼諧帝室」的立場來看，宇文憲的特例或許與于謹「弼諧帝室」的立場有關，而這可能也是宇文憲在于謹卒以前，遲遲沒有拜大司馬的原因之一。

〔註315〕 「夏四月……柱國、齊國公憲爲大司馬。」見《周書》，卷5，〈武帝紀〉上，頁75。

〔註316〕 「秋七月……柱國、隨國公楊忠薨。」見《周書》，卷5，〈武帝紀〉上，頁75。

〔註317〕 《周書》，卷32，〈陸通附弟逞傳〉，頁559～560。

〔註318〕 《周書》，卷5，〈武帝紀〉上，頁78。

涼州是西魏北周政權絲路交易路線中的重要位置，魏晉南北朝時期與西域交易的道路可略分兩條：一條是傳統自河西走廊出玉門關；一條則是走益州與吐谷渾〔註319〕，其中自河西走廊出玉門關便是經過涼州。涼州藉由貿易就能戶口殷實，而瓜州則是西域胡商必經之地〔註320〕，因此擔任州刺史者，相對來說也就掌握了西魏北周的絲路，如瓜州便有多受賂遺的記載〔註321〕，此外也有進入北周以後，河西軍事由涼州總管府統領的說法〔註322〕，可見此地的重要性。

　　自宇文護執政至宇文護被殺爲止，史料中擔任過這三州刺史者整理如下：

　　（是云）寶後累遷至大將軍、都督涼甘瓜州諸軍、涼州刺史，賜爵洞城郡公。世宗時，吐谷渾侵逼涼州，寶與戰不利，遂歿於陣。
〔註323〕

　　保定二年（562），詔復（李）賢官爵，仍授瓜州刺史……（保定）四年（564），王師東討，朝議以西道空虛，慮羌、渾侵擾，乃授賢使持節、河州總管、三州七防諸軍事、河州刺史。〔註324〕

　　（宇文丘）轉涼甘瓜三州諸軍事、涼州刺史，加柱國大將軍。〔註325〕

　　遷總管涼甘瓜三州諸軍事、涼州刺史。（崔）說蒞政彊毅，百姓畏之。齊王憲東征，以說爲行軍長史。〔註326〕

　　（天和六年，571）夏四月……以柱國、燕國公于寔爲涼州總管。
〔註327〕

〔註319〕參見唐長孺著，〈南北朝期間西域與南朝的陸道交通〉，收錄於《魏晉南北朝史論拾遺》（北京：中華書局，1983年），頁172～200。

〔註320〕參見王怡辰著，《魏晉南北朝貨幣交易與發行》（臺北：文津出版社，2007年1月初版1刷），頁218～219。

〔註321〕「州通西域，蕃夷往來，前後刺史，多受賂遺。」見《周書》，卷39，〈韋瑱傳〉，頁694。

〔註322〕參見湯長平、周倩著，〈西魏北周時期的河西〉，收錄於《敦煌學輯刊》（第1期，1998年），頁123。

〔註323〕《周書》，卷19，〈宇文貴傳〉，頁314。

〔註324〕《周書》，卷25，〈李賢傳〉，頁417～418。

〔註325〕《周書》，卷29，〈宇文盛附弟丘傳〉，頁494。

〔註326〕《周書》，卷35，〈崔謙附弟說傳〉，頁614。

〔註327〕《周書》，卷5，〈武帝紀〉上，頁78。

可見很少只擔任涼、甘、瓜三州其中一州的諸軍事或刺史者，大致上都是涼甘瓜三州諸軍事，只有李賢擔任的是瓜州刺史，自保定二年（562）至保定四年（564）便轉河州總管了；于寔擔任的是涼州總管，若參考明帝宇文毓在武成元年（559）改都督諸州軍事爲總管，且涼甘瓜三州中只有涼州有置總管府〔註328〕，則涼州總管可能等同於涼甘瓜三州諸軍事。而涼州這個重要的職位在天和六年（571）四月以後由宇文護的姻親于寔擔任。

此外與宇文護諸子關係好的宇文亮〔註329〕則控制了秦州。

> （天和六年，571）夏四月……大將軍杞國公（宇文）亮爲秦州總管。〔註330〕

> 齒國公薨，以（宇文）亮爲秦州總管，（宇文）廣之所部，悉以配焉。
> 〔註331〕

秦州是關隴地區頗爲重要的地方藩鎮，在天和六年（571）宇文亮出鎮秦州以前，並沒有出現過和宇文護關係良好的成員在擔任秦州總管。

表3-20　宇文護執政時期秦州總管成員一覽表

人　名	擔　　任　　時　　間	出　　　處
尉遲迴	武成元年（559）至保定二年（562）	《周書》卷4、《周書》卷5
宇文廣	保定二年（562）至天和三年（568）	《周書》卷5
宇文純	天和三年（568）至天和六年（571）	《周書》卷5
宇文亮	天和六年（571）	《周書》卷5

上表四人在史料中都沒有被宇文護委信的記載，只有從宇文亮和宇文護諸子的關係以及武帝宇文邕殺宇文護後，宇文亮「心不自安」〔註332〕的表現，可以佐證宇文亮與宇文護的關係比起其他成員較佳。

至於受遺詔擁立宇文邕的于謹次子于翼：

〔註328〕《隋書》，卷29，〈地理志〉上，頁815～816。
〔註329〕「時晉公護諸子及廣弟杞國公（宇文）亮等，服玩侈靡，踰越制度。」見《周書》，卷10，〈邵惠公顥附孫廣傳〉，頁156。
〔註330〕《周書》，卷5，〈武帝紀〉上，頁78。
〔註331〕《周書》，卷10，〈邵惠公顥附孫亮傳〉，頁157。
〔註332〕「晉公護誅後，（宇文）亮心不自安，唯縱酒而已。」見《周書》，卷10，〈邵惠公顥附孫亮傳〉，頁157。

> 保定元年（561），徙軍司馬……天和初，遷司會中大夫……遭父憂
> 去職，居喪過禮，爲時輩所稱。尋有詔，起令視事。高祖又以（于）
> 翼有人倫之鑒，皇太子及諸王等相傅以下，並委翼選置。其所擢用，
> 皆民譽也，時論僉謂得人。遷大將軍，總中外宿衛兵事。晉公護以
> 帝委（于）翼腹心，內懷猜忌。轉爲小司徒，加拜柱國。雖外示崇
> 重，實疎斥之。〔註333〕

于翼在宇文邕保定元年（561）擔任軍司馬，到了天和元年（566）轉任司會，
不管是軍司馬還是司會，都是大冢宰掌朝政下非常重要的職官，在于謹卒
（天和三年，568）後遷大將軍總中外宿衛兵事，至天和六年（571）五月拜
柱國〔註334〕，雖然不確定于翼爲什麼能擔任軍司馬、司會與總中外宿衛兵事
這些和宇文護關係密切的重要職掌，但是可以確定于翼爲宇文邕的腹心，而
于翼到了天和六年（571）五月，已不再擔任軍司馬、司會或總中外宿衛兵事
這些重要的職掌〔註335〕。

　　上述種種或可以說明武帝天和末年，宇文護取得了納言之職，同時宇文
護姻親于寔爲涼州總管，並且將宇文邕的腹心于翼轉出了軍司馬、司會與中
外宿衛兵事這些重要的職位，顯示宇文護更能掌控朝政。

　　除了這些變化以外，天和五年（570）還有兩個重要的事件〔註336〕，首
先便是宇文邕下詔賜宇文護「軒懸之樂，六佾之舞」。

> （天和）五年（570），又詔曰：「……今文軌尚隔，方隅猶阻，典策
> 未備，聲名多闕，宜賜軒懸之樂，六佾之舞。」〔註337〕

詔令中的軒懸之樂與六佾之舞，也同樣出現在高洋與楊堅準備禪代的詔令
中：

> 魏帝遣兼太尉彭城王韶、司空潘相樂冊命曰：於戲，敬聽朕命……
> 王深廣惠和，易調風化，神祇且格，功德可象，是用錫王軒懸之樂，
> 六佾之舞。〔註338〕

> 策曰：……又加九錫，其敬聽朕後命……公樂以移風，雅以變俗，

〔註333〕《周書》，卷30，〈于翼傳〉，頁524。
〔註334〕《周書》，卷5，〈武帝紀〉上，頁78～79。
〔註335〕于翼轉小司徒也沒有兼領軍司馬與司會這些要職。
〔註336〕事件的先後順序在《周書》與《通鑑》中都沒有記載，本文介紹排列方式只
　　　　是依《周書》的卷數。
〔註337〕《周書》，卷11，〈晉蕩公護傳〉，頁175。
〔註338〕《北齊書》，卷4，〈文宣帝紀〉，頁45～47。

遐邇胥悦，天地咸和，是用錫公軒懸之樂，六佾之舞。〔註339〕

從高洋與楊堅的例子再看宇文邕下詔賜宇文護「軒懸之樂，六佾之舞」，可以發現「軒懸之樂，六佾之舞」有禪代的意思在，但是高洋與楊堅都是馬上就篡位了，可是宇文護在天和五年（570）受詔後並沒有篡位，則宇文邕下詔賜宇文護「軒懸之樂，六佾之舞」的事件並不如高洋與楊堅單純〔註340〕。

其次便是竇熾提出「歸政之議」。

天和五年（570），出爲宜州刺史……（竇）熾又以高祖年長，有勸
（宇文）護歸政之議，護惡之，故左遷焉。〔註341〕

竇熾以宇文邕年長爲由，勸宇文護歸政，因此被出爲宜州刺史，不過因爲史料中沒有記載「歸政之議」的支持者與反對者，所以不容易拼湊出此時支持宇文護與反對宇文護的人〔註342〕。

天和三年（568）在「弼諧帝室」的于謹卒後，同年不附宇文護的楊忠也卒，天和五年（570）達奚武卒〔註343〕，對宇文護能產生制衡效果的八柱國十二將軍都已經不在了，這可能是天和末年宇文護更能掌控朝政的原因之一。試整理宇文護被殺以前的朝中重要官員，將其表列如下：

表 3-21　宇文護被殺以前六官成員一覽表

	成　員	官　　　職	出　　處
天　官	宇文護	大冢宰	《周書》卷 11
	梁　睿	小冢宰	《隋書》卷 37
	叱羅協	司會中大夫、中外府長史	《周書》卷 11
	崔　猷	司會中大夫	《周書》卷 35
	侯莫陳凱	司會中大夫	《周書》卷 16
	杜　杲	御正中大夫	《周書》卷 39

〔註339〕《隋書》，卷1，〈高祖紀〉上，頁7～10。
〔註340〕史料中並沒有記載武帝宇文邕下詔的緣由，不過從宇文護並未篡位來看，這次下詔並不是爲了禪代。愚見懷疑宇文邕是藉尊崇來試探宇文護，甚至於以此觀察朝中重臣的立場與態度。
〔註341〕《周書》，卷30，〈竇熾傳〉，頁519～520。
〔註342〕愚見懷疑竇熾應是藉「歸政之議」來試探朝中成員對宇文護執政的立場與態度。
〔註343〕《周書》，卷5，〈武帝紀〉上，頁77。

	楊瓚	納言中大夫	《隋書》卷 44
	長孫覽	右宮伯	《周書》卷 5
	宇文神舉	右宮伯	《周書》卷 40
	元偉	司宗中大夫	《周書》卷 38
	宇文孝伯	小宗師領右侍	《周書》卷 40
地官	于翼	小司徒	《周書》卷 30
春官	宇文盛	大宗伯	《周書》卷 29
	王褒	內史中大夫	《周書》卷 41
	王軌	內史下大夫	《周書》卷 40
夏官	宇文憲	大司馬治小冢宰兼雍州牧	《周書》卷 12
	陸逞	小司馬	《周書》卷 32
	辛威	小司馬	《周書》卷 27
	尉遲運	軍司馬兼左武伯中大夫	《周書》卷 40
	邊平	軍司馬、宇文護府司馬	《周書》卷 11
	劉雄	軍司馬	《周書》卷 29
	柳帶韋	武藏中大夫	《周書》卷 22
	趙芬	吏部下大夫	《隋書》卷 46
	王謙	治右小武伯	《周書》卷 21
秋官	陸通	大司寇	《周書》卷 32
冬官	李穆	大司空	《周書》卷 30
	馮遷	小司空、司錄〔註344〕	《周書》卷 11
	裴文舉	司憲中大夫	《周書》卷 37
	李崇	小司金大夫治軍器監	《隋書》卷 37

上表宇文護委任與親待的是叱羅協（司會）、馮遷（小司空）、宇文憲（大司馬治小冢宰兼雍州牧）、陸逞（小司馬）與邊平（軍司馬）等人，其中馮遷因

〔註344〕馮遷本傳中最後擔任的職官是小司空，並沒有司錄的記載，可是宇文護本傳中有記：「（宇文）護長史代郡叱羅協、司錄弘農馮遷及所親任者，皆除名。」見《周書》，卷11，〈晉蕩公護傳〉，頁177。則馮遷恐仍有帶司錄一職。

為年老而委任稍衰〔註345〕，所以司會、大司馬、小司馬與軍司馬是宇文護較重視也控制力較強的職位。此外還有些是和宇文護霸府有關或是和蒲州總管府有關的成員，如杜杲〔註346〕（御正）、元偉〔註347〕（司宗）、劉雄〔註348〕（軍司馬）、柳帶韋〔註349〕（武藏）、趙芬〔註350〕（吏部）等人，這些人的委信程度雖然不及叱羅協他們，不過他們都入過霸府或蒲州總管府，與宇文護也有相當的關係。

可是上述眾人中的職掌仍然沒有控制禁軍的成員，此時控制禁軍的長孫覽（右宮伯）、宇文神舉（右宮伯）、宇文孝伯（小宗師領右侍）、尉遲運（軍司馬兼左武伯中大夫）與王謙（治右小武伯）等人中，長孫覽與武帝宇文邕親善〔註351〕；宇文神舉與宇文孝伯都參與殺宇文護一事〔註352〕；尉遲運與王謙此時的立場不明。可見禁軍中並沒有宇文護親委的成員，但部分成員卻是宇文邕的心腹。

再看宇文護的霸府幕僚。

表 3-22　宇文護被殺以前霸府幕僚一覽表

人　物	官　　　職	出　　處
叱羅協	司會中大夫、中外府長史	《周書》卷 11
邊　平	軍司馬、宇文護府司馬	《周書》卷 11
馮　遷	小司空、司錄	《周書》卷 11
尹公正	中外府司錄	《周書》卷 11

〔註345〕 《周書》，卷 11，〈晉蕩公護附馮遷傳〉，頁 181。
〔註346〕 「中山公訓爲蒲州總管，以（杜）杲爲府司馬、州治中，兼知州府事。」見《周書》，卷 39，〈杜杲傳〉，頁 702。
〔註347〕 「孝閔帝踐祚，除晉公護府司錄。」見《周書》，卷 38，〈元偉傳〉，頁 688。
〔註348〕 「使還，兼中外府掾。」見《周書》，卷 29，〈劉雄傳〉，頁 503。
〔註349〕 「加儀同三司、中外府掾。」見《周書》，卷 22，〈柳慶附兄子帶韋傳〉，頁 375。
〔註350〕 「大冢宰宇文護召爲中外府掾，俄遷吏部下大夫。」見《隋書》，卷 46，〈趙芬傳〉，頁 1251。
〔註351〕 「武帝在藩，與（長孫）覽親善，及即位，彌加禮焉，超拜車騎大將軍。」見《隋書》，卷 51，〈長孫覽傳〉，頁 1327。
〔註352〕 「及高祖將誅晉公護，密與衛王直圖之。唯（宇文）孝伯及王軌、宇文神舉等頗得參預。」見《周書》，卷 40，〈宇文孝伯傳〉，頁 717。

袁　傑	中外府司錄	《周書》卷 11
田仁恭	中外府掾	《隋書》卷 54
劉　臻	中外府記室參軍	《隋書》卷 76
段文振	中外府兵曹參軍	《隋書》卷 60
楊　素	中外府禮曹參軍	《隋書》卷 48
韋　師	雍州主簿兼中外府賓曹參軍	《隋書》卷 46
郭　榮	中外府水曹參軍	《隋書》卷 50

上表比較重要的幕僚是宇文護委信的叱羅協、邊平、尹公正與袁傑，以及負責「軍書羽檄」〔註353〕的劉臻等人，除了這些人以外，還有樊叔略也受宇文護委信〔註354〕，不過他的職掌不確定屬於中外府還是開府，因此暫不討論。

表 3-23　宇文護被殺以前朝政運作簡表

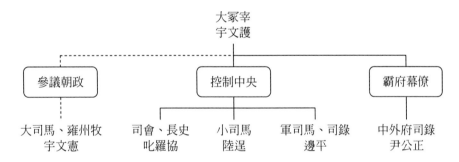

宇文護自西魏恭帝三年（556）執政到武帝建德元年（572）被殺，朝政運作大概有四個特色：

第一、以合作的對象來參議朝政。從最初參議朝政的李弼、于謹、侯莫陳崇與賀蘭祥來看，李弼、于謹與侯莫陳崇都是柱國，威望在宇文護之上；賀蘭祥是宇文護表親，但是彼此的地位是屬於平輩的關係，不是宇文護可以完全控制的成員〔註355〕，因此宇文護最初執政比較偏向以合議的方式在運作朝政。

〔註353〕《隋書》，卷 76，〈文學·劉臻傳〉，頁 1731。
〔註354〕「宇文護執政，引為中尉。（樊）叔略多計數，曉習時事，護漸委信之，兼督內外。」見《隋書》，卷 73，〈循吏·樊叔略傳〉，頁 1677。
〔註355〕例如賀蘭祥雖然幫宇文護殺趙貴、廢宇文覺與迎立宇文毓，但是當宇文護與宇文毓之間產生權力衝突時，便沒有看見賀蘭祥參與的記載，甚至於無法確定賀蘭祥在宇文護、宇文毓與宇文邕三人之間的立場。

這種朝政運作的方式隨著李弼、賀蘭祥與侯莫陳崇等人卒後，參議朝政的只剩于謹，宇文護後來又找了宇文憲作為參議朝政的人選，雖然宇文護對宇文憲親委，但是兩人之間並不是主從關係，因此從宇文護參議朝政的成員來看，仍是以合作對象為主。

第二、宇文護朝政運作中最主要的官僚是天官司會，除了明帝宇文毓在位時期因為御正改制，所以宇文護委信的叱羅協轉治御正以外，大部分的時間仍是以司會為主。

第三、宇文護運作朝政往往以中外府或開府的職官兼任他官，最具代表性的當然是叱羅協擔任司會帶中外府長史，不過朝中也有如賓部下大夫兼長史，或齊右下大夫治中外府屬等等方式。

第四、京師的禁軍一直是宇文護朝政運作中最不足的地方，史料中並沒有記載宇文護對京師禁軍控制力不足的原因，只能從宇文護委信的成員中發現宇文護對禁軍控制力不足的狀況。

既然宇文護對禁軍的控制力不足，而且隨著宇文憲逐漸受到重用，宇文護有所陳多令宇文憲向皇帝宇文邕聞奏〔註356〕，顯示宇文護已經很少來京師，為什麼宇文護還會在京師被殺？

> （宇文）護自同州還。帝御文安殿，見護訖，引護入含仁殿朝皇太后。先是帝於禁中見護，常行家人之禮。護謁太后，太后必賜之坐，帝立侍焉。至是護將入，帝謂之曰：「太后春秋既尊，頗好飲酒。不親朝謁，或廢引進。喜怒之間，時有乖爽。比雖犯顏屢諫，未蒙垂納。兄今既朝拜，願更啟請。」因出懷中酒誥以授護曰：「以此諫太后。」護既入，如帝所戒，讀示太后。未訖，帝以玉珽自後擊之，護踣於地。又令宦者何泉以御刀斫之。泉惶懼，斫不能傷。時衛王直先匿於戶內，乃出斬之。初，帝欲圖護，王軌、宇文神舉、宇文孝伯頗豫其謀。是日，軌等並在外，更無知者。〔註357〕

從引文來看，宇文邕藉叱奴氏飲酒過量為理由騙宇文護，最後在宇文護未帶隨侍的情況下被宇文邕、宇文直與宦者何泉所殺〔註358〕。但是為什麼宇文護

〔註356〕「自天和之後，威勢漸隆。（宇文）護欲有所陳，多令憲聞奏。」見《周書》，卷12，〈齊煬王憲傳〉，頁189。

〔註357〕《周書》，卷11，〈晉蕩公護傳〉，頁175～176。

〔註358〕在宇文護被殺的史料記載中，可以發現宇文護並未帶隨侍入宮謁見叱奴氏，愚見懷疑恐有可能因為宇文護信任叱奴氏，所以才沒有帶隨侍入宮。但為什

會來京師？天和三年（568）以後的局勢演變，宇文護對朝中控制力逐漸增強的局勢，雖然有可能是因爲于謹與楊忠卒後，百官見風轉舵下所產生的自然演變，但也不排除武帝宇文邕刻意操作這個局勢，如賜宇文護「軒懸之樂，六佾之舞」，讓于寔出鎮涼州，于翼離開中外宿衞兵事，宇文亮出鎮秦州等等，來促使宇文護放鬆戒心，最後在京師聯同宇文直殺了宇文護。

　　宇文邕殺了宇文護以後，馬上廢除中外府〔註359〕，至此不用再與權臣分享權力。而宇文護矛盾的心態和其委信的成員與幕僚以及他們的遷轉，最後還有宇文護對北周政局的貢獻，將於下一章再作詳述。

第四章　宇文護執政時期綜論

《周書》關於宇文護執政有以下的記載：

> （宇文）護性甚寬和，然暗於大體。自恃建立之功，久當權軸。凡所委任，皆非其人。兼諸子貪殘，僚屬縱逸，恃護威勢，莫不蠹政害民。〔註1〕

引文中史官〔註2〕對宇文護的評價大概只有「性甚寬和」屬於比較正面的評價，其他如「凡所委任，皆非其人。兼諸子貪殘，僚屬縱逸，恃護威勢，莫不蠹政害民」等等，都是屬於負面的評價。《周書》除了上述的評價以外，在史臣曰〔註3〕中還有另外的記載：

> 有周受命之始，宇文護寔預艱難。及太祖崩殂，諸子冲幼，羣公懷等夷之志，天下有去就之心。辛能變魏爲周，俾危獲乂者，護之力也。向使加之以禮讓，繼之以忠貞，桐宮有悔過之期，未央終天年之數，則前史所載，焉足以道哉。然護寡於學術，昵近羣小，威福在己，征伐自出。有人臣無君之心，爲人主不堪之事。忠孝大節也，

〔註1〕　《周書》，卷11，〈晉蕩公護傳〉，頁175。

〔註2〕　《周書》雖是令狐德棻所撰，但其實參與編寫者還有岑文本與崔仁師，且資料來源是柳蚪寫的官史與隋代牛弘未完成的周史，關於《周書》的編寫者與資料來源，參見北京中華書局的《周書》出版說明，頁2～4。本文並不是要討論《周書》編寫的問題，所以暫不討論《周書》編寫者等問題，而在不確定《周書》對宇文護執政的評價究竟是令狐德棻？或岑文本？還是牛弘所記的情況下？本文暫以史官代替。

〔註3〕　雖然北京中華書局指出《周書》中的史論多半是岑文本寫的，參見北京中華書局的《周書》出版說明，頁2。但因爲並非全出自岑文本所筆，在不確定的情況下，暫以史官曰代替。

違之而不疑；廢弒至逆也，行之而無悔。終於身首橫分，妻孥爲戮，

不亦宜乎。〔註4〕

雖然也有「寡於學術，昵近羣小」這樣類似「凡所委任，皆非其人」的負面評價，但是卻提出了宇文護穩定宇文泰卒後的政局與建立北周的貢獻，另外同時也指出宇文護「有人臣無君之心，爲人主不堪之事。忠孝大節也，違之而不疑；廢弒至逆也，行之而無悔」的行爲與心態，所以最終「身首橫分」。

《周書》中關於宇文護的評價，比較正面的有「性甚寬和」與穩定宇文泰卒後的政局，相對來說，不管是「凡所委任，皆非其人。兼諸子貪殘，僚屬縱逸，恃護威勢，莫不蠹政害民」，還是「寡於學術，昵近羣小」，甚至於「有人臣無君之心，爲人主不堪之事」等等，都是負面的評價要比正面的評價多。

不可否認宇文護連弒兩帝與爲臣之道確實失當，不過有些負面評價仍有再討論的空間，如《周書》中批評宇文護「凡所委任，皆非其人」的記載，便有不同的看法與意見〔註5〕，但是仍有補充與討論的空間〔註6〕，畢竟宇文

〔註4〕 《周書》，卷11，〈晉蕩公護傳〉，頁182。

〔註5〕 會田大輔便以宇文護的幕僚爲例，來討論宇文護是否如正史所記載有用人不當的問題。參見〈北周宇文護執政期再考——以宇文護幕僚人事組成爲中心〉，頁15。

〔註6〕 會田大輔藉由宇文護選用的人才，並以這些人在正史中的評價爲例，說明宇文護任用的人大部分是有能力或優秀的人物。參見〈北周宇文護執政期再考——以宇文護幕僚人事組成爲中心〉，頁15～34。會田大輔引用了相當多的史料，並且製表來分析這些人在正史中的記載，其中引用的成員是以擔任過天官小冢宰與天官司會，以及中外府和開府爲主。愚見認同引用中外府和開府的幕僚來討論，因爲中外府與開府的狀況比較單純，被認爲是宇文護任命比較不容易有爭議，可是擔任小冢宰與司會的成員拿來引用可能還有討論的空間，且資料上仍有爭議性。例如長子被宇文護所殺的長孫儉當過小冢宰，這是唯一可以確定由宇文護任命的，參見《北史》，卷22，〈長孫儉傳〉，頁809；武帝宇文邕的腹心于翼也當過司會，但史料中並沒有記載是誰任命的，參見《周書》，卷30，〈于翼傳〉，頁524；宇文貴在武成初年治小冢宰，不過宇文貴的本官是大司空，小冢宰是以大司空治之，且武成年間明帝宇文毓親政，人事命令也不能確定是宇文護所下，參見《周書》，卷19，〈宇文貴傳〉，頁313；韓褒的狀況也是一樣，史料中不確定是誰任命他做司會，且韓褒討論政事是與武帝宇文邕，反而沒有與宇文護討論政事的記載，參見《周書》，卷37，〈韓褒傳〉，頁661～662；柳慶根本拒絕擔任宇文護的腹心，且後來擔任司會也不能確定那是宇文護的意思，參見《周書》，卷22，〈柳慶傳〉，頁372；

護是被武帝宇文邕所殺，難免有欲加之罪的嫌疑〔註7〕，因此將於本章試圖討論宇文護的心態與其委任的成員，以及中外府與開府的幕僚，並於最後略述宇文護的貢獻。

第一節　宇文護矛盾的心態

　　《周書》中「有人臣無君之心，為人主不堪之事。忠孝大節也，違之而不疑；廢弒至逆也，行之而無悔」的記載是宇文護執政時期對北周皇帝的態度，若宇文護欲保宇文泰所留下的基業，則穩定局勢後功成身退是很好的選擇，這也是《周書》中「向使加之以禮讓，繼之以忠貞，桐宮有悔過之期，未央終天年之數」的期望；另一方面，若宇文護欲廢帝自立，則穩定局勢後開始行禪代之事也是一種選擇，但是宇文護實際的情況卻是既沒有功成身退，也沒有行禪代之事，最後被武帝宇文邕所殺，造成宇文護這種狀況的原因是本節所要討論的主題。

一、宇文護詢問徵祥的意義與心態

　　《隋書・庾季才傳》有以下的記載：

> 武成二年（560），與王褒、庾信同補麟趾學士。累遷稍伯大夫、車騎大將軍、儀同三司。其後大冢宰宇文護執政，謂（庾）季才曰：「比日天道，有何徵祥？」季才對曰：「荷恩深厚，若不盡言，便同木石。頃上台有變，不利宰輔，公宜歸政天子，請老私門。此則自享期頤，而受旦、奭之美，子孫藩屏，終保維城之固。不然者，非復所知。」護沈吟久之，謂季才曰：「吾本意如此，但辭未獲免耳。公既王官，可依朝例，無煩別參寡人也。」自是漸疎，不復別見。及護滅之後，

豆盧勣雖有擔任司會的記載，但是既無法確定是誰任命的，而且從「復徵」來看，也無法確定在那一年擔任司會，曾田大輔將其置於天和二年（567）恐有爭議，「天和二年（567），授邵州刺史，襲爵楚國公。復徵為天官府司會，歷信、夏二州總管、相州刺史。」見《隋書》，卷39，〈豆盧勣傳〉，頁1156。況且宇文護也有委任或親待的成員沒有擔任小冢宰或司會這些職官的例子，只用小冢宰或司會來討論可能還不夠，因此愚見以為仍有補充與討論的空間。

〔註7〕　如呂思勉指出《周書》中對宇文護的負面評價，或許是在宇文護被殺後加上去的。參見呂思勉著，《魏晉南北朝史》（臺北：開明書局，1977年第5版），頁742。

閱其書記，武帝親自臨檢，有假託符命，妄造異端者，皆致誅戮。

唯得季才書兩紙，盛言緯候災祥，宜反政歸權。〔註8〕

引文是關於宇文護問庾季才徵祥的記載，在庾季才回應宇文護「宜歸政天子，請老私門」以後，宇文護遂對庾季才「自是漸疏，不復別見」，因此從引文中可見宇文護有在詢問徵祥的狀況，而確實也有一些「假託符命，妄造異端」者，甚至於還被宇文護保留下來，所以才有「及護滅之後，閱其書記」的記載；這段記載並沒有交待時間點，因此無法確定宇文護詢問庾季才徵祥的具體時間，只能確定應該是在明帝武成二年（560）至宇文護被殺（建德元年，572）以前的這段時間內。

有學者對《隋書·庾季才傳》中的記載提出了個人的看法〔註9〕，愚見認同宇文護有顧忌的可能，不過卻懷疑《隋書·庾季才傳》中所反映的並不只是顧忌的問題，而是宇文護會藉由徵祥而去詢問朝臣的意見與看法。筆者將《周書》本紀中自宇文護執政至被殺的這段時間內所記載的徵祥製成下表。

表4-1　《周書》本紀徵祥一覽表〔註10〕

紀　　元	徵　祥　記　載	出　　處
天王二年（558）七月	順陽獻三足烏。	《周書》卷4
保定元年（561）二月	弘農上言九尾狐見。	《周書》卷5
保定二年（562）四月	南陽獻三足烏。湖州上言見二白鹿從三角獸而行。	《周書》卷5
保定二年（562）十二月	益州獻赤烏。	《周書》卷5
保定三年（563）二月	渭州獻三足烏。	《周書》卷5
保定三年（563）三月	益州獻三足烏。	《周書》卷5
保定三年（562）九月	蒲州獻嘉禾，異畝同穎。	《周書》卷5
保定五年（565）九月	益州獻三足烏。	《周書》卷5
保定五年（565）十一月	岐州上言一角獸見。	《周書》卷5
天和元年（566）四月	益州獻三足烏。	《周書》卷5

〔註8〕　《隋書》，卷78，〈藝術·庾季才傳〉，頁1765。

〔註9〕　呂春盛指出：「由此可見，當時宇文護似有一段時間徘徊於篡代與不篡代之間，他喜歡奉承的讖緯，但似又有所顧忌，到底他在顧忌什麼？頗值得玩味。」見《關隴集團的權力結構演變——西魏北周政治史研究》，頁205。

〔註10〕　本表徵祥的時間斷限是自宇文護執政至被殺的這段時間以內。

| 天和二年（567）閏六月 | 襄州上言慶雲見。 | 《周書》卷5 |
| 天和二年（567）七月 | 梁州上言鳳凰集於楓樹，羣鳥列侍以萬數。 | 《周書》卷5 |

表中徵祥共十二條，一條是在宇文毓天王二年（558），八條是在武帝宇文邕保定年，三條是在武帝宇文邕天和年，可見徵祥主要集中在武帝宇文邕在位的期間，尤以保定年間（561～565）最多。再從徵祥的時間點來看，大概可以區分為兩個時段，一是保定元年（561）二月到保定三年（563）三月，而且這段時間中每年都有徵祥；二是保定五年（565）九月到天和二年（567）七月，而這段時間中同樣每年都有徵祥。若參照徵祥的時間點再比照北周時期中重要事件，第一個時段結束在保定三年（563）四月于謹為三老，至保定四年（564）宇文護親征北齊〔註11〕，到了保定五年（565）九月才又開始出現徵祥，至天和二年（567）七月以後便不再有徵祥的記載〔註12〕。

　　試整理徵祥出現之際，擔任當州總管或刺史者。天王二年（558）七月順陽郡守不詳；保定元年（561）二月的陝州總管或刺史不詳；保定二年（562）四月的湖州刺史恐是薛慎〔註13〕，其兄薛善受宇文護委任〔註14〕，但是薛慎並沒有被宇文護親待或委任的記載；保定三年（563）二月渭州刺史不詳；保定三年（563）九月的蒲州刺史是宇文護子宇文會〔註15〕；益州出現徵祥時的州總管都是宇文招〔註16〕；保定五年（565）十一月的岐州刺史應是宇文純〔註17〕；天和二年（567）閏六月的襄州總管是宇文直〔註18〕；天和二年（567）

〔註11〕　參見《周書》，卷5，〈武帝紀〉上，頁68～70。
〔註12〕　于謹與楊忠卒於天和三年（568），參見《周書》，卷5，〈武帝紀〉上，頁75。又參考天和二年（567）七月以後便沒有徵祥的記載，兩者之間是否有關聯性？是什麼樣的關聯？又或者只是單純的巧合？仍待更多新史料以釐清可能的原因。
〔註13〕　「保定初，出為湖州刺史……一年之間，翕然從化。」見《周書》，卷35，〈薛善附弟慎傳〉，頁625。
〔註14〕　《周書》，卷35，〈薛善傳〉，頁624。
〔註15〕　《周書》，卷5，〈武帝紀〉上，頁67。
〔註16〕　宇文招於保定二年（562）十一月出鎮益州，至天和五年（570）七月被宇文儉所取代，參見《周書》，卷5，〈武帝紀〉上，頁67～77。而益州上徵祥是在保定二年（562）十二月至天和元年（566）四月之間，則益州上徵祥時的當州總管都是宇文招。
〔註17〕　「保定中，除岐州刺史，加開府儀同三司。」見《周書》，卷13，〈文閔明武宣諸子・陳惑王純傳〉，頁204。
〔註18〕　《周書》，卷5，〈武帝紀〉上，頁74。

七月的梁州是宇文亮〔註19〕。從徵祥出現之際的當州總管或刺史來看，大部分要不是當州總管或刺史在史料中沒有與宇文護有互動的記載，要不就是記載不詳，只有梁州總管宇文亮與宇文護關係比較好，而蒲州總管宇文會是宇文護之子，為方便檢視，表列如下：

表 4-2　上獻徵祥的當州總管或刺史一覽表〔註20〕

總管或刺史	徵　　祥　　記　　載
不　詳	順陽獻三足烏。
不　詳	弘農上言九尾狐見。
薛　慎	湖州上言見二白鹿從三角獸而行。
宇文招	益州獻赤烏。
不　詳	渭州獻三足烏。
宇文招	益州獻三足烏。
宇文會	蒲州獻嘉禾，異畝同穎。
宇文招	益州獻三足烏。
宇文純	岐州上言一角獸見。
宇文招	益州獻三足烏。
宇文直	襄州上言慶雲見。
宇文亮	梁州上言鳳凰集於楓樹，羣鳥列侍以萬數。

雖然徵祥上獻不一定全是當州總管或刺史的意思，但也不可能與當州總管或刺史毫無關係，檢視這些上獻徵祥時的當州總管或刺史以及他們和宇文護的關係來看，無從判斷這些徵祥的背後究竟是誰在運作？但是恐怕並不是都和宇文護有關，反而顯示了政局複雜與混亂。

　　再者，徵祥的頻繁出現是有利於皇帝宇文邕還是權臣宇文護？前述《周書》本紀中的徵祥略分三足烏、九尾狐、白鹿、三角獸、赤烏、嘉禾、一角

〔註19〕宇文亮是在保定三年（563）十月擔任梁州總管，參見《周書》，卷5，〈武帝紀〉上，頁69。宇文亮離開梁州總管入朝為司宗是在天和末年，參見《周書》，卷10，〈邵惠公顥附孫亮傳〉，頁157。因此天和二年（567）七月時的梁州總管應該仍是宇文亮。

〔註20〕本表徵祥的時間斷限是自宇文護執政至被殺的這段時間以內。

獸、慶雲與鳳凰，以下略述這些徵祥所代表的意義，以及前代是否有運用在
禪代之事上〔註21〕。

（1）三足烏

《宋書・符瑞志》中記載三足烏「王者慈孝天地則至」〔註22〕，《魏書・
靈徵志》中也有相同的描述「青州獻三足烏。王者慈孝天地則至」〔註23〕。史
料中關於三足烏的記載比較單純，幾乎都只是祥瑞，並沒有運用在禪代上。

（2）九尾狐

《宋書・符瑞志》〔註24〕與《魏書・靈徵志》〔註25〕中都有九尾狐的相
關記載，較爲重要的是有運用在禪代之事上，東魏高洋纂位時便有使用九尾
狐的實例。

> 帝如鄴。光州獲九尾狐以獻……魏帝遣兼太尉彭城王韶、司空潘相
> 樂奉冊，進帝位相國，總百揆……加九錫殊禮，齊王如故……魏帝
> 遜位別宮……致璽書於帝，并奉皇帝璽綬，禪代之禮，一依唐、虞、
> 漢、魏故事。〔註26〕

> 光州獻九尾狐。帝至鄴城南，召入，并齎板策。旦，高隆之進謁曰：
> 「用此何爲？」帝作色曰：「我自作事，若欲族滅耶！」隆之謝而退。
> 於是乃作圓丘，備法物，草禪讓事。〔註27〕

從高洋使用九尾狐作祥瑞以進行禪代之事來看，九尾狐是可以當作禪代的
理由，但是保定元年（561）二月「弘農上言九尾狐見」之際，宇文護並沒有
纂位。

〔註21〕　因本文以宇文護爲主角，討論的是西魏北周的歷史，所以徵祥所代表的意義
　　　　　以及是否運用在禪代之事，是以魏晉南北朝爲主。
〔註22〕　《宋書》，卷29，〈符瑞志〉下，頁841。
〔註23〕　《魏書》，卷112，〈靈徵志〉下，頁2932。
〔註24〕　「帝禹有夏氏，母曰脩己，出行，見流星貫昴，夢接意感，既而吞神珠。脩
　　　　　己背剖，而生禹於石紐。虎鼻大口，兩耳參鏤，首戴鉤鈐，胸有玉斗，足文
　　　　　履己，故名文命。長有聖德。長九尺九寸，夢自洗於河，以手取水飲之。又
　　　　　有白狐九尾之瑞。」見《宋書》，卷27，〈符瑞志〉，頁763；「九尾狐，文王
　　　　　得之，東夷歸焉。」見《宋書》，卷28，〈符瑞志〉中，頁803。
〔註25〕　「冀州獲九尾狐以獻。王者六合一統則見。周文王時，東夷歸之。」見《魏
　　　　　書》，卷112，〈靈徵志〉下，頁2928。
〔註26〕　《北史》，卷7，〈顯祖文宣帝紀〉，頁245。
〔註27〕　《北史》，卷7，〈顯祖文宣帝紀〉，頁259。

（3）白鹿

《宋書·符瑞志》中記載「王者明惠及下則至」〔註28〕，《魏書·靈徵志》中也有記「魏郡斥丘縣獲白鹿，王者惠及下則至」〔註29〕。白鹿的記載也比較單純，並沒有運用在禪代上。

（4）三角獸

《宋書·符瑞志》中記載「三角獸，先王法度修則至」〔註30〕，《魏書·靈徵志》則沒有相關記載。三角獸並沒有運用在禪代上。

（5）赤鳥

《宋書·符瑞志》沒有相關的記載，《魏書·靈徵志》則記「涼州獻赤鳥。周武王時銜麥至而克殷」〔註31〕，疑與軍事作戰有關，參考北周時期赤鳥於保定二年（562）十二月由益州獻上，保定三年（563）楊忠率軍攻討北齊〔註32〕，恐能佐證《魏書·靈徵志》中赤鳥的含義。

（6）嘉禾

《宋書·符瑞志》中記載「嘉禾，五穀之長，王者德盛，則二苗共秀。於周德，三苗共穗；於商德，同本異稼；於夏德，異本同秀」〔註33〕，《魏書·靈徵志》則只記事跡而沒有描述什麼是嘉禾〔註34〕，此外也沒有運用在禪代之事上。

（7）一角獸

《宋書·符瑞志》中記載「天下平一則至」〔註35〕，《魏書·靈徵志》也記「後軍將軍尒朱新興獻一角獸。天下平一則至」〔註36〕，也沒有運用在禪代之事上。

（8）慶雲

《宋書·符瑞志》中記載「雲有五色，太平之應也，曰慶雲。若雲非雲，

〔註28〕 《宋書》，卷28，〈符瑞志〉中，頁803。
〔註29〕 《魏書》，卷112，〈靈徵志〉下，頁2930。
〔註30〕 《宋書》，卷28，〈符瑞志〉中，頁807。
〔註31〕 《魏書》，卷112，〈靈徵志〉下，頁2936。
〔註32〕 《周書》，卷5，〈武帝紀〉上，頁68。
〔註33〕 《宋書》，卷29，〈符瑞志〉下，頁827。
〔註34〕 參見《魏書》，卷112，〈靈徵志〉下，頁2940～2942。
〔註35〕 《宋書》，卷28，〈符瑞志〉中，頁807。
〔註36〕 《魏書》，卷112，〈靈徵志〉下，頁2931。

若煙非煙，五色紛縕，謂之慶雲」〔註37〕，《魏書·靈徵志》沒有相關記載。慶雲也沒有運用在禪代上。

（9）鳳凰

> 鳳凰者，仁鳥也……唯鳳皇爲能究萬物，通天祉，象百狀，達王道，率五音，成九德，備文武，正下國。故得鳳之象，一則過之，二則翔之，三則集之，四則春秋居之，五則終身居之。〔註38〕

引文爲《宋書·符瑞志》中關於鳳凰的描述，《魏書·靈徵志》沒有相關記載，而曹丕在篡漢之際，有使用鳳凰的實例。

> 延康元年（220）三月，黃龍又見譙，殷登猶存，歎曰：「黃龍見於熹平也，單颺云：『不及五十年，亦當復見。』今四十五年矣，颺之言其驗茲乎。」四月，饒安言白虎見。八月，石邑言鳳凰集，又有麒麟見。十月，漢帝禪位於魏，魏王辭讓不受。〔註39〕

由史料中可見鳳凰也有運用在禪代之事上，但是天和二年（567）七月，「梁州上言鳳凰集於楓樹，羣鳥列侍以萬數」之際〔註40〕，宇文護同樣沒有篡位。

　　上述九種祥瑞中，與禪代比較有關係的是九尾狐與鳳凰，倘若扣除宇文毓天王二年（558）「順陽獻三足烏」，則剩下十一次的徵祥中，只有兩次（九尾狐與鳳凰）的內含與禪代比較有關係，其餘三次出現三足烏（王者慈孝天地則至），其他如白鹿（王者明惠及下則至）、三角獸（先王法度修則至）、赤烏（周武王時銜麥至而克殷）、嘉禾（五穀之長，王者德盛，則二苗共秀）、一角獸（天下平一則至）、慶雲（雲有五色，太平之應也）等都只出現一次。因此從這些徵祥所代表的意義來看，主要是對君王的讚美與頌德，而這些徵祥是自發性的行爲還是背後勢力操作的結果，史料記載不足暫不討論，但可略見宇文護在宇文邕即位以後，所面對的是地方對皇帝宇文邕的巴結與輸誠。

〔註37〕《宋書》，卷29，〈符瑞志〉下，頁836。

〔註38〕《宋書》，卷28，〈符瑞志〉中，頁792～793。

〔註39〕《宋書》，卷27，〈符瑞志〉上，頁775。

〔註40〕「梁州上言鳳凰集於楓樹，羣鳥列侍以萬數」之際，擔任梁州總管是宇文亮，參見表4-2上獻徵祥的當州總管或刺史一覽表。宇文亮在宇文護被殺後，「心不自安，唯縱酒而已。」見《周書》，卷10，〈邵惠公顥附孫亮傳〉，頁157。宇文亮「心不自安」有可能便是指他在擔任梁州總管時，梁州上言鳳凰祥瑞之事。

　　綜上所述，在上獻徵祥者是誰或背後目的爲何尚且不易確定的情況下，目前只能懷疑宇文護詢問朝臣徵祥的原因，應是在藉此確認朝臣的立場，而宇文護確認朝臣立場的行爲，正是宇文護有所顧忌的原因〔註41〕。從宇文護執政時期的狀況來看，宇文護並沒有選擇穩定局勢後功成身退，「向使加之以禮讓，繼之以忠貞，桐宮有悔過之期，未央終天年之數」只是後代史官的期望，在宇文護連弑兩帝以後，君相之間的關係恐難復原，而宇文護沒有篡位也不能只從宇文護個人的立場或角度去解釋，客觀環境與朝臣的立場也是決定宇文護能否篡位的重要關鍵。

表4-3　宇文護執政時期勸誡與不附者一覽表〔註42〕

成　員	記　　　　　　　載	出　處
宇文廣	（宇文）廣以晉公護久擅威權，勸令抑損，護不能納。	《周書》卷10
竇　熾	至是，（竇）熾又以高祖年長，有勸（宇文）護歸政之議，護惡之，故左遷焉。	《周書》卷30
楊　忠	高祖將以忠爲太傅，晉公護以其不附己，難之，乃拜總管涇豳靈雲鹽顯六州諸軍事、涇州刺史。	《周書》卷19
閻　慶	晉公護母，（閻）慶之姑也。護雖擅朝，而慶未嘗阿附。	《周書》卷20
柳　慶	晉公護初攝政，欲引爲腹心。（柳）慶辭之，頗忤旨。	《周書》卷22
令狐整	晉公護之初執政也，欲委（令狐）整以腹心。整辭不敢當，頗迕其意，護以此疏之。	《周書》卷36
楊　堅	（楊）堅爲開府儀同三司、小宮伯，晉公護欲引以爲腹心。堅以白忠，忠曰：「兩姑之間難爲婦，汝其勿往！」堅乃辭之。	《通鑑》卷170
蘇　威	大冢宰宇文護見而禮之，以其女新興主妻焉。見護專權，恐禍及己，逃入山中，爲叔父所逼，卒不獲免。然（蘇）威每屏居山寺，以諷讀爲娛。	《隋書》卷78
庾季才	其後大冢宰宇文護執政，謂（庾）季才曰……自是漸疏，不復別見。	《隋書》卷78

〔註41〕呂春盛提出宇文護在毒弑明帝以後，軍政大權已牢牢在握，若想篡奪帝位也不困難，不過宇文護內心似有顧忌，徘徊不定。參見《關隴集團的權力結構演變——西魏北周政治史研究》，頁204。愚見贊成宇文護內心有顧忌，而這顧忌極可能便是朝臣的立場與態度，因此加以補充。

〔註42〕本表沒有加進趙貴、李植與孫恆等人，因爲趙貴等人是爲了爭權，而與表中眾人的立場不太相同，因此沒有置入表中。

裴　漢	時晉公護擅權，搢紳等多諂附之，以圖仕進。唯（裴）漢直道固守，八年不徙職。	《周書》卷 34
薛　端	晉公護將廢帝，召羣官議之，（薛）端頗有同異。護不悅，出爲蔡州刺史。	《周書》卷 35
齊　軌	時晉公護執政，儀同齊軌語善云：「兵馬萬機，須歸天子，何因猶在權門。」（薛）善白之。護乃殺軌，以善忠於己，引爲中外府司馬。	《周書》卷 35

上表以宇文廣、竇熾與楊忠尤其重要，宇文廣是宇文導之子；楊忠是十二將軍之一；竇熾是代北的勳貴，這些成員都有勸誡或不附宇文護的記載。除了上表眾人以外，還有很多重臣雖是沒有明顯表態的，但是宇文護確實沒有得到他們的支持，以八柱國十二將軍等門閥來看，大部分都沒有支持宇文護，誠然柱國中有于謹支持過宇文護統領軍國，但是在宇文護徵祥事件中並沒有看到于謹表態，反而接受了武帝宇文邕爲三老而問道，這恐怕已略見于謹的政治立場；十二將軍中只有賀蘭祥支持過宇文護殺趙貴、廢宇文覺與迎立宇文毓，但是之後就再也沒有看到賀蘭祥表態或支持宇文護的記載。凡此種種或可說明宇文護若想篡位，八柱國十二將軍等門閥中並沒有支持宇文護的情況。

《隋書》中的記載可以呼應宇文護恐有篡位的意圖。

> 又初除復讎之法，犯者以殺論。時晉公護將有異志，欲寬政以取人心，然闇於知人，所委多不稱職。既用法寬弛，不足制姦，子弟僚屬，皆竊弄其權，百姓愁怨，控告無所。〔註43〕

這條法令依《周書》所記，是在保定三年（563）四月「初禁天下報讎，犯者以殺人論」〔註44〕頒布，史料中有一例可以佐證宇文護「欲寬政以取人心」：

> 晉公護初攝政，欲引爲腹心。（柳）慶辭之，頗忤旨……保定三年（563），又入爲司會。先是，慶兄檜爲魏興郡守，爲賊黃寶所害。檜子三人，皆幼弱，慶撫養甚篤。後寶率眾歸朝，朝廷待以優禮。居數年，檜次子雄亮白日手刃寶於長安城中。晉公護聞而大怒，執慶及諸子姪皆囚之。讓慶曰：「國家憲綱，皆君等所爲。雖有私怨，寧得擅殺人也！」對曰：「慶聞父母之讎不同天，昆弟之讎不同國。明公以孝治天下，何乃責於此乎。」護愈怒，慶辭色無所屈，

〔註43〕　《隋書》，卷 25，〈刑法志〉，頁 709。
〔註44〕　《周書》，卷 5，〈武帝紀〉上，頁 68。

卒以此免。〔註45〕

不願成為宇文護腹心的柳慶為兄報仇，僅管「初禁天下報讐，犯者以殺人論」是才剛頒布的法令，但柳慶「辭色無所屈，卒以此免」，可見宇文護「欲寬政以取人心」的作法。又如達奚武：

> （達奚）武性貪悋，其為大司寇也，在庫有萬釘金帶，當時寶之，武因入庫，乃取以歸。主者白晉公護，以武勳，不彰其過，因而賜之。〔註46〕

史料中達奚武並不是支持宇文護或宇文護委信的人，在達奚武「入庫，乃取以歸」後，宇文護卻「不彰其過，因而賜之」，這也可以佐證宇文護「欲寬政以取人心」。而《隋書》指出宇文護「欲寬政以取人心」的原因便是「將有異志」，這可以呼應宇文護有篡位的意圖。

然而宇文護雖有篡位的意圖，卻不一定有篡位的實力，最主要的便是朝臣的態度與立場，以及京師禁軍的動向。

二、宇文護世子安排與控制禁軍

從宇文護世子安排與控制禁軍的情況，可以佐證宇文護無力篡位的局勢。以下將宇文護安排世子的情況簡略和同時期的東魏高歡與西魏宇文泰分別安排世子狀況參照作比較，可以發現他們之間的不同。

首先是高歡讓世子高澄任尚書令、大行臺、并州刺史，其中大行臺有了讓高澄建立班底的機會，之後讓高澄入輔朝政，元象元年（538）以後又讓高澄攝吏部尚書控制了選部。

> 天平元年（534），加使持節、尚書令、大行臺、并州刺史。三年（536），入輔朝政，加領左右、京畿大都督。……元象元年（538），攝吏部尚書。……興和二年（540），加大將軍，領中書監，仍攝吏部尚書。〔註47〕

其次再看宇文泰，雖然宇文泰沒有授與世子宇文覺職官，或讓他參與政務的記載，不過卻有讓長子宇文毓出鎮華州與宜州以及隴右的記載：

> （大統）十六年（550），行華州（即同州，此時華州尚未改為同州）事。尋拜開府儀同三司、宜州諸軍事、宜州刺史。魏恭帝三年（550），

〔註45〕 《周書》，卷22，〈柳慶傳〉，頁372。
〔註46〕 《周書》，卷19，〈達奚武傳〉，頁306。
〔註47〕 《北齊書》，卷3，〈文襄帝紀〉，頁32。

授大將軍，鎮隴右。〔註48〕

除了宇文毓以外，宇文泰也有讓宇文邕出鎮益州的意圖〔註49〕。

> 初，平蜀之後，太祖以其形勝之地，不欲使宿將居之。諸子之中，
> 欲有推擇。徧問高祖（宇文邕）已下，誰能此行。並未及對，而（宇
> 文）憲先請。太祖曰：「刺史當撫眾治民，非爾所及。以年授者，當
> 歸爾兄。」〔註50〕

相較於高歡和宇文泰，宇文護則是讓世子宇文訓出鎮蒲州。

> （天和元年，566）以開府、中山公訓爲蒲州總管。〔註51〕

這是史料中宇文護世子宇文訓唯一擔任的職官，宇文護還派遣擔任過親信的
李徹〔註52〕與崔弘度〔註53〕隨宇文訓至蒲州，這並不是宇文護第一次爲宇文
訓遴選幕僚，先前宇文護便曾安排張肅擔任宇文訓的侍讀〔註54〕，至於宇文
訓親遇的杜整〔註55〕則不確定是否與宇文護有關，除了上述成員以外，還有
杜杲也在蒲州總管府擔任重要的職務〔註56〕。這些或許可以佐證宇文護有意
讓宇文訓學習處理政務，但是宇文護讓宇文訓學習處理政務的地方並不是朝
中六官，也不在同州或長安，反而卻只有蒲州總管府，這不同於高歡將世子
擔任朝中重要官職。

再參看宇文泰的諸子可以出鎮華州（後改爲同州）、隴右與益州等重要州
刺史來看，宇文護只有宇文會有擔任蒲州總管。

〔註48〕《周書》，卷4，〈明帝紀〉，頁53。

〔註49〕按宇文憲是宇文泰第五子，宇文邕是第四子，若宇文泰以年歲爲理由回絕了
　　　　宇文憲，則比宇文憲還小的其他諸子就更可不能出鎮益州，因此宇文泰的本
　　　　意就是要宇文邕出鎮益州。

〔註50〕《周書》，卷12，〈齊煬王憲傳〉，頁187～188。

〔註51〕《周書》，卷5，〈武帝紀〉上，頁72。

〔註52〕「大冢宰宇文護引爲親信，尋拜殿中司馬，累遷奉車都尉。護以（李）徹謹
　　　　厚有才具，甚禮之。護子中山公訓爲蒲州刺史，護令徹以本官從焉。」見《隋
　　　　書》，卷54，〈李徹傳〉，頁1367。

〔註53〕「周大冢宰宇文護引爲親信。尋授都督，累轉大都督。時護子中山公訓爲蒲州刺
　　　　史，令（崔）弘度從焉。」見《隋書》，卷74，〈酷吏・崔弘度傳〉，頁1698。

〔註54〕「子（張）肅，世宗初，爲宣納上士，轉中外府記室參軍、中山公訓侍讀。」
　　　　見《周書》，卷37，〈張軌附子肅傳〉，頁665。

〔註55〕「周太祖引爲親信。後事宇文護子中山公訓，甚被親遇。」見《隋書》，卷54，
　　　　〈杜整傳〉，頁1366。

〔註56〕「中山公訓爲蒲州總管，以（杜）杲爲府司馬、州治中，兼知州府事。」見
　　　　《周書》，卷39，〈杜杲傳〉，頁702。

（保定）二年（562），除蒲州潼關六防諸軍事、蒲州刺史。〔註57〕

宇文護諸子出鎮外州，除了蒲州總管一職以外，沒有再擔任別的職位，而這些都可以佐證宇文護的控制力不及宇文泰等人。

除了世子的安排以外，京師的禁軍也有討論的必要，高歡控制鄴城京畿的禁軍已有專論不再贅述〔註58〕，宇文泰一直以親族控制禁軍，如宇文導〔註59〕、賀蘭祥〔註60〕、尉遲迥〔註61〕與尉遲綱〔註62〕等等，可是相對來說，宇文護執政時期一直沒有親委或信任的成員在擔任禁軍之職。

若參看南齊蕭鸞篡位，可以發現禁軍將領在蕭鸞篡位時所扮演的角色。

> 鬱林即位，深委信（蕭）諶，諶每請急出宿，帝通夕不得寐，諶還乃安。轉衛軍司馬，兼衛尉，加輔國將軍……高宗（蕭鸞）輔政，有所匡諫，帝既在後宮不出，唯遣諶及蕭坦之遙進，乃得聞達。諶回附高宗，勸行廢立，密召諸王典籤約語之，不許諸王外接人物。諶親要日久，眾皆憚而從之。鬱林被廢日，初聞外有變，猶密爲手敕呼諶，其見信如此。諶性險進無計略，及廢帝日，領兵先入後宮，齋內仗身素隸服諶，莫有動者。海陵立，轉中領軍，進爵爲公，二千戶。甲仗五十人。入直殿內，月十日還府。建武元年（494），轉領軍將軍，左將軍，南徐州刺史，給扶，進爵衡陽郡公，食邑三千戶。〔註63〕

蕭鸞與宇文護的狀況有類似之處，蕭鸞是南齊開國者蕭道成次兄蕭道生的兒子〔註64〕，宇文護則是宇文泰長兄宇文顥之子；蕭鸞藉掌禁軍的蕭諶廢鬱林

〔註57〕 《周書》，卷10，〈邵惠公顥附子什肥傳〉，頁154。

〔註58〕 參見《東魏北齊的統治集團》，頁145。

〔註59〕 「太祖東征，（宇文）導入宿衛，拜領軍將軍、大都督。齊神武渡河侵馮翊，太祖自弘農引軍入關，導督左右禁旅會於沙苑，與齊神武戰，大破之。」見《周書》，卷10，〈邵惠公顥附子導傳〉，頁155。

〔註60〕 「遷右衛將軍，加持節、征虜將軍。沙苑之役，詔（賀蘭）祥留衛京師。」見《周書》，卷20，〈賀蘭祥傳〉，頁336。

〔註61〕 「遷尚書左僕射，兼領軍將軍。（尉遲）迥通敏有幹能，雖任兼文武，頗允時望，周文以此深委仗焉。」見《北史》，卷62，〈尉遲迥傳〉，頁2209～2210。

〔註62〕 「太祖以（尉遲）綱職典禁旅，使鎮爲之備。俄而帝廢，立齊王，仍以綱爲中領軍，總宿衛。」見《周書》，卷20，〈尉遲綱傳〉，頁340。

〔註63〕 參見南朝梁·蕭子顯撰，《南齊書》（新校標點本，北京：中華書局，2003年10月第1版第8刷），卷42，〈蕭諶傳〉，頁745～746。

〔註64〕 參見《南齊書》，卷45，〈始安貞王道生傳〉，頁477。

王蕭昭業，改立海陵王蕭昭文；宇文護藉掌禁軍的尉遲綱廢宇文覺，改立宇文毓。然而不同之處在於蕭鸞篡位了，可是宇文護並沒有篡位。

再參看北周末年楊堅篡位的局勢，禁軍同樣很重要。

> 及高祖輔政，立爲世子，拜大將軍、左司衛……出爲洛州總管、東京小冢宰，總統舊齊之地。後徵還京師，進位上柱國、大司馬，領內史御正，諸禁衛皆屬焉。高祖受禪，立爲皇太子，軍國政事及尚書奏死罪已下，皆令勇參決之。〔註65〕

楊堅初輔政時便拜楊勇爲左司衛，此時的右司衛疑是楊堅族子楊雄〔註66〕，司衛有「總宿衛兵馬事」〔註67〕的記載，可見司衛屬禁軍之職。楊堅在輔政時便以楊勇爲左司衛控制禁軍，至篡位以前還讓楊勇「諸禁衛皆屬焉」，可見楊堅將禁軍委以楊勇的狀況，然而宇文護在執政時並沒有讓宇文訓或宇文會出任京師禁軍的記載。

上述史料主要是說明倘若宇文護想篡位，從其執政時期的情況來看，宇文護不一定有篡位的條件，雖然宇文護掌握了霸府的兵權〔註68〕，但是京師的禁軍未必服從他的指揮，除非宇文護讓親委的幕僚或諸子掌握禁軍，然而從結果來看，宇文護並沒有這樣做。

宇文護對禁軍的控制以及對篡位的態度，究竟是主觀因素促成宇文護不願爲之〔註69〕，還是客觀環境造成宇文護無力爲之？若從宇文護不願放下權

〔註65〕 《隋書》，卷45，〈文四子・房陵王勇傳〉，頁1229。

〔註66〕 「累遷右司衛上大夫。大象中，進爵邢國公，邑五千戶。高祖爲丞相。」見《隋書》，卷43，〈觀德王雄傳〉，頁1215～1216。〈宣帝紀〉中記楊雄拜邢國公爲大象元年（579）八月，見《周書》，卷7，〈宣帝紀〉，頁120。因此楊雄是在大象元年（579）八月以前便遷右司衛上大夫，至楊堅爲丞相以前並沒有仕宦遷轉的記載，因此可能仍是右司衛上大夫。

〔註67〕 「是夜，授司衛上大夫，總宿衛兵馬事。」見《周書》，卷40，〈宇文孝伯傳〉，頁718。

〔註68〕 「自太祖爲丞相，立左右十二軍，總屬相府。太祖崩後，皆受（宇文）護處分，凡所徵發，非護書不行。」見《周書》，卷11，〈晉蕩公護傳〉，頁168。

〔註69〕 朱堅章認爲宇文護叛君，是由逼迫所致，亦「殊不似有篡奪之心……」。參見朱堅章，《歷代篡弒之研究》（臺北：嘉新水泥公司文化基金會，1964年），頁190。朱堅章考證資料豐富且相當有見解，但是關於宇文護的看法，愚見以爲仍有補充與再討論的空間。如天王宇文覺確實有欲圖謀宇文護的記載，因此提出宇文護廢宇文覺是被逼迫的，自然是情有可原；可是明帝宇文毓並沒有逼迫宇文護，宇文護卻還是毒弒了宇文毓，所以宇文護是被逼迫的看法，可能還有再討論的空間。

力以及藉徵祥詢問朝臣的行爲來看，愚見懷疑宇文護是有意圖的，否則宇文護大可不必藉由詢問朝臣徵祥來判斷對方的立場。因此宇文護沒有篡位，恐怕是當時的客觀環境尚不允許宇文護篡位，如杜國于謹的立場，與不附宇文護的楊忠，以及尊重武帝宇文邕的達奚武，他們都對宇文護產生了箝制的效果，這都可以從宇文護朝政運作的狀況中略見一二，更重要的是宇文護對禁軍的控制力不足，所以宇文護可能是在等待時機成熟，只不過在時機成熟以前即先被武帝宇文邕所殺。

第二節　宇文護的親信系統

《周書》中對宇文護的用人不管是「凡所委任，皆非其人」或「寡於學術，昵近羣小」都是屬於負面的評價，因此本節所要討論的，便是收集史料中宇文護親委、親待、親愛、委信與委任等等宇文護比較重視的成員〔註70〕，以釐清宇文護的用人狀況，此外與宇文護有姻親關係〔註71〕以及深爲他所重的成員〔註72〕，也在此節中略述與說明。

一、宇文護親委、親待、親愛、委信與委任的成員〔註73〕

（1）宇文憲

宇文泰第五子，在宇文覺踐阼（天王元年，557）拜驃騎大將軍、開府儀同三司，明帝宇文毓即位授大將軍，武成元年（559）出爲益州總管、益寧巴

〔註70〕 會田大輔在其〈北周宇文護執政期再考——以宇文護幕僚人事組成爲中心〉一文中，是以擔任小冢宰、司會、中外府與開府的幕僚爲主來作分析與討論，此外會田大輔並沒有對那些幕僚有太多的論述，主要只集中在正史中的評價，諸如「清白、智謀」或「器識、清簡」等等。不過有些成員與宇文護並沒有互動，因此愚見以爲宇文護親委、親待、親愛、委信與委任等等成員可能比較重要。

〔註71〕 目前史料中能確定的只有宇文護娶元孝矩的妹妹，並且宇文護還將兩個女兒分別嫁給于顗與蘇威，但是除了這些資料以外，宇文護諸子的婚姻對象便沒有記載，因爲宇文護姻親關係資料比較不足，因此將姻親的成員置於本節作介紹。

〔註72〕 深爲宇文護所重的崔猷，因爲女兒被宇文護收養爲公主，也置於此節一併介紹。

〔註73〕 前章已有敘述過賀蘭祥，因此不再贅述，只簡略補充賀蘭祥在史料中的正面評價：「雖在戎旅，常博延儒士，教以書傳……祥嘗行荊州事，雖未朞月，頗有惠政，至是重往，百姓安之……祥雖太祖密戚，性甚清素……公私贈遺，一無所受。」見《周書》，卷20，〈賀蘭祥傳〉，頁336～337。

瀘等二十四州諸軍事、益州刺史，坐鎮益州時「善於撫綏，留心政術，辭訟輻湊，聽受不疲。蜀人懷之，共立碑頌德」〔註74〕。

　　武帝宇文邕保定四年（564）宇文憲轉爲爲雍州牧〔註75〕，大約在此時開始受宇文護親委，「賞罰之際，皆得預焉」〔註76〕，至天和二年（567）雍州牧被于謹取代〔註77〕，史料中沒有記載宇文憲在卸除雍州牧以後的職事官，至天和三年（568）四月于謹卒〔註78〕，宇文憲便擔任大司馬治小冢宰，再兼雍州牧〔註79〕。

　　天和四年（569）以後，宇文憲在軍系中的地位更爲重要。

　　　（天和）四年（569），齊將獨孤永業來寇，盜殺孔城防主能奔達，
　　　以城應之。詔（宇文）憲與柱國李穆將兵出宜陽，築崇德等五城，
　　　絕其糧道。齊將斛律明月率眾四萬，築壘洛南。五年（570），憲涉
　　　洛邀之，明月遁走。憲追之，及于安業，屢戰而還。〔註80〕

這是宇文憲第一次擔任主帥率軍出征，在天和五年（570）擊退斛律明月以後，同年冬季，斛律明月再度率軍進攻北周〔註81〕，宇文憲於天和六年（571）再次率軍迎戰，〈齊煬王憲傳〉有精彩的描述。

　　　（天和）六年（571），乃遣（宇文）憲率眾二萬，出自龍門。齊將
　　　新蔡王王康德以憲兵至，潛軍宵遁。憲乃西歸。仍掘移汾水，水南
　　　堡壁，復入於齊。齊人謂略不及遠，遂弛邊備。憲乃渡河，攻其伏
　　　龍等四城，二日盡拔。又進攻張壁，克之，獲其軍實，夷其城壘……
　　　憲自入兩乳谷，襲克齊柏社城，進軍姚襄。齊人嬰城固守。憲使柱
　　　國、譚公（宇文）會築石殿城，以爲汾州之援。齊平原王段孝先、
　　　蘭陵王高長恭引兵大至，憲命將士陣而待之。大將軍韓歡爲齊人所
　　　乘，遂以奔退，憲身自督戰，齊眾稍却。會日暮，乃各收軍。〔註82〕

〔註74〕《周書》，卷12，〈齊煬王憲傳〉，頁187。
〔註75〕《周書》，卷5，〈武帝紀〉上，頁70。
〔註76〕《周書》，卷12，〈齊煬王憲傳〉，頁188。
〔註77〕《周書》，卷5，〈武帝紀〉上，頁74。
〔註78〕《周書》，卷5，〈武帝紀〉上，頁75。
〔註79〕《周書》，卷12，〈齊煬王憲傳〉，頁188。
〔註80〕《周書》，卷12，〈齊煬王憲傳〉，頁188。
〔註81〕「是冬，齊將斛律明月寇邊，於汾北築城，自華谷至於龍門。」見《周書》，
　　　　卷5，〈武帝紀〉上，頁78。
〔註82〕《周書》，卷12，〈齊煬王憲傳〉，頁189。

天和末年兩次與北齊的戰事，宇文憲皆是主帥，在兩次戰事中都扮演重要角色，更強化了宇文憲在軍系中的地位與威望，再加上原先的職事官便是大司馬治小冢宰兼雍州牧，因此宇文憲本傳中記載其自天和年間以後便威勢漸隆，宇文護「有所陳」多令宇文憲「聞奏」〔註83〕。

武帝宇文邕殺宇文護以後，授宇文憲大冢宰，但「猶以威名過重，終不能平，雖遙授冢宰，寔奪其權也」〔註84〕。這是因為宇文邕親政以後，權力運作自權臣大冢宰與司會、軍司馬等轉移至皇帝與內朝官如御正、內史、納言等，權已經不在天官府，大冢宰也成為虛職；再者宇文憲原是擔任掌軍政的大司馬一職，既然武帝宇文邕對宇文憲「終不能平」，自然不會再授與宇文憲掌軍政的大司馬一職，因此明升暗降，給予虛職的大冢宰，取回了掌兵權的大司馬，這恐是「雖遙授冢宰，寔奪其權也」的本意。

武帝建德四年（575），宇文憲隨宇文邕出征北齊，因宇文邕有疾所以班師，同年初置上柱國，由宇文憲擔任〔註85〕。建德五年（576）宇文憲再隨宇文邕出征，平定了晉州與并州以後，建德六年（577）正月〔註86〕攻克鄴城，宇文邕令宇文憲討信都，於同年二月〔註87〕平定信都〔註88〕。

武帝宣政元年（578）六月，宇文邕卒，其子宇文贇繼位為宣帝〔註89〕，因為忌憚宇文憲的威望，所以殺了宇文憲〔註90〕。

宇文憲在本傳中幾乎沒有負面評價的記載，正面評價有「性通敏有度量」〔註91〕與「素善謀，多算略，尤長於撫御，達於任使，摧鋒陷陣，為士卒先，羣下感悅，咸為之用」〔註92〕，而這與宇文護本傳中所記載的「凡所委任，皆非其人」或「昵近羣小」有差異。

（2）叱羅協

少寒微，原是州小吏，「以恭謹見知」。被恒州刺史楊鈞拔擢為從事，在

〔註83〕 《周書》，卷12，〈齊煬王憲傳〉，頁189。
〔註84〕 《周書》，卷12，〈齊煬王憲傳〉，頁189。
〔註85〕 《周書》，卷12，〈齊煬王憲傳〉，頁191。
〔註86〕 《周書》，卷6，〈武帝紀〉下，頁100。
〔註87〕 《周書》，卷6，〈武帝紀〉下，頁101。
〔註88〕 《周書》，卷12，〈齊煬王憲傳〉，頁191～194。
〔註89〕 《周書》，卷7，〈宣帝紀〉，頁115。
〔註90〕 《周書》，卷12，〈齊煬王憲傳〉，頁195。
〔註91〕 《周書》，卷12，〈齊煬王憲傳〉，頁187。
〔註92〕 《周書》，卷12，〈齊煬王憲傳〉，頁195。

六鎮亂後移居冀州，之後跟隨葛榮。葛榮敗後轉事尒朱兆，「頗被親遇」，擔任尒朱兆的錄事參軍〔註93〕。

尒朱兆死後，叱羅協轉事竇泰，「泰甚禮之」〔註94〕。大統三年（537）宇文泰擊敗竇泰〔註95〕，叱羅協也因此入西魏，之後便在宇文泰霸府擔任僚屬，先被授大丞相府東閣祭酒，轉錄事參軍，遷主簿，攝大行臺郎中，累遷相府屬從事中郎等等。在霸府擔任幕僚期間，因為叱羅協「詳練故事又深自克勵」，所以宇文泰「頗委任之」，至大統九年（543）時已是大都督、車騎將軍、儀同三司〔註96〕。

西魏大統末年宇文泰欲經略漢中，便命叱羅協行南岐州事并節度東益州戎馬事〔註97〕，西魏廢帝元年（552）為南岐州刺史（後改為鳳州）〔註98〕，並平定了東益州刺史楊辟邪的謀反，因戰功進開府。後以長史之職隨尉遲迥入蜀，尉遲迥以叱羅協行潼州事（553），時氐酋趙雄傑煽動新州、潼州與始州居民反叛，叱羅協安撫內外，平定了趙雄傑的起事。恭帝三年（556），宇文泰徵叱羅協入朝討論蜀中事務，並賜姓宇文氏〔註99〕。

以上是叱羅協在受宇文護委任以前的仕宦遷轉，從尒朱兆「頗被親遇」、竇泰「甚禮之」與宇文泰「頗委任之」來看，叱羅協應該是有相當的才幹，因此讓尒朱兆親遇與宇文泰委任。

宇文護殺了李植與孫恆以後，原欲委任司會柳慶與司憲令狐整，但兩人都婉拒了並推薦叱羅協。宇文護在徵叱羅協入朝後，叱羅協「驅命自効」，宇文護便授叱羅協軍司馬委以兵事，後轉治御正，又授宇文護府長史，在明帝宇文毓被毒弒以後便轉為司會中大夫、中外府長史，擔任此職直到宇文護被殺〔註100〕。

叱羅協因為受宇文護重委，遷少保，轉少傅，進位大將軍，兼營作副監，又進位柱國〔註101〕。不過也是在被宇文護重委的時期開始出現負面的評

〔註93〕　《周書》，卷11，〈晉蕩公護附叱羅協傳〉，頁177。
〔註94〕　《周書》，卷11，〈晉蕩公護附叱羅協傳〉，頁178。
〔註95〕　《周書》，卷2，〈文帝紀〉下，頁22。
〔註96〕　《周書》，卷11，〈晉蕩公護附叱羅協傳〉，頁178。
〔註97〕　《周書》，卷11，〈晉蕩公護附叱羅協傳〉，頁178。
〔註98〕　《周書》，卷2，〈文帝紀〉下，頁34。
〔註99〕　《周書》，卷11，〈晉蕩公護附叱羅協傳〉，頁178～179。
〔註100〕　《周書》，卷11，〈晉蕩公護附叱羅協傳〉，頁179～180。
〔註101〕　《周書》，卷11，〈晉蕩公護附叱羅協傳〉，頁180。

圖 4-1　叱羅協擔任的地方刺史位置圖〔註102〕

價，如明帝宇文毓「知其材識庸淺，每折之」，以及「既以得志，每自矜高……及其所言，多乖事衷。當時莫不笑之」〔註103〕等等。

　　上述叱羅協的負面評價或許屬實，也或許只是史官刻意的曲筆，對此暫不討論。不過從尒朱兆對叱羅協「頗被親遇」、竇泰對叱羅協「甚禮之」與宇文泰對叱羅協「頗委任之」來看，受宇文護親任的叱羅協與宇文護本傳中所記載的「昵近羣小」有差異。

　　叱羅協在建德元年（572）宇文護被殺以後被除名，至建德三年（574）武帝宇文邕授其儀同三司並且恢復了他南陽郡公的爵位，卒於同年〔註104〕。

（3）馮遷

　　出自寒微〔註105〕，「少修謹，有幹能」，原是州從事，刺史楊鈞引為中兵參軍事，後轉定襄令，再轉并州水曹參軍，「所歷之職，咸以勤恪著稱」〔註106〕。

　　馮遷隨直閤將軍馮靈豫入關，也參與潼關與回洛城的戰役，被授給事中。

〔註102〕 圖中方框為叱羅協擔任的地方刺史，圓框則是長安、秦州、益州與梁州等位置。
〔註103〕 《周書》，卷11，〈晉蕩公護附叱羅協傳〉，頁179。
〔註104〕 《周書》，卷11，〈晉蕩公護附叱羅協傳〉，頁180。
〔註105〕 《周書》，卷11，〈晉蕩公護附馮遷傳〉，頁181。
〔註106〕 參見《周書》，卷11，〈晉蕩公護附馮遷傳〉，頁180。

西魏文帝即位後，馮遷隨宇文泰參戰弘農與沙苑，皆有戰功，後來在參與洛陽之戰時重瘡，以戰功加馮遷輔國將軍、軍師都督〔註107〕。廢帝二年（553）以後出任廣漢郡守〔註108〕，至恭帝二年（555）加了車騎將軍、大都督、通直散騎常侍，轉鎮樊城，不久拜漢東郡守〔註109〕。

　　在宇文覺踐阼（天王元年，557）後擔任宇文護府掾，不久後遷司錄，並進授驃騎大將軍、開府儀同三司。

　　　性質直，小心畏慎，雖居樞要，不以勢位加人。兼明練時事，善於

　　　斷決。每校閱文簿，孜孜不倦，從辰逮夕，未嘗休止。〔註110〕

因此而受宇文護委任。後出任陝州刺史，在擔任刺史的時候「唯以謙恭接待鄉邑，人無怨者」〔註111〕，都是屬於比較正面的評價。不久後再入霸府擔任司錄，轉工部中大夫，歷軍司馬，遷小司空等等，但遷轉的時間不詳，在宇文護被殺後除名〔註112〕。從除名的記載來看，馮遷除了擔任朝中小司空之職以外，應該仍帶有司錄之職〔註113〕。

　　馮遷比起叱羅協較沒有負面評價的記載，如「少修謹，有幹能」、「所歷之職，咸以勤恪著稱」、「性質直，小心畏慎，雖居樞要，不以勢位加人。兼明練時事，善於斷決。每校閱文簿，孜孜不倦，從辰逮夕，未嘗休止」與「唯以謙恭接待鄉邑，人無怨者」等等，都是比較正面的評價，則見也與宇文護本傳中所記載的「昵近羣小」有差異。

（4）陸逞

　　陸通的弟弟，「少謹密，早有名譽」，起家羽林監、宇文泰帳內親信，大統十四年（548），參大丞相府軍事，不久兼記室。武帝宇文邕即位以後，陸逞累遷吏部中大夫，歷蕃部、御伯中大夫，又進驃騎大將軍、開府儀同三司，徙

〔註107〕《周書》，卷11，〈晉蕩公護附馮遷傳〉，頁181。

〔註108〕馮遷本傳中並沒有記載他什麼時候出任廣漢郡守，參考《隋書‧地理志》中廣漢屬於蜀郡。參見《隋書》，卷29，〈地理志〉上，頁826。所以馮遷擔任廣漢郡守最早也是在尉遲迥平蜀以後，尉遲迥平蜀是在廢帝二年（553），因此馮遷出任廣漢郡守應是在廢帝二年（553）以後。

〔註109〕《周書》，卷11，〈晉蕩公護附馮遷傳〉，頁181。

〔註110〕《周書》，卷11，〈晉蕩公護附馮遷傳〉，頁181。

〔註111〕《周書》，卷11，〈晉蕩公護附馮遷傳〉，頁181。

〔註112〕《周書》，卷11，〈晉蕩公護附馮遷傳〉，頁181。

〔註113〕「（宇文）護長史代郡叱羅協、司錄弘農馮遷及所親任者，皆除名。」見《周書》，卷11，〈晉蕩公護傳〉，頁177。則馮遷應該有帶司錄一職。

授司宗中大夫，轉軍司馬，「幹識詳明，歷任三府，所在著績」〔註114〕。

天和三年（568）出使北齊，「美容止，善辭令，敏而有禮，齊人稱焉」。天和四年（569）為京兆尹，不久遷司會中大夫，再出為河州刺史。宇文護雅重陸逞，所以表為中外府司馬，「賴委任之」，陸逞再復為司會兼納言，又遷小司馬。在宇文護被殺以後，陸逞坐免官，不久再被武帝宇文邕起為納言，陸逞以疾婉拒，因此出為宜州刺史，在東宮初建時被授太子太保，後卒〔註115〕。

陸逞也沒有負面評價的記載，正面評價記載則有「少謹密，早有名譽」與「幹識詳明，歷任三府，所在著績」以及「美容止，善辭令，敏而有禮，齊人稱焉」，同樣與宇文護本傳中所記載的「昵近群小」有差異。

（5）辛昂

辛慶之的族子，原是侯景的行臺郎中〔註116〕，大統十三年（547）侯景舉河南六州來附〔註117〕，辛昂因此入西魏，成為宇文泰的相府行參軍。大統十四年（548）追論歸朝功勳，封襄城縣男，轉丞相府田曹參軍〔註118〕。

西魏廢帝二年（553），宇文泰遣尉遲迥率軍入蜀〔註119〕，辛昂從軍，以戰功授輔國將軍，尉遲迥表辛昂為龍州長史領龍安郡事，後行成都令，又遷梓潼郡守。六官建制後為司隸上士〔註120〕。

明帝宇文毓初即位時為天官府上士加大都督，至武成二年（560）授小職方下大夫治小兵部。武帝宇文邕保定二年（562）進車騎大將軍、儀同三司，轉小吏部，至保定四年（564）宇文護親征北齊時，辛昂隨權景宣出戰豫州〔註121〕。

北周時期「益州殷阜，軍國所資」，但途中常有劫盜，因此「詔（辛）昂使於梁、益，軍民之務，皆委決焉」，在辛昂整頓下「數年之中，頗得寧靜」〔註122〕。至天和元年（566）陸騰征討信州群蠻〔註123〕，以辛昂運糧饋之，

〔註114〕 參見《周書》，卷32，〈陸通附弟逞傳〉，頁559。
〔註115〕 參見《周書》，卷32，〈陸通附弟逞傳〉，頁559～560。
〔註116〕 《周書》，卷39，〈辛慶之附族子昂傳〉，頁698。
〔註117〕 《周書》，卷2，〈文帝紀〉下，頁31。
〔註118〕 《周書》，卷39，〈辛慶之附族子昂傳〉，頁698。
〔註119〕 《周書》，卷2，〈文帝紀〉下，頁33。
〔註120〕 《周書》，卷39，〈辛慶之附族子昂傳〉，頁698～699。
〔註121〕 《周書》，卷39，〈辛慶之附族子昂傳〉，頁699。
〔註122〕 《周書》，卷39，〈辛慶之附族子昂傳〉，頁699。
〔註123〕 「天和元年（566），詔開府陸騰督王亮、司馬裔等討之。」見《周書》，卷49，〈異域傳〉上，頁888。

不久辛昂又平定巴州郡民的反叛，因功被宇文亮表爲渠州刺史，不久轉通州刺史。辛昂甚得當地夷獠的歡心，秩滿還京後，夷獠首領甚至於跟隨辛昂朝觀，再進位驃騎大將軍、開府儀同三司。因爲辛昂被宇文護親待，讓武帝宇文邕頗銜之，在殺了宇文護以後，便捶楚辛昂，辛昂因此而卒〔註124〕。

辛昂的正面評價有「達於從政」與「甚得夷獠歡心」等等，也沒有負面評價的記載。

（6）李昶

祖父李彪名重魏朝，爲御史中尉。李昶初次謁見宇文泰時，便讓宇文泰深奇之，因此令李昶入太學，李昶「神情清悟，應對明辨」，讓宇文泰每稱歎之。陸通選僚佐時，便以李昶擔任其府司馬，「公私之事，咸取決焉」。李昶累遷都官郎中、相州大中正、丞相府東閤祭酒、中軍將軍、銀青光祿大夫，因爲宇文泰希望將書記委任給李昶，於是李昶轉爲丞相府記室參軍、著作郎，修國史，再轉大行臺郎中、中書侍郎，不久又轉黃門侍郎〔註125〕。

在宇文泰任命李昶爲御史中尉後，便加使持節、車騎大將軍、儀同三司，賜姓宇文氏。六官建制後李昶拜內史下大夫，遷內史中大夫。宇文毓即位爲天王，以李昶行御伯中大夫，至武成元年（558）宇文毓親政，李昶轉任中外府司錄。武帝宇文邕即位以後，於保定二年（562）擔任御正中大夫，約於保定四年（564）轉任納言〔註126〕，保定五年（565）出爲昌州刺史，後卒〔註127〕。

李昶在宇文泰執政時期便深受委任，宇文護執政後委任如舊，同時李昶也沒有負面評價，這與宇文護本傳中「凡所委任，皆非其人」或「昵近羣小」的記載同樣有差異。

〔註124〕　《周書》，卷39，〈辛慶之附族子昂傳〉，頁699～700。
〔註125〕　參見《周書》，卷38，〈李昶傳〉，頁686。
〔註126〕　「（保定）二年（562），轉御正中大夫。時以近侍清要，盛選國華，乃以（李）昶及安昌公元則、中都公陸逞、臨淄公唐瑾等並爲納言……（保定）五年（565），出爲昌州刺史。」見《周書》，卷38，〈李昶傳〉，頁686。引文中沒有記載李昶擔任納言的時間，只能確定應該是保定五年（565）以前。此外武帝本紀中有記：「（保定四年，564，六月）改御伯爲納言。」見《周書》，卷5，〈武帝紀〉上，頁70。可見納言是保定四年（564）才改，而李昶保定五年（565）就轉爲昌州刺史，因此最可能便是在保定四年（564）改御伯爲納言時擔任。
〔註127〕　參見《周書》，卷38，〈李昶傳〉，頁686～687。

（7）王慶

「少開悟，有才略」，起初便從宇文泰征戰，在大統十年（544）被授爲殿中將軍。宇文覺踐阼（天王元年，557）後被宇文護引爲典籤，「樞機明辨，漸見親待」，至武成二年（560）行小賓部〔註128〕。

武帝宇文邕即位以後，在保定二年（562）出使吐谷渾論和好之事。之後開始參與和突厥有關的外交事宜，授左武伯，在保定五年（565）與宇文貴出使突厥迎阿史那皇后，後遷開府儀同三司、兵部大夫，歷經丹州與中州刺史等等，「爲政嚴肅，吏不敢欺」〔註129〕。建德四年（575）有擔任延州總管的記載〔註130〕。

宣帝宇文贇即位以後，王慶在大象元年（579）授小司徒，加上大將軍、總管汾石二州五鎮諸軍事、汾州刺史，又除延州總管並且進位柱國。卒於隋文帝楊堅開皇年間〔註131〕。

王慶的正面評價如「少開悟，有才略」、「樞機明辨」與「爲政嚴肅」等等，沒有負面評價的記載。

（8）樊叔略

因爲父親樊歡圖謀東魏的高氏失敗，樊叔略因此被腐刑，在被高氏所忌的情況下內心不自安，於是投奔西魏，宇文泰將其置於左右。宇文護執政後引爲中尉，樊叔略「多計數，曉習時事」，宇文護「漸委信之」，以樊叔略兼督內外，累遷驃騎大將軍、開府儀同三司〔註132〕。

宇文護被殺以後，樊叔略被宇文憲引爲園苑監。建德五年（576）從武帝宇文邕伐齊，以功加上開府，拜汴州刺史。宣帝宇文贇即位以後，在洛陽營建東京，以樊叔略爲營構監，宮室制度皆是樊叔略所定〔註133〕。

在楊堅輔政時尉遲迥起事，楊堅命樊叔略鎮大梁擊退尉遲迥的部將宇文威，以功拜大將軍，復爲汴州刺史，「在州數年，甚有聲譽」。楊堅篡北周後，以樊叔略爲相州刺史，「政爲當時第一」，因此徵拜爲司農卿。轉爲司農以後，

〔註128〕《周書》，卷33，〈王慶傳〉，頁575。
〔註129〕參見《周書》，卷33，〈王慶傳〉，頁575～576。
〔註130〕「（建德四年，575）齊將尉相貴寇大寧，延州總管王慶擊走之。」見《周書》，卷6，〈武帝紀〉下，頁93。
〔註131〕《周書》，卷33，〈王慶傳〉，頁576。
〔註132〕《隋書》，卷73，〈循吏・樊叔略傳〉，頁1676～1677。
〔註133〕《隋書》，卷73，〈循吏・樊叔略傳〉，頁1677。

「凡種植，叔略別爲條制，皆出人意表。朝廷有疑滯，公卿所未能決者，叔略輒爲評理。雖無學術，有所依據，然師心獨見，闇與理合」，因此「甚爲上所親委，高熲、楊素亦禮遇之」。卒於開皇十四年（594）〔註134〕。

樊叔略雖然在宇文護執政時期只是擔任中尉兼督內外，但是到了宇文贇即位以後擔任洛陽的營構監，宮室制度皆是樊叔略所定，至隋代不僅擔任地方刺史有功績，入朝爲司農以後更有相當的貢獻而被楊堅親委。

除了前述八人以外，還有些委信的成員但是史料缺乏，一併敘述如下：

侯伏侯龍恩，受宇文護親任〔註135〕，從大統九年（543）的邙山之戰挺身扞禦宇文護〔註136〕，建德元年（572）被殺〔註137〕。

邊平，只有位至大將軍、軍司馬、護府司馬的記載，宇文護被殺後除名〔註138〕。

尹公正，有口辯〔註139〕，負責外交的事宜〔註140〕，除了擔任兵部〔註141〕以外還擔任過司門下大夫〔註142〕，建德元年（572）被殺〔註143〕。

二、宇文護的姻親成員

（1）元孝矩

祖父是元修義，父親是元子均，都擔任過尚書僕射，元孝矩則想圖謀宇文泰以復興元氏，但被兄長元則制止。宇文泰安排宇文護娶元孝矩的妹妹爲

〔註134〕 《隋書》，卷73，〈循吏・樊叔略傳〉，頁1677～1678。

〔註135〕 「時帝幼沖，晉公護執政，（侯）植從兄龍恩爲護所親任。」見《周書》，卷29，〈侯植傳〉，頁506。

〔註136〕 「邙山之役，（宇文）護率眾先鋒，爲敵人所圍，都督侯伏侯龍恩挺身扞禦，方得免。」見《周書》，卷11，〈晉蕩公護傳〉，頁166。

〔註137〕 《周書》，卷11，〈晉蕩公護傳〉，頁176。

〔註138〕 《周書》，卷11，〈晉蕩公護傳〉，頁181。

〔註139〕 「天和三年（568），齊請通好，兵部尹公正使焉。與齊人語及周禮，齊人不能對。乃令（熊）安生至賓館與公正言。公正有口辯，安生語所未至者，便撮機要而驟問之。」見《周書》，卷45，〈儒林・熊安生傳〉，頁812～813。

〔註140〕 「齊請和親，遣使來聘，詔軍司馬陸逞、兵部尹公正報聘焉。」見《周書》，卷5，〈武帝紀〉上，頁75。

〔註141〕 「齊請通好，兵部尹公正使焉。」見《周書》，卷45，〈儒林・熊安生傳〉，頁813。

〔註142〕 「遂令司門下大夫尹公正至玉壁，共（韋）孝寬詳議。」見《周書》，卷31，〈韋孝寬傳〉，頁538。

〔註143〕 《周書》，卷11，〈晉蕩公護傳〉，頁176。

妻，因而「情好甚密」，在宇文護執政後，元孝矩「寵益隆」〔註144〕。

　　武帝宇文邕殺宇文護以後，元孝矩坐徙蜀，數年後徵還京師，拜益州總管司馬，轉司憲大夫。楊堅重視元孝矩的門第，因此讓楊勇娶元孝矩的女兒為妻，至楊堅為丞相輔政時，元孝矩拜少冢宰並且進位柱國。楊堅篡周，以楊勇為太子，元孝矩的女兒成為太子妃，因此「親禮彌厚」，後拜壽州總管，領行軍總管抵抗陳軍。數年後上表乞骸骨，因此轉任為涇州刺史，卒於官〔註145〕。

（2）于顗

　　于寔之子，身長八尺，美鬚眉，宇文護「見而器之，妻以季女」。于顗後授大都督，遷車騎大將軍、儀同三司，累以軍功，授上開府，歷左、右宮伯，郢州刺史等等，不過這些遷轉都無法確定時間，至大象年間隨韋孝寬經略淮南，以功拜東廣州刺史〔註146〕。

　　尉遲迥起事時，因于顗與吳州總管趙文表素來關係就不好，所以藉故殺了趙文表，在尉遲迥還沒有平定的情況下，隋文帝楊堅考慮暫且不宜處理此事，還拜于顗為吳州總管。楊堅篡北周後，才以趙文表之事將于顗貶為開府，至開皇七年（587）授于顗澤州刺史，不過數年後被免職，卒於家〔註147〕。

（3）蘇威

　　蘇綽之子，宇文護「見而禮之，以其女新興主妻焉」，不過蘇威見宇文護專政，擔心牽連到自己，因此逃入山中，「為叔父所逼，卒不獲免」，只好「每屏居山寺，以諷讀為娛」，不久後便授蘇威使持節、車騎大將軍、儀同三司〔註148〕。

　　蘇威雖然是宇文護選擇的女婿，但是在史料中與宇文護關係並不好，因此蘇威之後的發展便略而不談。

　　除了前述眾人以外，崔猷在史料中雖然並沒有被宇文護親委與親待的記載，可是他與宇文護的關係並不平常。

　　（崔）猷深為晉公護所重，護乃養猷第三女為己女，封富平公主。

〔註149〕

〔註144〕《隋書》，卷50，〈元孝矩傳〉，頁1317。
〔註145〕《隋書》，卷50，〈元孝矩傳〉，頁1317。
〔註146〕《隋書》，卷60，〈于仲文附兄顗傳〉，頁1455～1456。
〔註147〕《隋書》，卷60，〈于仲文附兄顗傳〉，頁1456。
〔註148〕《隋書》，卷41，〈蘇威傳〉，頁1185。
〔註149〕《周書》，卷35，〈崔猷傳〉，頁616。

崔仲方……後以明經爲晉公宇文護參軍事，尋轉記室。〔註150〕

宇文護不只養崔猷第三女爲自己的女兒，而且崔猷之子崔仲方起家官便是宇文護的參軍事，可見崔猷一家與宇文護的關係密切，因此有補充說明的必要。

崔猷爲博陵崔氏，「少好學，風度閑雅，性鯁正，有軍國籌略」，父親崔孝芬被高歡所殺，因而入關投奔西魏，不過崔猷並沒有擔任宇文泰霸府的幕僚，但多以黃門郎之職從軍典文翰。

大統十四年（548）王思政欲於潁川爲行臺治所，致書與崔猷討論，崔猷反對，宇文泰則贊成崔猷的意見，但是在王思政的堅持下，宇文泰同意了王思政的請求，潁川因而失陷。

> （崔）猷復書曰：「夫兵者，務在先聲後實，故能百戰百勝，以弱爲彊也。但襄城控帶京洛，寔當今之要地，如有動靜，易相應接。潁川既隣寇境，又無山川之固，賊若充斥，逕至城下。輒以愚情，權其利害，莫若頓兵襄城，爲行臺治所，潁川置州，遣郭賢鎮守。則表裏膠固，人心易安，縱有不虞，豈能爲患。」（魏）仲見太祖，具以啓聞。太祖即遣仲還，令依猷之策。思政重啓，求與朝廷立約：賊若水攻，乞一周爲斷；陸攻，請三歲爲期。限內有事，不煩赴援。過此以往，惟朝廷所裁。太祖以思政既親其事，兼復固請，遂許之。
> 及潁川沒後，太祖深追悔焉。〔註151〕

引文中清楚記載了潁川失陷的前因後果，也可以從中發現崔猷的「軍國籌略」。大統十六年（550）宇文泰出征，命崔猷隨軍籌議，至大統十七年（551），崔猷進侍中、驃騎大將軍、開府儀同三司、本州大中正，並且賜姓宇文氏〔註152〕。

崔猷在宇文泰卒後，幫助穩定了益州的局勢。

> 即以（崔）猷爲都督梁利等十二州白馬儻城二防諸軍事、梁州刺史。及太祖崩，始利沙興等諸州，阻兵爲逆，信合開楚四州亦叛，唯梁州境內，民無貳心。利州刺史崔謙請援，猷遣兵六千赴之。信州糧盡，猷又送米四千斛。二鎮獲全，猷之力也。〔註153〕

〔註150〕《隋書》，卷60，〈崔仲方傳〉，頁1447。
〔註151〕《周書》，卷35，〈崔猷傳〉，頁615～616。
〔註152〕《周書》，卷35，〈崔猷傳〉，頁616。
〔註153〕《周書》，卷35，〈崔猷傳〉，頁616。

圖4-2　梁州與利州以及信州位置圖

宇文毓即位天王以後，崔猷被徵入朝擔任御正中大夫，參與改天王制爲皇帝制，後轉司會中大夫，仍帶御正中大夫。在明帝宇文毓被毒弒後，崔猷建議立宇文毓之子宇文賢，但事不行〔註154〕。

　　武帝宇文邕保定元年（561），崔猷再出爲總管梁利開等十四州白馬儻城二防諸軍事、梁州刺史，不久再返朝擔任司會〔註155〕，雖然不確定回朝的時間〔註156〕，但最晚應該是在保定三年（563）十月以前〔註157〕。崔猷返朝擔任司會以後，直至建德四年（575）出爲同州司會，中間並沒有仕宦遷轉的記載，應該仍然擔任司會。建德六年（577）崔猷拜小司徒並加上開府儀同大將軍。在楊堅篡北周以後，崔猷進位爲大將軍，後卒於開皇四年〔註158〕（584）。

〔註154〕《周書》，卷35，〈崔猷傳〉，頁616～617。

〔註155〕《周書》，卷35，〈崔猷傳〉，頁617。

〔註156〕保定元年（561）除了崔猷以外，還有另外兩人擔任梁州總管。「保定元年（561），除總管梁興等十九州諸軍事、梁州刺史。其年，薨於州。」見《周書》，卷22，〈楊寬傳〉，頁367；「保定初，授梁州總管、十州諸軍事。天和二年（567），徙丹州刺史。」見《周書》，卷29，〈高琳傳〉，頁497。引文中楊寬卒於保定元年（561）可暫略不談，崔猷與高琳都在保定元年（561）任梁州總管，因此兩人之中必有一人是在保定元年（561）才受命擔任梁州總管便馬上轉任他官，但無法確定是崔猷還是高琳。

〔註157〕「（保定三年，563，十月）以開府、杞國公（宇文）亮爲梁州總管。」見《周書》，卷5，〈武帝紀〉上，頁69。

〔註158〕《周書》，卷35，〈崔猷傳〉，頁617。

以上略述與宇文護關係比較密切的成員，除了叱羅協有「知其材識庸淺，每折之」與「既以得志，每自矜高……及其所言，多乖事衷。當時莫不笑之」的這些負面記載，還有宇文護女婿于顗藉故殺趙文表的行爲有爭議以外，可以發現其他人在史料中幾乎都沒有負面評價的記載。

因此宇文護本傳中「凡所委任，皆非其人」與「寡於學術，昵近羣小」這些負面的評價，極可能是修史時爲醜化宇文護的作法。

三、親信系統的仕宦狀況

爲方便檢視，將前述成員有擔任過的朝中六官整理製表，可從中瞭解宇文護重視與掌握的職官，時間斷限是自宇文覺天王元年（557）至武帝宇文邕建德元年（572），即是從宇文護執政至宇文護被殺爲止，並且扣除仕宦遷轉記載不者，如王慶雖然有擔任過兵部中大夫，但無法確定是在宇文護被殺前還是後，因此王慶擔任兵部中大夫之職便不置於表中。

除此之外還有史書記載出現爭議的崔猷。崔猷在《周書》中記其女兒被宇文護收養〔註159〕，《北史》中反而變成被皇帝收養〔註160〕，又崔猷對宇文護所說：「昔周公輔成王以朝諸侯，況明公親賢莫二，若行周公之事，方爲不負顧託」〔註161〕的這段話，反映了崔猷支持宇文護「行周公之事」，但這段話在《北史》中卻沒有記載。

《周書》與《北史》中的不同記載，造成崔猷在《周書》中與宇文護的關係比較密切，在《北史》中反而與宇文護關係比較遠，因爲記載不同而產生爭議的情況下，崔猷也不置於表中。

〔註159〕「（崔）猷深爲晉公護所重，護乃養猷第三女爲己女，封富平公主。」見《周書》，卷35，〈崔猷傳〉，頁616。
〔註160〕「（崔）猷第二女，帝養爲己女，封富平公主。」見《北史》，卷32，〈崔猷傳〉，頁1175。
〔註161〕《周書》，卷35，〈崔猷傳〉，頁617。

表 4-4　宇文護親信系統〔註162〕擔任六官職掌一覽表〔註163〕

	官職	職　　　　掌	擔任成員
天官	小冢宰	掌建邦之宮刑。以治王宮之政令。	宇文憲
	司會	掌邦之六典八灋八則之貳，以逆邦國都鄙官府之治，主天下之大計，計官之長，若今尚書。	叱羅協、陸逞
	御正	總絲綸。	叱羅協、李昶
	納言	出入侍從。	陸逞、李昶
地官	司門	掌授管鍵以啓閉國門，幾出入不物者，正其貨賄，凡財物犯禁者舉之。	尹公正
春官	內史	掌綸誥。	李昶
夏官	大司馬	掌建邦國之九灋以佐王平邦國。制畿封國、設儀辨位、進賢興功、建牧立監、制軍詰禁、施貢分職、簡稽鄉民、均守平則、比小事大。	賀蘭祥、宇文憲
	小司馬	凡小祭祀會同饗射師田喪紀掌其事，如大司馬之灋。	賀蘭祥、陸逞
	軍司馬	掌兵事。	叱羅協、邊平
	職方	掌天下之地圖，主四方之職貢。	辛昂
	吏部	掌選舉。	辛昂
	武伯	掌內外衞之禁令。	王慶
	兵部	掌發兵用兵符。	辛昂、尹公正
秋官	賓部	掌大賓客之儀。	王慶
冬官	小司空		馮遷
	工部	承司空之事，掌百工之籍，而理其政令。	馮遷

　　本表可以瞭解宇文護在朝政運作時所重視的職位，從成員擔任職官的次數來看，司會、御正、納言、大司馬、小司馬、軍司馬與兵部都有兩位以上的成員擔任過，可見這些職掌應是宇文護最重視的職官。

　　司會、御正與納言屬天官，大司馬、小司馬、軍司馬與兵部屬夏官，宇文護自己擔任天官大冢宰，而「少相親愛」的賀蘭祥與「雅相親委」的宇文憲則擔任夏官大司馬，顯見宇文護對天官與夏官的重視與控制。

〔註162〕指本傳中有被宇文護親委、親待、親愛、委信與委任等記載的成員。
〔註163〕表中職掌參自《周書》、《周禮》與《北周六典》，如果都沒有記載，以空白表示。

　　除了朝中六官以外，再看成員出鎮的州郡，可以顯示宇文護所重視的地區：

表4-5　宇文護親信系統〔註164〕擔任地方大員一覽表

職　位	擔任成員
雍州牧	宇文憲
陝州刺史	馮　遷
昌州刺史	李　昶
渠州刺史	辛　昂
通州刺史	辛　昂

表中最重要的是雍州牧，加上宇文護自己也曾擔任過雍州牧，則成員控制雍州的時間〔註165〕可從下列史料中推算：

　　　　（天王二年，558，四月）以太師、晉公（宇文）護爲雍州牧。〔註166〕

　　　　（保定元年，561，十一月）以大將軍、衛國公（宇文）直爲雍州牧。
　　〔註167〕

　　　　（保定四年，564，八月）以柱國齊公（宇文）憲爲雍州牧。〔註168〕

　　　　（天和二年，567，七月）以太傅、燕國公于謹爲雍州牧。〔註169〕

　　　　（天和三年，568，三月）太傅、柱國、燕國公于謹薨。〔註170〕

　　　　天和三年（568），以（宇文）憲爲大司馬，治小冢宰，雍州牧如故。
　　〔註171〕

宇文護擔任雍州牧大約三年半，宇文憲擔任雍州牧至宇文護被殺（建德元年，572，三月）〔註172〕大約七年，因此宇文護系控制雍州大約十年左右；馮

〔註164〕指本傳中有被宇文護親委、親待、親愛、委信與委任等記載的成員。
〔註165〕時間斷限爲宇文覺天王元年（557）至武帝宇文邕建德元年（572）。
〔註166〕《周書》，卷4，〈明帝紀〉，頁55。
〔註167〕《周書》，卷5，〈武帝紀〉上，頁65。
〔註168〕《周書》，卷5，〈武帝紀〉上，頁70。
〔註169〕《周書》，卷5，〈武帝紀〉上，頁74。
〔註170〕《周書》，卷5，〈武帝紀〉上，頁75。
〔註171〕《周書》，卷12，〈齊煬王憲傳〉，頁188。
〔註172〕《周書》，卷5，〈武帝紀〉上，頁80。

遷、李昶與辛昂因爲出鎮外州的時間記載不夠詳盡，所以不討論。

　　除此之外，宇文護似乎有將蒲州成爲根據地的打算，自武帝宇文邕即位以後，蒲州總管便是由宇文護的兒子擔任。

　　（保定二年，562，六月）邵國公（宇文）會爲蒲州總管。〔註173〕

　　（天和元年，566，二月）以開府、中山公（宇文）訓爲蒲州總管。

〔註174〕

這些或許可以說明宇文護對蒲州與雍州的控制與重視，卻也反映了宇文護對地方的控制集中於蒲州與雍州，相對來說其他重要地方總管如秦州與益州的控制力恐怕比較不足。

表 4-6　宇文護親信系統〔註175〕在宇文護被殺前後仕宦遷轉一覽表

姓　　名	宇文護被殺前	宇文護被殺後
宇文憲	大司馬治小冢宰兼雍州牧。	轉任大冢宰，後隨宇文邕平定北齊。
叱羅協	司會中大夫、中外府長史。	除名。建德三年（574）授儀同三司。
馮　遷	小司空、司錄。	除名。
陸　逞	小司馬兼納言。	坐免官。後起爲納言，轉宜州刺史，授太子太保。
辛　昂	無職事官。	宇文邕捶楚，遂卒。
樊叔略	中尉兼督內外。	宇文憲引爲園苑監，從宇文邕伐齊，拜汾州刺史。
侯伏侯龍恩	無記載。	被殺。
邊　平	軍司馬、護府司馬。	除名。
尹公正	中外府司錄。	被殺。
元孝矩	無職事官。	坐徙蜀。數載後，授益州總管司馬，轉司憲大夫。

表中十位成員除了宇文憲與樊叔略以外，其餘七位成員都面臨被殺、除名、坐免官與坐徙蜀的情況，叱羅協、陸逞與元孝矩三人有被武帝宇文邕再授以職官或勳官的記載；馮遷與邊平兩人是除名後沒有再被授官；剩餘的侯伏侯龍恩、尹公正與辛昂則是被殺。

〔註173〕《周書》，卷5，〈武帝紀〉上，頁67。
〔註174〕《周書》，卷5，〈武帝紀〉上，頁72。
〔註175〕指本傳中有被宇文護親委、親待、親愛、委信與委任等記載的成員。

本節整理了史書中宇文護親委、親待、親愛、委信與委任等記載的成員，而這些可以佐證宇文護本傳中「凡所委任，皆非其人」與「寡於學術，昵近羣小」的這些記載有爭議，應該是修史時為醜化宇文護的作法；而這些成員所擔任的職官，也顯示了宇文護重視的職掌。

第三節　宇文護的幕僚分析

前節已略述宇文護親委的成員，本節則是要討論宇文護中外府與開府的幕僚，他們兼任朝中六官或遷轉的情形，以及對北周與隋的貢獻等等，已略述過的親信系統成員如叱羅協便不再贅述。此外，因為本節所介紹的是宇文護中外府與開府的幕僚，並不是親委或委任的成員，因此沒有「凡所委任，皆非其人」的爭議問題，所以只會做概略的介紹。

（1）薛善

沙苑會戰（大統三年，537）以後投奔西魏，被宇文泰授以汾陰令，薛善「幹用彊明，一郡稱最」，太守王羆令善兼督六縣事。不久入宇文泰霸府擔任行臺郎中，後轉司農少卿負責屯田，領同州夏陽縣二十屯監，又在夏陽諸山置鐵冶，再令薛善為冶監營造軍器，加通直散騎常侍，遷大丞相府從事中郎〔註176〕。

在成為宇文護的幕僚以前，薛善是驃騎大將軍、開府儀同三司、民部中大夫，因為告發齊軌對宇文護執政有異議，被宇文護引為中外府司馬。後遷司會中大夫副總六府事，加授京兆尹，仍治司會。之後出為隆州刺史兼治益州總管府長史，徵拜少傅，卒於位〔註177〕。

（2）達奚寔

從北魏孝武帝西遷，授大行臺郎中。大統十三年（547），又授大行臺郎中、相府掾，轉從事中郎。達奚寔「性嚴重」，宇文泰「深器之」。魏廢帝二年（553），除中外府司馬〔註178〕。

在成為宇文護的幕僚以前，達奚寔擔任的是蕃部中大夫、驃騎大將軍、開府儀同三司，武成二年（560），達奚寔為御正中大夫治民部兼宇文護司馬。

〔註176〕《周書》，卷35，〈薛善傳〉，頁623～624。
〔註177〕《周書》，卷35，〈薛善傳〉，頁624。
〔註178〕《周書》，卷29，〈達奚寔傳〉，頁502～503。

至保定元年（561）出爲文州刺史，卒於州〔註179〕。

（3）元偉

元魏宗室，入宇文護霸府以前是師氏下大夫，宇文覺踐阼（天王元年，557）爲宇文護府司錄。宇文毓即位爲天王以後，拜師氏中大夫，之後又受詔於麟趾殿刊正經籍，不久爲隴右總管府長史，加驃騎大將軍、開府儀同三司。至武帝保定二年（562）遷成州刺史，「政尙清靜，百姓悅附，流民復業者三千餘口」，天和元年（566），入朝爲匠師中大夫，再轉司宗中大夫〔註180〕。

宇文護被殺後，復任司宗，又轉司會兼民部，再遷小司寇。建德四年（575）武帝宇文邕親征北齊時，曾先遣元偉出使北齊，因此元偉遂被幽縶於北齊，直到建德六年（577）才返朝。大象年間出任襄州刺史，卒年不詳〔註181〕。

（4）高賓

大統六年（540）入關投奔西魏，授安東將軍、銀青光祿大夫，稍遷通直散騎常侍、撫軍將軍、大都督。成爲宇文護的幕僚以前，高賓是使持節、車騎大將軍、儀同三司、散騎常侍、益州總管府長史，在保定元年（561）拜計部中大夫治中外府從事中郎，成爲宇文護中外府的幕僚，高賓「敏於從政，果敢決斷，案牘雖繁，綽有餘裕」〔註182〕。

高賓之後後轉太府中大夫、宇文憲府長史。在天和二年（567）爲都州諸軍事、都州刺史，進位驃騎大將軍、開府儀同三司，治襄州總管府司錄。天和六年（571）卒於州〔註183〕。

（5）杜叔毗

原先仕梁，爲蕭循府中直兵參軍，大統末年西魏進攻漢中，蕭循令杜叔毗請和，在蕭循投降以後，杜叔毗也因此留在西魏。被宇文護辟爲中外府樂曹參軍的時間沒有記載，之後加授大都督，遷使持節、車騎大將軍、儀同三司，行義歸郡守，不久之橫拜硤州刺史。在天和二年（567）從宇文直與陳作

〔註179〕《周書》，卷29，〈達奚寔傳〉，頁503。
〔註180〕《周書》，卷38，〈元偉傳〉，頁688。
〔註181〕《周書》，卷38，〈元偉傳〉，頁688～689。
〔註182〕《周書》，卷37，〈裴文舉附高賓傳〉，頁670。
〔註183〕《周書》，卷37，〈裴文舉附高賓傳〉，頁670。

戰，兵敗被擒，因爲不投降而被殺〔註184〕。

（6）陽雄

世爲上洛豪族，成爲宇文護的幕僚以前是大都督、大將軍、開府儀同三司、民部中大夫，在宇文護引爲中外府長史以後，遷江陵總管、四州五防諸軍事，改封魯陽縣公，但無法確定遷江陵總管是在宇文護被殺前還是被殺後。陽雄卒於宣政元年〔註185〕（578）。

（7）劉雄

大統中起家爲宇文泰親信，之後被賜姓宇文氏，在成爲宇文護的幕僚以前是大都督、齊右下大夫治小駕部、車騎大將軍、儀同三司，至保定四年（564）治中外府屬，成爲宇文護的幕僚。天和二年（567）遷駕部中大夫，天和四年（569）兼宇文憲府掾，隨宇文憲築安義等城。天和五年（570）隨宇文憲迎戰北齊，兼中外府掾，加驃騎大將軍、開府儀同三司，不過無法確定職掌是駕部中大夫兼中外府掾還是宇文憲府掾兼中外府掾。戰後遷軍司馬〔註186〕。

建德元年（572）授納言，轉軍正，復爲納言。建德二年（573）轉內史中大夫，除候正，再出爲河州刺史。建德五年（576），從宇文迥自涼州征討吐谷渾，因戰功加上開府儀同三司，同年又隨宇文憲出征北齊，拜上大將軍，再進杜國，出鎮幽州。宣政元年（578）四月，突厥進犯幽州，劉雄與突厥作戰，戰歿〔註187〕。

（8）柳帶韋

柳慶的兄長柳鷟之子，投奔西魏以後宇文泰辟爲參軍。在成爲宇文護的幕僚以前是大都督、驃騎將軍、左光祿大夫、武藏下大夫，至保定四年（564），加儀同三司、中外府掾，成爲宇文護的幕僚。天和二年（567），轉職方中大夫，天和三年（568），授兵部中大夫，仍領武藏，天和五年（570），轉武藏中大夫，不久便遷驃騎大將軍、開府儀同三司〔註188〕。

〔註184〕《周書》，卷46，〈孝義・杜叔毗傳〉，頁830。
〔註185〕《周書》，卷44，〈陽雄傳〉，頁796～797。
〔註186〕《周書》，卷29，〈劉雄傳〉，頁503～504。
〔註187〕《周書》，卷29，〈劉雄傳〉，頁504。
〔註188〕《周書》，卷22，〈柳慶附兄子帶韋傳〉，頁374～375。

武帝宇文邕建德三年（574）以後爲譙王宇文儉益州總管府長史〔註189〕，領漢王宇文贊益州刺史別駕，「輔弼二王，總知軍民事」。隨軍征討北齊，後轉并州司會、并州總管府長史，建德六年（577）卒於位〔註191〕。

（9）劉臻

原爲梁元帝蕭繹的中書舍人，西魏攻下江陵以後，劉臻歸蕭詧擔任中書侍郎。之後宇文護辟爲中外府記室，「軍書羽檄，多成其手」。後轉露門學士，授大都督，封饒陽縣子，歷藍田令、畿伯下大夫等等，不過仕宦遷轉的時間無法確定〔註192〕。

楊堅篡北周後，劉臻進位儀同三司，被皇太子楊勇引爲學士。劉臻精於兩漢書，時人稱爲漢聖，開皇十八（598）年卒〔註193〕。

（10）豆盧通

豆盧永恩嗣子〔註194〕，弟是豆盧勣，因爲豆盧永恩之兄豆盧寧尚未有子嗣，因此豆盧寧便養豆盧勣爲自己的世子〔註195〕。

宇文護引豆盧通令督親信兵後，豆盧通改封沃野縣公，邑四千七百戶，加開府，歷武賁中大夫、北徐州刺史，不過這些遷轉的時間不詳，無法判斷是宇文護執政時期，還是武帝宇文邕親政時期，甚至於是在宣帝宇文贇時期〔註196〕。

楊堅篡北周後典宿衞，歲餘出拜定州刺史，轉相州刺史，又娶了楊堅的妹妹昌樂長公主，「自是恩禮漸隆」。遷夏州總管、洪州總管等等，「所在之職，並稱寬惠」。卒於開皇十七年〔註197〕（597）。

（11）李徹

李和之子，「性剛毅，有器幹，偉容儀，多武藝」。宇文護引爲親信，不

〔註189〕 柳帶韋是在宇文贊進位爲王以後領其益州別駕，參見《周書》，卷22，〈柳慶附兄子帶韋傳〉，頁375。宇文贊進位爲王是在建德三年（574），參見《周書》，卷5，〈武帝紀〉上，頁83～84。

〔註191〕《周書》，卷22，〈柳慶附兄子帶韋傳〉，頁375。

〔註192〕《隋書》，卷76，〈文學‧劉臻傳〉，頁1731。

〔註193〕《隋書》，卷76，〈文學‧劉臻傳〉，頁1731～1732。

〔註194〕《周書》，卷19，〈豆盧寧附弟永恩傳〉，頁311。

〔註195〕《周書》，卷19，〈豆盧寧傳〉，頁310。

〔註196〕《隋書》，卷39，〈豆盧勣附兄通傳〉，頁1158。

〔註197〕《隋書》，卷39，〈豆盧勣附兄通傳〉，頁1158～1159。

久拜殿中司馬，累遷奉車都尉。宇文護因為李徹「謹厚有才具」，在世子宇文訓為出鎮蒲州時，便令李徹以本官從宇文訓至蒲州〔註198〕。

武帝宇文邕親政以後，李徹從太子宇文贇西征吐谷渾，並隨宇文邕進攻北齊，在宣帝宇文贇即位後轉為淮州刺史，「安集初附，甚得其歡心」。卒於開皇年間〔註199〕。

（12）崔弘度

崔說之子。「膂力絕人，儀貌魁岸，鬚面甚偉。性嚴酷」，十七歲時被宇文護引為親信，不久授都督，累轉大都督。宇文護世子宇文訓出鎮蒲州，宇文護令崔弘度從宇文訓至蒲州〔註200〕。

從武帝宇文邕滅北齊，進位上開府，鄴縣公。宣帝宇文贇即位以後，從韋孝寬經略淮南，進位上大將軍。尉遲迥起兵反楊堅，崔弘度為行軍總管，從韋孝寬征討尉遲迥，因崔弘度的妹妹適尉遲迥之子，在戰事時沒有親手殺尉遲迥，反而讓其弟崔弘昇殺尉遲迥，「致縱惡言」而降爵一等〔註201〕。

楊堅篡北周後，以崔弘度妹妹為秦孝王楊俊的妃子，不久再以崔弘度弟弟崔弘昇之女為河南王妃（即楊廣長子楊昭，時為河南王，楊廣即位以後立為皇太子）〔註202〕，一門二妃。楊廣即位後卒〔註203〕。

（13）段文振

「少有膂力，膽氣過人，性剛直，明達時務」，初為宇文護親信，宇文護認為段文振有幹用，因此擢授中外府兵曹，在宇文護被殺時沒有捲入的記載〔註204〕。

武帝宇文邕征討北齊，再隨宇文迴擊稽胡，歷相州別駕、揚州總管長史、天官都上士，又從韋孝寬經略淮南〔註205〕。

北周末年尉遲迥起兵反楊堅，段文振選擇支持楊堅，被引為丞相掾領宿衛驃騎，後為石、河二州刺史，「甚有威惠」。遷蘭州總管，擊敗突厥犯境。

〔註198〕　《隋書》，卷54，〈李徹傳〉，頁1367。
〔註199〕　《隋書》，卷54，〈李徹傳〉，頁1367～1368。
〔註200〕　《隋書》，卷74，〈酷吏・崔弘度傳〉，頁1698。
〔註201〕　《隋書》，卷74，〈酷吏・崔弘度傳〉，頁1698～1699。
〔註202〕　《隋書》，卷59，〈煬三子・元德太子昭傳〉，頁1435～1436。
〔註203〕　《隋書》，卷74，〈酷吏・崔弘度傳〉，頁1699～1700。
〔註204〕　《隋書》，卷60，〈段文振傳〉，頁1458。
〔註205〕　《隋書》，卷60，〈段文振傳〉，頁1458。

隋文帝楊堅開皇九年（589），隨軍平定陳〔註206〕。

楊廣即位後徵為兵部尚書，「待遇甚重」，卒於遼東之役〔註207〕。

（14）郭榮

宇文護引為親信，後擢為中外府水曹參軍，曾築城守抵了齊將段孝先的攻擊，也曾在上郡、延安等地築周昌、弘信、廣安、招遠、咸寧等五城，使稽胡不能為亂〔註208〕。

武帝宇文邕親總萬機以後，拜宣納中士，從宇文邕平齊，遷司水大夫。郭榮年少便與楊堅「親狎，情契極歡」，因此「深自結納」，在楊堅總百揆以後，便拜郭榮為相府樂曹參軍，不久再以本官領蕃部大夫，楊堅篡北周後為內史舍人，進爵蒲城郡公，加位上儀同〔註209〕。

隋文帝楊堅仁壽年間率軍平定西南的夷、獠。卒於煬帝大業十年〔註210〕（614）。

（15）宇文述

父親是宇文盛，曾向宇文護告發趙貴謀反之事〔註211〕。宇文述「性恭謹沈密」，宇文護「甚愛之」，便讓宇文述領親信。宇文護被殺後，武帝宇文邕召宇文述為左宮伯，累遷英果中大夫〔註212〕。

楊堅為丞相，尉遲迥起兵反楊堅，宇文述從韋孝寬征討尉遲迥，因戰功超拜上柱國，進爵褒國公。楊堅篡北周後，拜宇文述為右衞大將軍。後以行軍總管率眾三萬參與平陳之戰，戰後拜安州總管〔註213〕。

後轉壽州刺史總管，與楊素、楊約兄弟合謀幫助晉王楊廣取得太子之位。楊廣與宇文述「情好益密」，命宇文述之子宇文化及尚南陽公主。楊廣即位後，拜宇文述左衞大將軍，改封許國公，並且讓宇文述與蘇威「常典選舉，參預朝政」〔註214〕，時人稱為「五貴」〔註215〕。卒於煬帝大業十二年

〔註206〕《隋書》，卷60，〈段文振傳〉，頁1458～1459。
〔註207〕《隋書》，卷60，〈段文振傳〉，頁1459～1460。
〔註208〕《隋書》，卷50，〈郭榮傳〉，頁1319。
〔註209〕《隋書》，卷50，〈郭榮傳〉，頁1320。
〔註210〕《隋書》，卷50，〈郭榮傳〉，頁1320～1321。
〔註211〕《周書》，卷29，〈宇文盛傳〉，頁493。
〔註212〕《隋書》，卷61，〈宇文述傳〉，頁1463。
〔註213〕《隋書》，卷61，〈宇文述傳〉，頁1463～1464。
〔註214〕《隋書》，卷61，〈宇文述傳〉，頁1464～1465。

〔註216〕（616）。

（16）趙芬

趙芬「少有辯智，頗涉經史」。起初被宇文泰引為相府鎧曹參軍，歷記室，累遷熊州刺史，加開府儀同三司。宇文護召為中外府掾的時間沒有記載，不久便遷吏部下大夫，「性強濟，所居之職，皆有聲績」〔註217〕。

武帝宇文邕親總萬機後，拜內史下大夫，轉少御正。「每朝廷有所疑議，眾不能決者，芬輒為評斷，莫不稱善」，後為司會。不久出為淅州刺史，轉東京小宗伯，鎮洛陽〔註218〕。

楊堅拜相後，尉遲迥與司馬消難欲起兵反楊堅，趙芬密白楊堅，因此「深見親委」，遷東京左僕射。楊堅篡北周後，拜趙芬尚書左僕射，與王誼修律令，不久兼內史令，楊堅甚信任趙芬。卒於隋〔註219〕。

（17）韋師

「略涉經史，尤工騎射」，成為宇文護中外府幕僚的時間沒有記載，起初是中外府記室，後轉賓曹參軍。宇文憲擔任雍州牧時，韋師為其主簿兼中外府賓曹參軍。在宇文護被殺後並沒有捲入的記載，武帝宇文邕以其為少府大夫，平北齊後又轉賓部大夫〔註220〕。

楊堅篡北周後，拜韋師為吏部侍郎，數年後遷河北道行臺兵部尚書，為山東河南十八州安撫大使，兼領晉王廣司馬。參與平陳之戰，以本官領元帥掾，「陳國府藏，悉委於師，秋毫無所犯，稱為清白」。後為汴州刺史，「甚有治名」，卒於官〔註221〕。

（18）元暉

成為宇文護幕僚前是儀同三司、賓部下大夫，保定元年（561），宇文護引為長史，因元暉「多才辯」，所以命元暉與崔睦出使北齊，遷振威中大夫。後加開府，轉司憲大夫，不過沒有記載遷轉的時間。武帝宇文邕平關東後，

〔註215〕「與左翊衛大將軍宇文述、黃門侍郎裴矩、御史大夫裴蘊、內史侍郎虞世基參掌朝政，時人稱為『五貴』。」見《隋書》，卷41，〈蘇威傳〉，頁1188。
〔註216〕《隋書》，卷4，〈煬帝紀〉下，頁91。
〔註217〕《隋書》，卷46，〈趙芬傳〉，頁1251。
〔註218〕《隋書》，卷46，〈趙芬傳〉，頁1251。
〔註219〕《隋書》，卷46，〈趙芬傳〉，頁1251～1252。
〔註220〕《隋書》，卷46，〈韋師傳〉，頁1257。
〔註221〕《隋書》，卷46，〈韋師傳〉，頁1257～1258。

使元暉「安集河北」〔註222〕。

　　楊堅篡北周後，以元暉爲都官尙書兼領太僕，元暉「奏請決杜陽水灌三時原，漑舄鹵之地數千頃，民賴其利」。在擔任兵部尙書時「監漕渠之役」。後拜魏州刺史，「頗有惠政」，因疾辭官，卒於京師〔註223〕。

（19）楊素

　　父親是楊敷。宇文護引爲中外記室，後轉禮曹，加大都督。武帝宇文邕親總萬機以後「漸見禮遇」，隨宇文邕征討北齊，授司城大夫，平齊後加上開府〔註224〕。

　　宣帝即位後，從韋孝寬經略淮南。楊堅拜相，楊素「深自結納」，楊堅篡北周後加上柱國。開皇四年（584）拜御史大夫。在隋代成爲重臣，不僅參與平陳之役，且與高熲專掌朝政，幫助楊廣當上太子，更助其登基爲天子，但是反而被煬帝楊廣猜忌〔註225〕，最後卒於煬帝大業二年〔註226〕（606）。

（20）元巖

　　父元禎。元巖少與渤海高熲以及太原王韶同志友善，釋褐宣威將軍、武賁給事。宇文護「見而器之」，引爲中外記室，累遷內史中大夫，不過仕宦遷轉時間記載不詳。宣帝宇文贇即位後，元巖先是進言不可殺樂運，後來在宇文贇要殺烏丸軌的時候，不肯署詔，並上諫不可殺烏丸軌，因此被宇文贇廢于家〔註227〕。

　　楊堅拜相後，元巖進位開府、民部中大夫，篡位後爲兵部尙書。之後轉爲益州總管長史，在隋文帝開皇十三年（593）卒於官〔註228〕。

（21）田仁恭

　　父親是田弘。「性寬仁，有局度」，以明經爲掌式中士，宇文護引爲中外兵曹，數年後以父功拜開府儀同三司，遷中外府掾，從宇文護征戰，改封襄武縣公，邑五百戶。後隨武帝宇文邕平定北齊，拜幽州總管〔註229〕。

〔註222〕《隋書》，卷46，〈元暉傳〉，頁1256。
〔註223〕《隋書》，卷46，〈元暉傳〉，頁1256。
〔註224〕《隋書》，卷48，〈楊素傳〉，頁1281～1282。
〔註225〕《隋書》，卷48，〈楊素傳〉，頁1282～1292。
〔註226〕《隋書》，卷3，〈煬帝紀〉上，頁66。
〔註227〕《隋書》，卷62，〈元巖傳〉，頁1475。
〔註228〕《隋書》，卷62，〈元巖傳〉，頁1476。
〔註229〕《隋書》，卷54，〈田仁恭傳〉，頁1364。

楊堅為丞相，拜為小司馬，進位大將軍，從韋孝寬破尉遲迥，拜柱國。楊堅篡北周後進位上柱國，拜太子太師，不久拜右武衛大將軍，卒於官〔註230〕。

（22）劉行本

原仕南朝梁，與叔父劉璠一起入北周。「性剛烈，有不可奪之志」，宇文護引為中外府記室。在宇文護被殺以後，被武帝宇文邕引為御正中士兼領起居注，累遷掌朝下大夫。宣帝宇文贇嗣位後，因「切諫忤旨」而被出為河內太守〔註231〕。

楊堅篡北周，徵拜諫議大夫檢校治書侍御史，遷黃門侍郎，數年後拜太子左庶子，領治書如故，後卒〔註232〕。

（23）柳弘

柳慶之子。柳弘與楊素為莫逆之交，解巾宇文護中外府記室參軍。武帝宇文邕親政後為內史上士，歷小宮尹、御正上士。不久又拜內史都上士，遷御正下大夫，卒於官〔註233〕。

（24）柳彧

七世祖柳卓，隨晉南遷寓居襄陽。父柳仲禮為南朝梁的將領，因戰敗入北周。柳彧「少好學，頗涉經史」，宇文護引為中外府記室，之後出為寧州總管掾。武帝宇文邕親總萬機，柳彧「詣闕求試」，宇文邕以柳彧為司武中士，轉鄭令。北周平北齊後，宇文邕賞賜從軍出征的官員，卻忽略了留京的官員，柳彧上表「留從事同，功勞須等」，於是「留守並加汎級」〔註234〕。

楊堅篡北周後遷尚書虞部侍郎。因得罪楊素，被楊素以漢王諒謀反的事件為由，上奏柳彧心懷兩端，因而坐徙敦煌。楊素卒後，徵還京師，卒於道〔註235〕。

（25）虞慶則

世代為北邊豪傑，善長鮮卑語，釋褐中外府行參軍，遷外兵參軍事。宣政元年（578），授虞慶則儀同大將軍，除并州總管長史。二年（579），授開

〔註230〕　《隋書》，卷54，〈田仁恭傳〉，頁1364～1365。
〔註231〕　《隋書》，卷62，〈劉行本傳〉，頁1477。
〔註232〕　《隋書》，卷62，〈劉行本傳〉，頁1477～1478。
〔註233〕　《周書》，卷22，〈柳慶附子弘傳〉，頁373。
〔註234〕　《隋書》，卷62，〈柳彧傳〉，頁1481。
〔註235〕　《隋書》，卷62，〈柳彧傳〉，頁1481～1484。

府，隨越王宇文盛與內史下大夫高熲討平稽胡，拜石州總管，「甚有威惠，境內清肅，稽胡慕義而歸者八千餘戶」〔註236〕。

楊堅篡北周後，進位大將軍，遷內史監、吏部尚書、京兆尹，封彭城郡公，營新都總監，不久又遷尚書右僕射。開皇九年（589），轉右衛大將軍，不久改為右武候大將軍。開皇十七年（597）嶺南人李賢起事謀反，楊堅命虞慶則征討。平定後，虞慶則婦弟趙什柱告虞慶則謀反，因此被殺〔註237〕。

（26）崔仲方

崔猷之子，「少好讀書，有文武才幹」，與楊堅「少相款密」。以明經科成為宇文護參軍事，不久轉記室，再遷司玉大夫，與斛斯徵與柳敏等同修禮律。獻滅齊二十策，從武帝宇文邕征討北齊〔註238〕。

宣帝宇文贇即位後為少內史。宇文贇卒後楊堅輔政，崔仲方勸楊堅篡位，與高熲議正朔服色事，並提出廢六官，行漢魏之舊，進位上開府，轉司農少卿。不久獻上取陳之策，參與平陳之役，卒於隋文帝楊堅仁壽年間〔註239〕。

（27）獨孤楷

本姓李氏，父親為李屯，在沙苑之戰被獨孤信所擒，「漸得親近」，因此賜姓獨孤氏。獨孤楷「少謹厚」，為宇文護執刀。數從征伐，賜爵廣阿縣公，拜右侍下大夫，不過史書中並沒有記載是跟隨誰作戰，以及何時擔任右侍下大夫。卒於隋〔註240〕。

（28）蕭濟

只有「孝閔帝踐阼，除中外府記室參軍。後至蒲陽郡守、車騎大將軍、儀同三司」的記載〔註241〕。

（29）崔曠

只有「釋褐中外府記室，大象末，位至開府儀同大將軍，淅州刺史」的記載〔註242〕。

〔註236〕《隋書》，卷40，〈虞慶則傳〉，頁1174。
〔註237〕《隋書》，卷40，〈虞慶則傳〉，頁1174～1175。
〔註238〕《隋書》，卷60，〈崔仲方傳〉，頁1447。
〔註239〕《隋書》，卷60，〈崔仲方傳〉，頁1447～1450。
〔註240〕《隋書》，卷55，〈獨孤楷傳〉，頁1377。
〔註241〕《周書》，卷42，〈蕭撝附子濟傳〉，頁753。
〔註242〕《周書》，卷35，〈崔謙附子曠傳〉，頁614。

（30）張肅

只有「世宗初，爲宣納上士，轉中外府記室參軍、中山公訓侍讀」的記載〔註243〕。

（31）牛弘

起家中外府記室、內史上士，俄轉納言上士，「專掌文翰，甚有美稱」，加威烈將軍、員外散騎侍郎，修起居注。但是遷轉的時間記載不詳盡。宣政元年（578）轉內史下大夫，進位使持節、大將軍、儀同三司〔註244〕。

隋文帝楊堅開皇元年（581），授牛弘散騎常侍、秘書監。開皇三年（583）拜禮部尚書，「修撰五禮，勒成百卷，行於當世」。開皇六年（586），擔任太常卿，後與姚察、許善心、何妥、虞世基等正定新樂，並且議置明堂。尋授大將軍，拜吏部尚書，與楊素、蘇威、薛道衡、許善心、虞世基、崔子發等人論新禮。卒於煬帝楊廣大業六年〔註245〕（610）。

爲方便檢視，首先將擔任過宇文護中外府與開府幕僚的成員製表。

表4-7　宇文護霸府幕僚一覽表〔註246〕

	職　位	擔　任　成　員
中外府	長史	叱羅協、陽雄
	司馬	陸逞、薛善
	司錄	尹公正、李昶
	從事中郎	梁榮、高賓
	掾	柳帶韋、劉雄、趙芬、田仁恭、柳帶韋
	屬	劉雄
	禮曹參軍	楊素
	賓曹參軍	韋師
	兵曹參軍	段文振、田仁恭

〔註243〕《周書》，卷37，〈張軌附子肅傳〉，頁665。
〔註244〕《隋書》，卷49，〈牛弘傳〉，頁1297。
〔註245〕《隋書》，卷49，〈牛弘傳〉，頁1297～1309。
〔註246〕宇文護幕僚中有親信一職，但史料中不易確定是屬中外府還是開府，王仲犖認爲親信「隸於中外府」，參見《北周六典》，卷8，〈都督中外諸軍事府〉，頁523。今暫依王仲犖的看法。

	水曹參軍	郭榮
	樂曹參軍	杜叔毗
	記室參軍	劉臻、韋師、楊素、崔曠、蕭濟、張肅、劉行本、柳弘、元巖、柳彧、牛弘
	親信	崔弘度、豆盧通、李徹、段文振、郭榮、宇文述
	外兵曹參軍事	虞慶則
	行參軍	虞慶則
開府	長史	叱羅協、元暉
	司馬	邊平、達奚寔
	司錄	馮遷、元偉
	掾	馮遷
	中尉	樊叔略
	參軍事	崔仲方〔註247〕
	典籤	王慶

其次說明宇文護霸府幕僚的遷轉狀況，仕宦遷轉的時間斷限是自宇文覺天王元年（557）至武帝宇文邕建德元年（572）宇文護被殺以前，若遷轉時間無法確定是在宇文護被殺前則不置入表中。

　　宇文護霸府幕僚的遷轉大致上分為兩種模式：第一種是直接以霸府幕僚兼任朝中六官；第二種是擔任霸府幕僚以後轉任他官。

表4-8　宇文護霸府幕僚兼任朝中六官一覽表

	成　員	職　　　　掌
中外府	叱羅協	司會中大夫、中外府長史
	柳帶韋	武藏下大夫、中外府掾
	劉　雄	齊右下大夫治中外府屬
	高　賓	計部中大夫治中外府從事中郎

〔註247〕崔仲方在史料中並沒有記載他是宇文護中外府還是開府的參軍事，不過王仲犖認為崔仲方是宇文護府參軍事。參見《北周六典》，卷8，〈封爵〉，頁566。今暫時依照王仲犖的看法。

開　府	叱羅協	治御正大夫、護府長史
	達奚寔	御正中大夫治民部兼護府司馬
	邊　平	軍司馬、護府司馬
	元　暉	小賓部兼長史

從霸府幕僚兼任朝中六官的狀況，可以瞭解除了前述親信系統擔任的司會、御正、軍司馬與小賓部是宇文護重視的職掌以外，武藏、齊右、計部與雍州主簿應該也是宇文護頗重視的六官職位。再看擔任霸府幕僚後的遷轉。

表 4-9　宇文護霸府幕僚遷轉一覽表

	成　員	遷轉前	遷轉後
中外府	陸　逞	中外府司馬	司會中大夫兼納言中大夫
	薛　善	中外府司馬	司會中大夫加京兆尹
	李　昶	中外府司錄	御正中大夫
	趙　芬	中外府掾	吏部下大夫
	田仁恭	中外府兵曹參軍	中外府掾
	杜叔毗	中外府樂曹參軍	行義歸郡守
	楊　素	中外府記室參軍	中外府禮曹參軍
	韋　師	中外府記室參軍	中外府賓曹參軍
	李　徹	親信	殿中司馬
	崔弘度	親信	都督
	段文振	親信	中外府兵曹參軍
	郭　榮	親信	中外府水曹參軍
	虞慶則	中外府行參軍	外兵參軍事
開　府	元　暉	長史	振威中大夫
	元　偉	司錄	師氏中大夫
	馮　遷	司錄	陝州刺史
	馮　遷	掾	司錄
	崔仲方	參軍事	記室參軍
	王　慶	典籤	行小賓部

從霸府的遷轉可以發現兩個狀況：

第一、遷轉可略分為兩個部分，若是以身兼霸府幕僚與朝中職事官來看，開府幕僚兼任的是御正與軍司馬等要職，而中外府幕僚兼任的是司會、武藏、齊右、計部等等，則兼任的狀況開府幕僚較中外府幕僚為重；若是以遷轉後擔任朝中的職官來看，中外府幕僚遷轉後擔任的是司會、御正與吏部等朝中六官要職，相對來說開府幕僚遷轉後擔任的是振威中大夫、師氏中大夫與行小賓部，則遷轉後的狀況開府幕僚不及中外府幕僚。

第二、中外府的遷轉大多是從記室參軍與親信這兩個職位為開始，宇文護將成員引進中外府以後，最初的職位大多都是記室參軍〔註248〕（如劉臻、韋師、楊素、崔曠、蕭濟、張羨、劉行本、柳弘、元巖、柳彧、牛弘等）與親信（如崔弘度、豆盧通、李徹、段文振、郭榮、宇文述等），然後再由這兩個職位開始遷轉；相對來說，開府幕僚的遷轉比較不容易分析脈絡，恐是因史料不足而造成樣本不夠。

最後再整理這些幕僚在宇文護被殺以後的遷轉狀況，可以從中瞭解武帝宇文邕處理宇文護霸府幕僚的狀況，除了叱羅協、馮遷、邊平與陸逞等受宇文護委任的成員都被除名以外，其他與宇文護關係比較遠的霸府幕僚遷轉大致可以分為三類：

第一、擔任武帝宇文邕的近侍官或禁軍。

表4-10　宇文護霸府幕僚擔任武帝宇文邕近侍或禁軍一覽表

成　員	宇文護被殺前	宇文護被殺後
劉　雄	軍司馬	轉納言，再轉軍正，又轉納言。建德二年（573）轉內史，再轉侯正。出為河州刺史。
趙　芬	吏部下大夫	召為內史下大夫，轉御正下大夫，每有疑議，多為其評斷，後轉司會。
宇文述	親信	左宮伯，累遷英果中大夫。
劉行本	中外府記室	御正中士兼領起居注，累遷掌朝下大夫。
柳　弘	中外府記室參軍	內史上士，歷小宮尹、御正上士，拜內史都上士，遷御正下大夫。
郭　榮	中外府水曹參軍	拜宣納中士，從武帝宇文邕平齊，遷司水大夫。

〔註248〕記室參軍在史料中也有起家官的記載，如前述崔曠「釋褐中外府記室」與柳弘「解巾中外府記室參軍」。

第二、轉任他官。

表4-11　宇文護霸府幕僚轉任他官者一覽表

成　員	宇文護被殺前	宇文護被殺後
元　偉	司宗中大夫	復任司宗，又轉司會兼民部，再遷小司寇。
柳帶韋	武藏中大夫	益州總管府長史，領益州別駕，總知軍民事，隨宇文邕討齊。
韋　師	雍州主簿兼賓曹參軍	轉少府大夫，平北齊後轉賓部大夫。
柳　彧	寧州總管掾	司武中士，轉鄭令。
樊叔略	中尉兼督內外	宇文憲引為園苑監，從武帝宇文邕伐齊，拜汴州刺史。

第三、沒有遷轉的記載，直到參與建德年間的戰事才出現遷轉。

表4-12　宇文護霸府幕僚參與戰事後才遷轉者一覽表

成　員	宇文護被殺前	宇文護被殺後
楊　素	中外府禮曹參軍	為宇文邕漸見禮遇，隨討齊，授司城大夫。
田仁恭	中外府掾	隨宇文邕平齊，拜幽州總管。
崔弘度	大都督	從武帝宇文邕征討北齊。進位上開府。
段文振	中外府兵曹參軍	隨武帝宇文邕討齊，再隨宇文迵擊稽胡。歷相州別駕、揚州總管長史。入為天官都上士。
李　徹	奉車都尉	隨太子宇文贇征討吐谷渾，並隨武帝宇文邕進攻北齊。

以上是針對宇文護中外府與府幕僚的整理，這些成員在史料中的評價大多也是比較正面的，並且其中有些還成為隋代的重要人物，對隋文帝楊堅的開皇之治有相當的貢獻。

第四節　宇文護的具體貢獻

宇文護為鞏固權力連弒兩帝，固然如史官所記「有人臣無君之心，為人主不堪之事。忠孝大節也，違之而不疑；廢弒至逆也，行之而無悔」〔註249〕，身為人臣，宇文護的所做所為並不恰當，但是宇文護仍然有他對政局的貢獻

〔註249〕《周書》，卷11，〈晉蕩公護傳〉，頁182。

〔註250〕，一是鞏固宇文氏政權；二是安定民生經濟；三是獻玉斗造律度量衡；四是穩定益州局勢；五是培育若干的能臣。

（1）鞏固宇文氏政權

西魏恭帝三年（556）宇文泰命宇文護輔佐嗣子，在宇文護本傳中有這樣的記載：

> 時嗣子沖弱，彊寇在近，人情不安。（宇文）護綱紀內外，撫循文武，於是眾心乃定。〔註251〕

> 有周受命之始，宇文護寔預艱難。及太祖崩殂，諸子沖幼，羣公懷等夷之志，天下有去就之心。卒能變魏爲周，俾危獲乂者，護之力也。〔註252〕

宇文泰死後政局如此不穩，主要原因在於嗣子宇文覺此時才十五歲〔註253〕，且在宇文泰病卒以前並沒有爲宇文覺安排參與朝政〔註254〕，使權力交接可以穩固順利，在這個局勢下宇文護就扮演了相當重要的角色，宇文護雖然威望不及八柱國，但是卻與十二將軍相當〔註255〕，可以幫助宇文覺控制軍系的部分成員。

宇文護爲安撫威望在他之上的柱國，首先找于謹取得統領軍國的支持〔註256〕，其次在宇文覺踐阼之際獲得了趙貴與獨孤信的支持〔註257〕，終於使皇帝之位順利從元氏轉移到宇文氏之手。

〔註250〕 高蘊華對宇文護的正面肯定在於宇文護奠定北周，並且讓北周經濟逐漸恢復。參見高蘊華著，〈宇文護述論〉，頁23～24。愚見以爲還有可以再補充的地方，因此加以補充。

〔註251〕 《周書》，卷11，〈晉蕩公護傳〉，頁166。

〔註252〕 《周書》，卷11，〈晉蕩公護傳〉，頁182。

〔註253〕 宇文覺生於大統八年（542），至西魏恭帝三年（556）約十五歲。參見《周書》，卷3，〈孝閔帝紀〉，頁45。

〔註254〕 「魏恭帝三年（556）三月，命爲安定公世子。四月，拜大將軍。十月乙亥（4日），太祖崩，丙子（5日），嗣位太師、大冢宰。」見《周書》，卷3，〈孝閔帝紀〉，頁45。引文可見宇文覺在嗣位以前，並沒有擔任職事官或是輔政的記載。

〔註255〕 參見本文第二章第四節。

〔註256〕 《周書》，卷15，〈于謹傳〉，頁248。

〔註257〕 「使大宗伯趙貴持節奉冊書……是日，魏帝遜于大司馬府。」見《周書》，卷3，〈孝閔帝紀〉，頁45～46。引文見魏帝禪位有趙貴（大宗伯）與獨孤信（大司馬）的參與，顯示兩人恐與宇文護有合作。

固然北周初年許多政治衝突，主因宇文護爲鞏固權力，甚至於不惜連弒兩帝，但宇文覺、宇文毓與宇文邕三兄弟之間的皇位更迭，仍然都是宇文氏在當皇帝，一如《周書》所記「有周受命之始，宇文護寔預艱難。及太祖崩殂，諸子沖幼，羣公懷等夷之志，天下有去就之心。卒能變魏爲周，俾危獲乂者，護之力也」，這是宇文護對鞏固北周宇文氏政權的貢獻。

（2）安定民生經濟

《隋書‧食貨志》中有記：

> 閔帝元年（557），初除市門稅……武帝保定二年（562）正月，初於蒲州開河渠，同州開龍首渠，以廣溉灌。〔註258〕

除市門稅有招徠商賈貿易的意思〔註259〕，除市門稅與開河渠都是在宇文護執政的期間所推動，因此廣義來看這也是宇文護對北周的貢獻。

（3）獻玉斗造律度量衡

依《隋書‧律曆志》所記載，北周時期有得古玉斗以造律及衡。

> 西魏廢帝元年（552），周文攝政。又詔尚書蘇綽，詳正音律。綽時得宋尺，以定諸管，草創未就。會閔帝受禪，政由冢宰，方有齊寇，事竟不行。後掘太倉，得古玉斗，按以造律及衡，其事又多湮沒。〔註260〕

古玉斗的出現是因爲武帝保定中造尺從橫不定，後修倉掘地，得古玉斗。據古玉斗造律度量衡後，大赦且改元天和，並使用到大象末年。

> 後周武帝保定中，詔遣大宗伯盧景宣、上黨公長孫紹遠、岐國公斛斯徵等，累黍造尺，從橫不定。後因修倉掘地，得古玉斗，以爲正器，據斗造律度量衡。因用此尺，大赦，改元天和，百司行用，終於大象之末。〔註261〕

不過《周書》中卻記載這是武帝保定元年（561）五月由宇文護所獻。

> （保定元年，561）五月，……晉公護獲玉斗以獻。〔註262〕

〔註258〕《隋書》，卷24，〈食貨志〉，頁680。
〔註259〕王怡辰認爲「廢除稅市，可能除了市恩之外，也有招徠商賈貿易的意思。」見《魏晉南北朝貨幣交易與發行》，頁222。
〔註260〕《隋書》，卷16，〈律曆志〉，頁391。
〔註261〕《隋書》，卷16，〈律曆志〉，頁406。
〔註262〕《周書》，卷5，〈武帝紀〉上，頁65。

從《隋書・律曆志》來看，是否可能是《周書》記錯？但從升銘來看，確實
是保定元年（561）由宇文護所獻。

> 其玉升銘曰：「維大周保定元年（561），歲在重光，月旅蕤賓，晉國
> 之有司，修繕倉廩，獲古玉升，形制典正，若古之嘉量。太師晉國
> 公以聞，勅納於天府。暨五年歲在協洽，皇帝廼詔稽準繩，考灰
> 律，不失圭撮，不差累黍。遂鎔金寫之，用頒天下，以合太平權衡
> 度量。」〔註263〕

因爲宇文護獻古玉斗，北周才能依此造律度量衡。

（4）穩定益州局勢

益州是西魏北周的「軍國所資」〔註264〕，但是當地的蠻、獠常起而反叛，
這成爲宇文護執政時期需要處理的問題，以下略述益州當地的蠻、獠、氐與
西爲北周的關係。

蠻

盤瓠之後，散處於江、淮之間，其中最強盛的是有冉氏、向氏、田氏這
三部〔註265〕。蜀中的蠻最早與西魏北周建立關係是在大統五年〔註266〕
（539），至大統十一年（545）之際，「諸蠻擾動」，楊忠率軍破之，不久蠻帥
杜青和自稱巴州刺史，以州入附，但又反〔註267〕。〈泉企附子仲遵傳〉中記載
因爲杜青和請隸泉仲遵，可是朝議不許，因此起事〔註268〕，被王雄、權景宣
等平定〔註269〕。

〔註263〕《隋書》，卷16，〈律曆志〉，頁410。

〔註264〕「時益州殷阜，軍國所資。」見《周書》，卷39，〈辛慶之附族子昂傳〉，頁
699。

〔註265〕「有冉氏、向氏、田氏者，陬落尤盛。」見《周書》，卷49，〈異域傳〉上，
頁887。

〔註266〕「大統五年（539），蔡陽蠻王魯超明內屬，以爲南雍州刺史，仍世襲焉。」
見《周書》，卷49，〈異域傳〉上，頁888。

〔註267〕「（大統）十一年（545），蠻首梅勒特來貢其方物。尋而蠻帥田杜清及沔、漢諸
蠻擾動，大將軍楊忠擊破之。其後蠻帥杜青和自稱巴州刺史，以州入附。朝廷
因其所稱而授之。青和後遂反。」見《周書》，卷49，〈異域傳〉上，頁888。

〔註268〕「初，蠻帥杜清和自稱巴州刺史，以州入附。朝廷因其所據授之，仍隸東梁
州都督。清和以（泉）仲遵善於撫御，請隸仲遵。朝議以山川非便，弗之許
也。清和遂結安康酋帥黃眾寶等，舉兵共圍東梁州。」見《周書》，卷44，〈泉
企附子仲遵傳〉，頁789。

〔註269〕「王雄、權景宣等前後討平之。」見《周書》，卷49，〈異域傳〉上，頁888。

　　西魏恭帝二年（555），巴西人譙淹「扇動羣蠻，以附於梁」，向五王子攻陷信州，詔田弘、賀若敦與李遷哲等人討平〔註270〕。可見在宇文護執政以前，蠻已經逐漸成為西魏北周統治巴蜀的困擾。

　　北周明帝宇文毓武成元年（559），文州蠻起事〔註271〕，由豆盧永恩率軍討平〔註272〕，此時宇文護府司馬達奚寔出為文州刺史〔註273〕，可能是為安撫當地局勢。同時冉令賢、向五子王等蠻又再度攻陷白帝城，雖然遣兵征討，但是「元惡未除」〔註274〕。

　　天和元年（566），詔陸騰率軍平定蠻帥〔註275〕，陸騰破冉令賢所據的水邏城與向五子王所據的石默城。然而蠻真正平定是在天和六年（571），因為蠻渠冉祖喜、冉龍驤又反，詔趙誾討平，自此羣蠻便沒有再起事〔註276〕。

獠

　　屬於南蠻的別種，自宇文泰平定梁州與益州以後，「令所在撫慰」〔註277〕。西魏恭帝三年（556），陵州木籠獠反叛，由陸騰率軍平定〔註278〕。北周武帝宇文邕保定二年（562）鐵山獠起事，「抄斷內江路，使驛不通」，而這次起事仍是陸騰率軍平定。

　　保定元年（561），遷隆州總管，領刺史。二年（562），資州槃石民

〔註270〕　《周書》，卷49，〈異域傳〉上，頁888。

〔註271〕　《周書》，卷49，〈異域傳〉上，頁888。

〔註272〕　「武成元年（559），遷都督利沙文三州諸軍事、利州刺史。時文州蠻叛，（豆盧）永恩率兵擊破之。」見《周書》，卷19，〈豆盧寧附弟永恩傳〉，頁310～311。

〔註273〕　「武成二年（560），授御正中大夫，治民部，兼晉公護司馬。保定元年（561），出為文州刺史。」《周書》，卷29，〈達奚寔傳〉，頁503。

〔註274〕　「前後遣開府元契、趙剛等總兵出討，雖頗剪其族類，而元惡未除。」見《周書》，卷49，〈異域傳〉上，頁888。

〔註275〕　「天和初，信州蠻、蜑據江峽反叛，連結二千餘里，自稱王侯，殺刺史守令等。又詔（陸）騰率軍討之。」見《周書》，卷28，〈陸騰傳〉，頁472。

〔註276〕　《周書》，卷49，〈異域傳〉上，頁889～890。

〔註277〕　「魏恭帝三年（556），（陸騰）拜驃騎大將軍、開府儀同三司，轉江州刺史，爵上庸縣公，邑二千戶。陵州木籠獠恃險黷貨，每行抄劫，詔騰討之。獠既因山為城，攻之未可拔。騰遂於城下多設聲樂及諸雜伎，示無戰心。諸賊果棄其兵仗，或攜妻子臨城觀樂。騰知其無備，密令眾軍俱上，諸賊惶懼，不知所為。遂縱兵討擊，盡破之，斬首一萬級，俘獲五千人。」見《周書》，卷28，〈陸騰傳〉，頁471。

〔註278〕　《周書》，卷49，〈異域傳〉上，頁890～891。

反，殺郡守，據險自守，州軍不能制。（陸）騰率軍討擊，盡破斬之。
而蠻、獠兵及所在蜂起，山路險阻，難得掩襲。騰遂量山川形勢，
隨便開道。蠻獠畏威，承風請服……是年，鐵山獠抄斷內江路，使
驛不通。（陸）騰乃進軍討之。欲至鐵山，乃偽還師。賊不以爲虞，
遂不守備。騰出其不意擊之，應時奔潰。一日下其三城，斬其魁帥，
俘獲三千人，招納降附者三萬戶。〔註279〕

鐵山獠雖然平定，不過梁州恆稜獠又在天和三年（568）起事，此時的梁州總
管則是與宇文護關係良好的宇文亮〔註280〕，由梁州總管府長史趙文表率軍平
定，趙文表因此遷蓬州刺史〔註281〕，「大得獠和」〔註282〕，之後便沒有獠再
起事的記載。

　　除了趙文表以外，宇文護親待的辛昂，在擔任渠州刺史與通州刺史時，
對安撫當地的獠也有相當的貢獻〔註283〕。

（5）培育若干的能臣

　　宇文護親委的成員以及府幕僚，在宇文護被殺以後，有很多仍繼續活躍
並且對當時與後世的政局有很多正面的貢獻〔註284〕。

　　首先就宇文護委信的成員來看，如親委的宇文憲，不僅對武帝宇文邕平
定北齊有相當的貢獻，也參與對稽胡的作戰，在武帝朝中扮演重要的角色；

〔註279〕《周書》，卷28，〈陸騰傳〉，頁471。
〔註280〕宇文亮是在保定三年（563）十月擔任梁州總管，參見《周書》，卷5，〈武帝
　　　　紀〉上，頁69。宇文亮離開梁州總管入朝爲司宗是在天和末年，參見《周書》，
　　　　卷10，〈邵惠公顥附孫亮傳〉，頁157。因此天和三年（568）的梁州總管應該
　　　　仍是宇文亮。
〔註281〕「天和三年（568），除梁州總管府長史。所管地名恆陵者，方數百里，竝生
　　　　獠所居，恃其險固，常懷不軌。（趙）文表率眾討平之。遷蓬州刺史，政尚仁
　　　　恕，夷獠懷之。」見《周書》，卷33，〈趙文表傳〉，頁582。
〔註282〕「後除（趙）文表爲蓬州刺史，又大得獠和。」見《周書》，卷49，〈異域傳〉
　　　　上，頁892。
〔註283〕「（宇文）亮又以（辛）昂威信布於宕渠，遂表爲渠州刺史。俄轉通州刺史。
　　　　昂推誠布信，甚得夷獠歡心。秩滿還京，首領皆隨昂詣闕朝覲。以昂化洽夷
　　　　華，進位驃騎大將軍、開府儀同三司。」見《周書》，卷39，〈辛慶之附族子
　　　　昂傳〉，頁699。
〔註284〕會田大輔提出，宇文護任用的人才中，也有許多人物活躍於隋代，對隋代有
　　　　很大的影響。參見〈北周宇文護執政期再考──以宇文護幕僚人事組成爲中
　　　　心〉，頁36。不過會田大輔並沒有具體說明宇文護任用人才的貢獻，因此筆
　　　　者在文中補充說明。

又如委信的樊叔略，除了參與武帝宇文邕征討北齊，也幫宣帝宇文贇營建東京，在洛陽營建東京，擔任營構監，而宮室制度皆是樊叔略所定，擔任汴州刺史「在州數年，甚有聲譽」，相州刺史「政爲當時第一」，轉爲司農「凡種植，叔略別爲條制，皆出人意表。朝廷有疑滯，公卿所未能決者，叔略輒爲評理。雖無學術，有所依據，然師心獨見，闇與理合」，因此「甚爲上所親委，高熲、楊素亦禮遇之」〔註285〕，可略見樊叔略的貢獻。

其次就中外府與開府的幕僚來看，他們對武、宣兩朝都有若干的貢獻。如武帝宇文邕在位時期參與朝政運作是「每朝廷有所疑議，眾不能決者，芬輒爲評斷，莫不稱善」的趙芬；還有幫助征討吐谷渾的劉雄與李徹；獻滅齊之策並參與戰事的崔仲方，以及參與征討北齊戰事的劉雄、柳帶韋、李徹、崔弘度、段文振、郭榮、楊素、田仁恭、崔仲方等人；出鎮與安撫地方有「安集初附，甚得其歡心」的李徹，「安集河北」的元暉與「甚有威惠，境內清肅，稽胡慕義而歸者八千餘戶」的虞慶則，而他們都出自宇文護中外府與開府的幕僚。

宇文護中外府與開府的幕僚對隋代的貢獻更爲顯著，如朝中重臣楊素，與「常典選舉，參預朝政」、「五貴」的宇文述，以及「修撰五禮，勒成百卷，行於當世」、正定新樂、議置明堂、論新禮的牛弘等等；此外還有受楊堅信任並參與修律令的趙芬，「奏請決杜陽水灌三時原，漑舄鹵之地數千頃，民賴其利」、「監漕渠之役」的元暉，提議廢六官行漢魏之舊的崔仲方；出鎮外州有「所在之職，並稱寬惠」的豆盧通、「甚有威惠」的段文振與「甚有治名」的韋師；率軍平定西南的夷、獠的郭榮與平定嶺南的虞慶則。

甚至於隋代統一南北朝的戰爭，上取陳之策並參與作戰的崔仲方，隨軍征討陳國的段文振、宇文述、楊素、韋師等人，他們也都出自宇文護中外府或開府的幕僚。

誠然宇文護藉中外府與開府招攬人才，有他自己的野心與慾望，而他與北周皇帝之間的衝突鬥爭，卻也爲武、宣兩朝與隋代培養了若干能臣，這恐是宇文護始料未及之事。

第五章　結　論

　　宇文護矛盾複雜的心態與意圖是本文討論的主題，本文藉宇文護執政後的朝政運作與委任幕僚爲例，再和宇文泰執政時期的狀況作對照，重新檢視傳統對於宇文護在北周時期所扮演角色的看法，發現宇文護沒有篡位的主因，並不是他沒有意圖，而是朝中要員的支持者不夠，同時宇文護對禁軍的控制力也不足。

　　宇文護於普泰元年（531）入關投奔叔父宇文泰以後，開始隨宇文泰在關中建立基業。因爲宇文泰諸子的年紀尚小，所以宇文泰常將朝中或地方重要職位委任宇文導、宇文護、賀蘭祥、尉遲迥與尉遲綱等這些親族的成員，這也給了宇文護崛起的條件與機會；加上宇文泰對宇文護的特別照顧，不僅讓他娶元氏女、封中山公、委以家務、進位大將軍等等，在在促使了宇文護逐漸成爲宇文泰陣營中非常重要的角色。

　　西魏恭帝三年（556）宇文泰遺詔宇文護輔佐嗣子宇文覺，宇文護綱紀內外，撫循文武，行禪代之事，讓宇文覺成爲北周天王，可是也開始陷入政治矛盾與衝突中。常理來說，既然宇文氏取代了元氏，則霸府就沒有留下來的必要，但宇文護仍然留著霸府而沒有廢除，原先西魏皇帝與宇文泰的關係，變成了宇文泰諸子與宇文護之間的狀態，君相之間、京師長安與霸府同州之間，便成了緊張的權力競爭與衝突的局勢。

　　宇文覺天王元年（557）率先發難的是擔任大冢宰的趙貴。按《周禮》中大宰掌六典，而六典即是六官，《周禮》中六官的地位並非等齊，與唐代的六部並不相同，《周禮》雖然名爲六官，不過大宰的地位與權力卻在六官之上，不止掌握天官府，更包含另外五府。因此從《周禮》的制度來看，趙貴理應

總六官掌朝政，但當時實際朝政的運作狀況卻是宇文護和于謹、李弼、賀蘭祥等人參議朝政，並且自己掌握大權，所以趙貴決定謀殺宇文護。

宇文護在賀蘭祥的幫助下順利平定了趙貴的事件並且繼任爲大冢宰，結果卻是君相之間的衝突更加劇烈。原先宇文泰時期大冢宰總朝政下重要且受委任的天官司會李植與夏官軍司馬孫恆，在宇文護執政以後，李植與孫恆並沒有受到委任，因此兩人決定說服天王宇文覺聯合禁軍宮伯襲殺宇文護。最後在宇文護聯合了賀蘭祥與總禁軍的尉遲綱廢了天王宇文覺，並改立宇文泰長子宇文毓爲天王。

宇文毓即位後有許多改制，如改都督諸州軍事爲總管、改天王制爲皇帝制等等，其中最重要的便是御正的改制。御正、內史與納言是北周皇帝的近侍官，以漢魏職官來看，御正類似中書令或中書監，納言類似門下侍中，內史則類似中書侍郎或舍人。當明帝宇文毓親政後，給了御正有參與朝政的權力，最明顯的例子便是宇文邕以治御正之職在參議朝政，同時宇文護親委的叱羅協也是擔任御正，甚且其幕僚達奚寔也帶有御正之職，不僅可以說明宇文護重視御正的狀況，也顯示此時御正是朝政運作的重要機關之一。

若宇文護在此之際選擇功成身退，也許不會落的身首橫分的下場，然而史料中卻記載宇文護毒殺了宇文毓，這促使宇文護陷入了極大的政治矛盾中，要退已經是不可能，可是篡位也要有朝臣的支持，於是宇文護開始藉由徵祥來判斷朝臣的立場，並以寬政來收買人心，這些可以佐證宇文護的心態與意圖。

宇文護最主要的麻煩來自八柱國與十二將軍等門閥，以及隨他一起在宇文泰身邊打天下的親族成員。首先是八柱國與十二將軍這些門閥，他們大部分都沒有支持宇文護，誠然柱國于謹曾幫助過宇文護統領軍國，但當宇文護與北周皇帝產生權力衝突時，就沒有再看到于謹幫助宇文護的記載，且徵祥事件中也沒有看到于謹表態，反而是接受了武帝宇文邕爲三老而問道，這恐可略見于謹的政治立場，于謹支持宇文護統領軍國，卻不表示于謹對宇文護的所有作法都支持；十二將軍中只有與宇文護「少相親愛」的賀蘭祥表態支持過宇文護，不管是殺趙貴，還是廢宇文覺，甚至於迎立宇文毓，賀蘭祥都有參與並且支持的記載，但是當宇文護與宇文毓產生權力衝突時，也沒有看到賀蘭祥表態支持宇文護。

其次再看隨宇文護一起在宇文泰身邊打天下的親族成員，賀蘭祥已如前

述，而尉遲迴沒有依附與支持宇文護的記載，至於尉遲綱雖然曾經幫宇文護廢宇文覺並改立宇文毓，但是在宇文護與宇文毓產生權力衝突時，尉遲綱也沒有表態支持宇文護，甚至於之後還婉拒宇文護任命其留鎮京師。

凡此種種，可以佐證于謹、賀蘭祥與尉遲綱他們和宇文護之間只是階段性的合作，他們有他們自己的立場與利害關係，和宇文護之間只是在某些議題或看法有共同的立場或利害關係才會合作，卻並不表示他們對宇文護的每一件行動都會支持，立場會隨著局勢的不同而產生變化。

雖然隨著八柱國與十二將軍的凋零，宇文護控制朝政的局勢應是逐漸穩固，但是從武帝天和末年大司馬仍是宇文憲在擔任，而不是由宇文護中外府或開府幕僚出任來看，宇文護對軍政的控制，仍要借助合作對象；再者，京師禁軍的將領幾乎沒有看見宇文護委信的人，宇文護對京師禁軍的控制力明顯不足。

因此朝中要員支持者不夠，同時對京師禁軍的控制力不足，是宇文護執政時期的兩個狀況，這也是宇文護沒有篡位的主要原因。可雖然宇文護篡位的時機尚未成熟，但又不願意放下權力以求功成身退，這成為宇文護最大的問題。最後在建德元年（572）謁見皇太后叱奴氏之際，被武帝宇文邕與宇文直以及宦者何泉三人所殺。

以上是本文的主題。除此之外，宇文護屬於政爭失敗者，難免可能有過度負面的評價，其中最明顯的便在於「凡所委任，皆非其人」的評價，因此本文也析論宇文護委信的成員以及府幕僚。宇文護委信的成員主要是擔任司會、御正、納言、大司馬、小司馬、軍司馬與兵部這些職掌，而這些職掌分屬天官府與夏官府，因此宇文護執政時期控制力最強的便是天官與夏官，而他們並非如史書所記載的多負面評價；至於宇文護引進的府幕僚，其中很多成員在武、宣朝甚至於入隋後都有相當的貢獻，誠然宇文護是為了滿足自己的野心與慾望，然而他所延攬的幕僚，但卻也為武、宣兩朝與隋代培養了若干能臣，這恐是宇文護始料未及之事。

在府幕僚的遷轉方面，進入中外府，最初的職位大多都是記室參軍與親信，然後再由這兩個職位開始遷轉；相對來說，開府幕僚的遷轉比較不容易分析脈絡，恐是因史料不足而造成樣本不夠。若是將中外府幕僚與開府幕僚作比較，則就目前史料來看，先就身兼霸府幕僚與朝中職事官來說，開府幕僚兼任的是御正與軍司馬等要職，而中外府幕僚兼任的是司會、武藏、齊右、

計部等等，則兼任的狀況開府幕僚較中外府幕僚爲重；再就遷轉後擔任朝中的職官來說，中外府幕僚遷轉後擔任的是司會、御正與吏部等朝中六官要職，相對來說開府幕僚遷轉後擔任的是振威中大夫、師氏中大夫與行小賓部，則遷轉後的狀況開府幕僚不及中外府幕僚。

　　雖然宇文護並沒有全然都如同史書中所記載「凡所委任，皆非其人」與「昵近羣小」的評價，同時也對北周的政局穩定有一定的貢獻，但是宇文護連弒兩帝仍是不恰當的行爲，爲了滿足自己的野心與慾望，也造成了朝政的衝突與更迭，宇文護沒有功成身退的結果，足供吾人借鏡與深思。

附篇：宇文護年表 [註1]

帝王紀年	公元	年齡	重要事跡
北魏宣武帝延昌二年	513	1	宇文護出生於武川。
北魏孝明帝正光五年	524	12	賀拔度拔與宇文護祖父宇文肱合謀襲殺衞可孤，宇文護父親宇文顥於武川南河戰死。
孝昌元年	525	13	北魏以六鎮軍民分處冀、定、瀛三州就食。宇文護一族避地中山。
北魏孝莊帝永安元年	528	16	尒朱榮平葛榮，殺宇文護叔父宇文洛生，以宇文泰爲統軍。宇文護與其母閻氏移居受陽。
永安三年	530	18	宇文護叔父宇文泰隨賀拔岳入關，宇文護次兄宇文導從宇文泰入關。
北魏節閔帝普泰元年	531	19	宇文護與賀蘭祥入關投奔宇文泰。
北魏孝武帝永熙二年	533	21	宇文泰爲夏州刺史，留宇文護事賀拔岳。
永熙三年	534	22	宇文泰以宇文護爲都督，從征侯莫陳悅。後宇文護以迎魏帝功，封水池縣伯。
西魏文帝大統元年	535	23	宇文護加通直散騎常侍、征虜將軍，進爵爲公。
大統三年	537	25	宇文護隨宇文泰擒竇泰、復弘農、破沙苑。

〔註 1〕 本表參考資料：《周書・文帝紀》、《周書・孝閔帝紀》、《周書・明帝紀》、《周書・武帝紀》、《周書・邵惠公顥傳》、《周書・晉蕩公護傳》、《周書・竇熾傳》、《資治通鑑》等。

大統四年	538	26	宇文護隨宇文泰戰河橋。遷鎮東將軍、大都督。
大統八年	542	30	宇文護進車騎大將軍、儀同三司。
大統九年	543	31	宇文護隨宇文泰出戰邙山，率眾爲前鋒，被敵人所圍，賴侯伏侯龍恩所救，坐免官〔註2〕。
大統十二年	546	34	宇文護加驃騎大將軍、開府儀同三司，進中山公。
大統十五年	549	37	宇文護出鎮河東，進位大將軍（？）〔註3〕。
西魏恭帝元年	554	42	宇文泰遣于謹、宇文護、楊忠與韋孝寬等人進攻江陵。宇文護爲前鋒，攻克江陵後，因戰功封子宇文會爲江陵公。軍隊回師時再平襄陽蠻帥向天保。
恭帝三年	556	44	初行六官，宇文護拜小司空。同年宇文泰遇疾，馳驛召宇文護，遺命以宇文護輔嫡子。宇文護加柱國，諷魏帝行禪代之事。
周天王元年	557	45	宇文覺踐阼爲天王，宇文護爲大司馬，趙貴與獨孤信謀襲宇文護，宇文護殺趙貴與獨孤信，拜大冢宰。天王宇文覺欲聯合宮伯殺宇文護，宇文護廢宇文覺，迎宇文泰長子宇文毓即位爲天王。
天王二年	558	46	宇文護進位太師，並擔任雍州牧。
北周明帝武成元年	559	47	宇文護上表歸政，宇文毓改天王制爲皇帝制，並增御正四人位上大夫。
武成二年	560	48	宇文護密令李安進食於宇文毓，加以毒藥，宇文毓遺詔以宇文邕繼位。
北周武帝保定元年	561	49	宇文護爲都督中外諸軍事，五府總於天官。
保定二年	562	50	宇文護之子宇文會爲蒲州總管。

〔註2〕 宇文護坐免官後便「尋復本位」，但時間點無法確定，故不置入表中，附註加以說明。參見《周書》，卷11，〈晉蕩公護傳〉，頁166。

〔註3〕 宇文護本傳中記載「（大統）十五年（549），出鎮河東，進位大將軍。」見《周書》，卷11，〈晉蕩公護傳〉，頁166。從引文來看宇文護可能是在大統十五年（549）時進位大將軍，則他進位大將軍的時間比在大統十六年（550）才進位大將軍的兄長宇文導與表親賀蘭祥還要早，宇文導與賀蘭祥進位大將軍的時間參見《周書》，卷2，〈文帝紀〉下，頁32，以及《周書》，卷20，〈賀蘭祥傳〉，頁337。倘若宇文護眞的是在出鎮河東時便進位大將軍，那可佐證宇文護已在宇文導與賀蘭祥之上，然而卻不太合理，宇文護進位的時間一向與賀蘭祥相近，但不會比宇文導要早，參見表2-18宇文泰親族成員職官變化一覽表。因此愚見懷疑宇文護恐怕也是在大統十六年（550）才進位大將軍，不過因爲證據不足，雖然懷疑宇文護是否眞的在大統十五年（549）進位大將軍，但也不能證明宇文護不是在大統十五年（549）進位大將軍，因此暫以（？）表示。

保定三年	563	51	宇文邕下詔自今詔誥與文書不得稱宇文護名，以彰殊禮。
保定四年	564	52	宇文護母閻氏自北齊至北周。突厥率眾赴朝欲聯兵進攻北齊，宇文護慮失信突厥，總兵出征北齊，無功班師。
天和元年	566	54	宇文護世子宇文訓為蒲州總管。
天和二年	567	55	宇文護母閻氏卒。
天和四年	569	57	宇文護巡歷北邊城鎮，至靈州而還。
天和五年	570	58	宇文邕賜宇文護軒懸之樂與六佾之舞。竇熾提「歸政之議」，宇文護將其出為宜州刺史。〔註4〕
建德元年	572	60	宇文護自同州還長安，宇文邕引宇文護入含仁殿謁見皇太后，被宇文邕、宇文直與宦者何泉所殺。

〔註4〕兩個事件的時間順序因為《周書》與《通鑑》都沒有記載，所以不確定先後順序，表中的排序方式是按照《周書》卷數的先後順序，與時間順序並沒有關係。

參考書目

壹、史料類

一、基本史料

1. 司馬光（宋）著、胡三省（元）注：《資治通鑑》，新校標點本，北京：中華書局，2007 年 6 月第 1 版第 11 次印刷。

2. 司馬遷（漢）撰、裴駰（劉宋）集解、司馬貞（唐）索隱、張守節（唐）正義：《史記》，新校標點本，北京：中華書局，2007 年 6 月第 2 版第 21 刷。

3. 令狐德棻（唐）等撰：《周書》，藝文印書館據清乾隆武英殿刊本景印，臺北：藝文印書館，1982 年。

4. 令狐德棻（唐）等撰：《周書》，新校標點本，北京：中華書局，2003 年 9 月初版第 8 次印刷。

5. 沈約（蕭梁）撰：《宋書》，新校標點本，北京：中華書局，2003 年 10 月初版第 8 次印刷。

6. 李百藥（唐）撰：《北齊書》，新校標點本，北京：中華書局，2003 年 7 月初版第 8 次印刷。

7. 李延壽（唐）撰：《北史》，新校標點本，臺北：鼎文書局，1982 年第 4 版。

8. 李延壽（唐）撰：《南史》，新校標點本，臺北：鼎文書局，1982 年第 4 版。

9. 杜預（晉）注、孔穎達（唐）正義：《春秋左傳注疏》，臺北：藝文印書館，2007 年 8 月初版 15 刷。

10. 房玄齡（唐）撰：《晉書》，新校標點本，北京：中華書局，2008 年 2 月第 1 版第 9 刷。

11. 姚思廉（唐）撰：《梁書》，新校標點本，北京：中華書局，2003 年 9 月初版第 7 次印刷。

12. 姚思廉（唐）撰：《陳書》，新校標點本，臺北：鼎文書局，1982 年第 4 版。

13. 范曄（劉宋）撰、章懷太子（唐）注，司馬彪（晉）作志、劉昭（蕭梁）注：《後漢書》，新校標點本，北京：中華書局，2006 年 3 月初版第 11 刷。

14. 班固（漢）撰、顏師古（唐）注：《漢書》，新校標點本，北京：中華書局，2007 年第 1 版第 13 刷。

15. 脫脫（元）撰：《宋史》，新校標點本，臺北：鼎文書局，1979 年第 2 版。

16. 陳壽（晉）撰、裴松之（劉宋）注：《三國志》，新校標點本，北京：中華書局，2007 年 5 月第 2 版第 21 刷。

17. 鄭玄（東漢）注、賈公彥（唐）疏：《周禮注疏》，臺北：藝文印書館，2007 年 8 月初版 15 刷。

18. 歐陽修（宋）、宋祁（宋）撰：《新唐書》，新校標點本，北京：中華書局，2003 年 7 月第 1 版第 7 次印刷。

19. 劉昫（後晉）等撰：《舊唐書》，新校標點本，北京：中華書局，2002 年 12 月第 1 版第 7 次印刷。

20. 蕭子顯（蕭梁）撰：《南齊書》，新校標點本，北京：中華書局，2003 年 10 月初版第 8 次印刷。

21. 魏收（北齊）撰：《魏書》，新校標點本，北京：中華書局，2003 年 10 月初版第 7 次印刷。

22. 魏徵（唐）等撰：《隋書》，新校標點本，北京：中華書局，2008 年 4 月第 1 版第 9 刷。

二、其他

1. 王溥（宋）：《唐會要》，臺北：鼎文書局，1979 年初版。

2. 王夫之（清）：《讀通鑑論》，新校標點本，台北：里仁書局，1985 年。

3. 王應麟（宋）：《玉海》，收錄於《景印四全書》冊 946，台北：臺灣商務印書館，1986 年。

4. 王鳴盛（清）：《十七史商榷》，台北：大化書局，1977 年。

5. 王欽若（宋）：《冊府元龜》，臺北：清華出版社，1976 年初版。

6. 杜佑（唐）：《通典》，北京：中華書局，1988 年。

7. 李吉甫（唐）：《元和郡縣圖志》，京都：中文出版社，1973 年。

8. 李林輔（唐）著、陳仲夫點校：《唐六典》，北京：中華書局，1992 年 1

月第 1 版第 1 刷。

9. 李昉等（宋）：《太平廣記》，台北：文史哲出版社，1987 年。

10. 李昉等（宋）：《文苑英華》，北京：中華書局，2003 年 10 月第 1 版第 5 刷。

11. 李昉等（宋）：《太平御覽》，北京：中華書局，2006 年。

12. 周嘉猷（清）：《補南北史年表》，收錄於《兩晉南北朝十史補編》，北京：北京圖書館出版社，2005 年。

13. 周嘉猷（清）：《補南北史帝王世系表》，收錄於《兩晉南北朝十史補編》，北京：北京圖書館出版社，2005 年。

14. 周嘉猷（清）：《補南北史世系表》，收錄於《兩晉南北朝十史補編》，北京：北京圖書館出版社，2005 年。

15. 宋授、宋敏求（宋）合編：《唐大詔令集》，臺北：鼎文書局，1972 年初版。

16. 汪士鐸（清）：《南北史補志》，收錄於《兩晉南北朝十史補編》，北京：北京圖書館出版社，2005 年。

17. 汪士鐸（清）：《南北史補志未刊稿》，收錄於《兩晉南北朝十史補編》，北京：北京圖書館出版社，2005 年。

18. 林寶（唐）撰：《元和姓纂十卷》，收錄於《文淵閣四庫全書》，臺北：商務印書館，1986 年 7 月初版。

19. 袁樞（宋）：《通鑑紀事本末》，台北：三民書局，1972 年。

20. 萬斯同（清）：《西魏將相大臣年表》，收錄於《二十五史補編》，臺北：開明書局，1959 年。

21. 萬斯同（清）：《北周公卿表》，收錄於《二十五史補編》，臺北：開明書局，1959 年。

22. 董誥（清）等編：《全唐文》，上海：上海古籍出版社，1995 年 11 月第 1 版第 3 刷。

23. 溫大雅（唐）撰：《大唐創業起居注》，上海：上海古籍出版社，1983 年 10 月初版 1 刷。

24. 趙翼（清）著，王樹民校證：《廿二史箚記校證》（訂補本），北京：中華書局，2007 年 9 月 4 刷。

25. 樂史（宋）：《太平寰宇記》，收錄於《景印文淵閣四庫全書》，台北：臺灣商務印書館，民國 72 年。

26. 鄭樵（宋）：《通志》，臺北：新興書局，1959 年 7 月初版。

27. 劉義慶編（劉宋），徐震堮校箋：《世說新語校箋》，臺北：文史哲出版社，1985 年初版。

28. 錢大昕（清）著：《廿二史考異》，上海：上海古籍出版社，2006 年 4 月

2 刷。

29. 顏之推（北齊）撰、王利器集解：《顏氏家訓集解》，北京：中華書局，1999 年 3 月。

30. 顧祖禹（清）著：《讀史方輿記要》，臺北：新興書局，1956 年。

貳、論著類

一、中文專書

1. 王吉林：《唐代宰相與政治》，臺北：文津，1999 年 6 月 1 刷。

2. 王仲犖：《北周六典》，北京：中華書局，2007 年 11 月第 1 版第 2 刷。

3. 王仲犖：《北周地理志》，北京：中華書局，1980 年。

4. 王仲犖：《魏晉南北朝史》，上海：新華書局，1979 年。

5. 王怡辰：《東魏北齊的統治集團》，臺北：文津，2006 年 10 月初版 1 刷。

6. 王怡辰：《魏晉南北朝的貨幣交易與發行》，臺北：文津，2007 年月初版 1 刷。

7. 王壽南：《中國歷代創業帝王》，台北：嘉新水泥公司文化基金會叢書，1960 年。

8. 毛漢光：《中國中古社會史論》，臺北：聯經，1997 年 9 月第 1 版第 2 刷。

9. 毛漢光：《中國中古政治史論》，臺北：聯經，2004 年 6 月第 1 版第 3 刷。

10. 田餘慶：《拓跋史探》，北京：生活‧讀書‧新知三聯書店，2003 年。

11. 田餘慶：《東晉門閥政治》，北京：北京大學出版社，2006 年。

12. 田餘慶：《秦漢魏晉史探微》，北京：中華書局，1993 年。

13. 甘懷真：《皇權、禮儀與經典詮釋：中國古代政治史研究》，台北：台灣大學出版中心，2004 年。

14. 朱大渭：《六朝史論》，北京：中華書局，1998 年。

15. 朱大渭：《六朝史論續編》，北京：學苑出版社，2008 年。

16. 朱堅章：《歷代篡弒之研究》，臺北：嘉新水泥公司文化基金會，1964 年。

17. 李浩：《唐代關中士族與文學》，臺北：文津，1999 年 6 月 1 版 1 刷。

18. 李文才：《南北朝時期益梁政區研究》，北京：商務印書館，2002 年。

19. 李劍農：《魏晉南北朝隋唐經濟史稿》，台北：華世出版社，1981 年。

20. 李憑：《北朝研究存稿》，北京：商務印書館，2006 年。

21. 何啟民：《中古門第論集》，台北：台灣學生書局，1978 年。

22. 朱鑄禹：《世說新語彙校集注》，上海：上海古籍出版社，2002 年。

23. 呂思勉：《魏晉南北朝史》，臺北：開明書局，1977 年。

24. 呂春盛：《關隴集團的權力結構演變——西魏北周政治史研究》，臺北：稻鄉，2002 年 3 月初版。

25. 汪波：《魏晉南北朝并州地區研究》，北京：人民出版社，2001 年。

26. 宋傑：《兩魏周齊戰爭中的河東》，北京：中國社會科學出版社，2006 年。

27. 谷霽光：《府兵制度考釋》，上海：人民出版社，1962 年。

28. 岑仲勉：《元和姓纂四校記》，台北：中研院史語所專刊之 29，1975 年。

29. 岑仲勉：《府兵制度研究》，上海：人民出版社，1957 年 3 月。

30. 具聖姬：《兩漢魏晉南北朝的塢壁》，北京：民族出版社，2005 年 6 月 1 版 2 刷。

31. 周一良：《魏晉南北朝史論集續編》，北京：北京大學，1991 年。

32. 周一良：《魏晉南北朝史論集》，北京：北京大學出版社，2000 年。

33. 周一良：《魏晉南北朝史札記》，北京：中華書局，2007 年。

34. 周偉洲：《敕勒與柔然》，桂林：廣西師範大學出版社，2006 年。

35. 周偉洲：《中國中世西北民族關係研究》，桂林：廣西師範大學出版社，2007 年。

36. 周建江：《太和十五年——北魏政治文化之變革》，肇慶：廣東人民出版社，2001 年。

37. 吳廷燮：《北魏方鎮年表》，收錄於《兩晉南北朝十史補編》，北京：北京圖書館，2005 年。

38. 馬長壽：《烏桓與鮮卑》，上海：上海人民出版社，1962 年 11 月 1 版 1 刷。

39. 馬長壽：《碑銘所見前秦至隋初的關中部族》，北京：中華書局，1985 年第 1 版。

40. 高敏：《魏晉南北朝兵制研究》，鄭州：大象出版社，2000 年。

41. 姚薇元：《北朝胡姓考》，北京：中華書局，2007 年 7 月第 2 版 1 刷。

42. 唐長孺：《魏晉南北朝史論拾遺》，北京：中華書局，1983 年。

43. 唐長孺：《魏晉南北朝史論叢》，上海：新華書局，1978 年 11 月第 1 版 4 刷。

44. 唐長孺：《魏晉南北朝史論叢續編》，臺北：帛書出版社，1985 年。

45. 唐長孺：《魏晉南北朝隋唐史三論》，武漢：武漢大學出版社，1992 年 12 月 1 版 1 刷。

46. 陶賢都：《魏晉南北朝霸府與霸府政治研究》，長沙：湖南人民出版社，

2007 年。

47. 張金龍：《北魏政治與制度論稿》，蘭州：甘肅教育出版社，2003 年。

48. 張金龍：《魏晉南北朝禁衛武官制度研究》，北京：中華書局，2004 年。

49. 張鶴泉：《魏晉南北朝史——一個分裂與融合的時代》，臺北：三民書局，2010 年。

50. 張偉國：《關隴武將與周隋政權》，廣東：中山大學出版社，1993 年。

51. 陳林國：《魏晉南北朝政治制度研究》，臺北：文津出版社，1994 年 3 月初版。

52. 陳金鳳：《魏晉南北朝中間地帶研究》，天津：天津古籍出版社，2005 年。

53. 陳寅恪：《陳寅恪先生全集》，臺北：里仁書局，1979 年。

54. 陳爽：《世家大族與北朝政治》，北京：中國社會科學出版社，1998 年 12 月 1 版 1 刷。

55. 康樂：《從西郊到南郊——國家祭典與北魏政治》，臺北：稻禾，1995 年。

56. 逯耀東：《從平城到洛陽——拓跋跋魏文化轉變的歷程》，台北：聯經出版公司，1979 年。

57. 逯耀東：《魏晉史學的思想與社會基礎》，臺北：東大，2000 年 2 月初版。

58. 黃永年：《六至九世紀中國政治史》，上海：上海古籍出版社，2006 年 1 月第 1 版 2 刷。

59. 黃永年：《唐代史事考釋》，臺北：聯經，2005 年 4 月第 1 版 2 刷。

60. 勞榦：《魏晉南北朝史》，臺北：中國文化大學，1980 年 8 月新 1 版。

61. 萬繩楠：《魏晉南北朝史論稿》，臺北：昭明出版社，1999 年 12 月 1 板 1 刷。

62. 萬繩楠：《陳寅恪魏晉南北朝史演講錄》，台北：雲龍出版社，2002 年。

63. 萬繩楠：《陳寅恪魏晉南北朝文化史》，台北：雲龍出版社，2002 年。

64. 萬繩楠：《陳寅恪魏晉南北朝史論稿》，台北：雲龍出版社，2002 年。

65. 劉學銚：《鮮卑史論》，臺北：南天書局，1994 年 8 月初版。

66. 趙超：《漢魏南北墓誌彙編》，天津：古籍出版社，1992 年。

67. 趙超：《新唐書宰相世系表集校》，北京：中華書局，1998 年第 1 版。

68. 鄭欣：《魏晉南北朝史探索》，濟南，山東大學出版社，2004 年。

69. 鄭欽仁：《北魏官僚機構研究》，台北：牧童出版社，1976 年。

70. 雷依群：《北周史稿》，西安：陝西人民教育出版社，1999 年。

71. 劉學銚：《歷代胡族王朝之民族政策》，台北：知書房出版社，2005 年。

72. 閻步克：《中國古代官階制度引論》，北京：北京大學出版社，2010 年。

73. 閻步克：《品位與職位：秦漢魏晉南北朝官階制度研究》，北京：中華書局，2009 年。

74. 薩孟武：《中國社會政治史》，台北：三民書局，1975 年。

75. 韓理洲輯校：《全隋文補遺》，西安：三秦出版社，2004 年。

76. 韓國磐：《南北朝經濟史略》，廈門：廈門大學出版社，1990 年。

77. 韓國磐：《魏晉南北朝史綱》，上海：上海人民出版社，1983 年。

78. 韓樹峰：《南北朝時期淮漢迤北的邊境豪族》，北京：社會科學文獻出版社，2003 年。

79. 羅新、葉煒：《新出魏晉南北朝墓志疏證》，北京：中華書局，2005 年。

80. 譚其驤：《中國歷史地圖集》，上海：地圖出版社，1982 年。

81. 嚴耕望：《唐僕尚丞郎表》，上海：上海古籍出版社，2003 年 3 月第 1 版第 1 刷。

二、外文專書

（一）日文

1. 川勝義雄：《中國の歷史》，第三冊《魏晉南北朝》，東京都：株式會社講談社，1981 年。

2. 川勝義雄：《中國中世史研究》，東京都：東海大學出版會，1973 年。

3. 川勝義雄：《六朝貴族制社會の研究》，東京都：岩波書店，1982 年。

4. 川勝義雄：《中國貴族制社會の研究》，京都：京都大學人文科學研究所，1987 年。

5. 田村實造：《中國史上の民族移動期——五胡、北魏時代の政治と社會》，東京都：創文社，1985 年。

6. 宇都宮清吉：《中國中世史研究——六朝隋唐の社會と文化》，東京都：東海大學出版會，1970 年。

7. 宇都宮清吉：《中國古代中世史研究》，東京都：創文社，1977 年。

8. 谷川道雄：〈府兵制國家と府兵制〉，收於《律令制：中國朝鮮の法と國家》，唐代史研究會編，東京都：汲古書院，1986 年。

9. 谷川道雄：《魏晉南北朝隋唐史の基本問題》，東京都：汲古書院，1997 年。

10. 越智崇明：《魏晉南北朝の貴族制》，東京都：研文出版，1984 年。

11. 越智崇明：《魏晉南北朝の人と社會》，東京都：研文出版，1985 年。

12. 福島繁次郎：《中國南北朝史研究》（增定版），東京都：名著出版，1979 年。

13. 濱口重國：《秦漢隋唐史の研究》，東京都：東京大學出版會，1971 年。

14. 布目潮渢：《隋唐史研究唐朝政權の形成》，京都：同朋社，1968 年。

15. 内田吟風：《北アジア史研究・鮮卑柔然突厥篇》，京都：同朋舍，昭和五十年一月。

（二）譯書

1. 谷川道雄、耿立群譯：《世界帝國的形成》，台北：稻鄉出版社，1998 年。

2. 谷川道雄、馬彪譯：《中國中世社會與共同體》，北京：中華書局，2002 年。

3. 谷川道雄：《隋唐帝國形成史論》，上海：上海古籍出版社，2011 年 6 月第 1 版第 1 刷。

4. 青山定雄：《中國歷代地名要覽》，台北：樂天出版社，1984 年。

5. 堀敏一：《均田制研究》，台北：弘文館出版社，1986 年。

6. 鎌田茂雄、關世謙譯：《中國佛教史》，台北：新文豐出版公司，民國 80 年。

參、論文類

一、中文部分

（一）學位論文

1. 王愛玲：《尒朱氏與北魏政治》，文化大學史學研究所碩士論文，2006 年。

2. 左莘明：《北周亡齊論——西魏北周政治試說》，山西大學歷史與旅遊學院碩士論文，2004 年。

3. 杜正宇：《西魏北周時期具官方色彩的佛教教邑》，東海大學歷史研究所碩士論文，2000 年。

4. 杜志成：《由分裂到統一：北朝末期東、西戰爭（531～577）之研究》，中國文化大學史學系博士論文，2011 年。

5. 宋德喜：《「關隴集團」中的代北外戚家族研究——以獨孤氏及竇氏爲例》，國立臺灣大學歷史學研究所博士論文，1997 年 6 月。

6. 林國良：《北朝人事制度之研究》，中正大學歷史研究所博士論文，2006 年。

7. 林靜薇：《楊堅代周建隋之側面研究》，國立中正大學歷史研究所碩士論文，2006 年。

8. 吳慧蓮：《六朝時期的選任制度》，臺灣大學歷史研究所博士論文，1990 年。

9. 吳恭全：《北魏末年變亂之研究》，成功大學歷史文化學院碩士論文，1997 年。

10. 姜遠飛：《府兵制與西魏北周政治》，山西大學歷史文化學院碩士論文，2008 年。

11. 陳冠穎：《北齊北周早期政爭的比較研究》，文化大學史學研究所博士論文，2010 年。

12. 楊東益：《高齊士人入周隋後研究》，國立清華大學中國文學系碩士論文，2009 年。

13. 楊俊峰：《南朝末年士人的處境及其北遷問題》，臺灣大學歷史研究所碩士論文，1999 年。

14. 鍾旻園：《西魏北周時期地方勢力型態探討——以軍事結合爲主》，國立臺灣大學歷史學研究所碩士論文，2006 年。

（二）期刊論文

1. 王吉林：〈北魏繼承制度與宮闈鬥爭之綜合研究〉，《華岡文科學報》第 11 期，1978 年。

2. 王吉林：〈西魏北周統治階層的形成〉，《民族與華僑研究所學報》第 3 期，1981 年。

3. 王仲犖：〈北魏初期社會性質與拓拔宏的均田遷都改革〉，《文史哲》，1955 年。

4. 王仲犖：〈東西魏北齊北周僑置六州考略〉，《文史》第 5 輯，1978 年。

5. 王怡辰：〈周隋之際的舊北齊勳貴〉，《通識研究集刊》，2006 年 12 月。

6. 王治平：〈北周宇文氏政治思想研究〉，《中正歷史學刊》第 7 期，2004 年 12 月，頁 121～142。

7. 王萬盈：〈論拓跋鮮卑民族的漢化與融合〉，《北朝研究》，1997 年第 4 期，1997 年 12 月，頁 17～27。

8. 王德權：〈「核心集團與核心區」理論的檢討——關於古代中國國家權力形成的一點思考〉，《政治大學歷史學報》第 25 期，2006 年 5 月。

9. 毛漢光：〈從中正評品與官職之關係——論魏晉南北朝之社會架構〉，《史語所集刊》第 64 本第 4 分，1975 年。

10. 孔毅：〈論北朝時期鮮、漢文化的交流與融合〉，《北朝研究》，1990 年上半年刊，1990 年 6 月，頁 66～74。

11. 石冬梅：〈宇文泰實行六官制的目的新論〉，《廣西社會科學》第 4 期，2006 年。

12. 石冬梅：〈西魏北周六官制度新探〉，《西南大學學報》第 33 卷第 1 期，2007 年。

13. 石冬梅：〈論西魏尚書省的改革〉，《魏晉南北朝隋唐史》，2008 年第 3 期。

14. 古正美：〈北涼佛教與北魏太武帝發展佛教意識形態的歷程〉，收錄於《中華佛學學報》第 13 期，2000 年，頁 227～266。

15. 史睿：〈北周、隋、唐初的士族政策與政治秩序的變遷〉，《首都師範大學學報》（社會科學版），1998 年第 3 期，頁 43～49。

16. 朴漢濟：〈西魏北周時代胡姓再行與胡漢體制〉，《文史哲》，1993 年第 3 期（總 216 期），1993 年 5 月，頁 17～19。

17. 任冬善：〈北周麟趾殿的設立構成及其歷史意義〉，《社科縱橫》第 22 卷第 6 期，2007 年 6 月，頁 192～197。

18. 艾冲：〈論北周總管府制的創立與發展〉，《陝西師範大學繼續教育學報》第 18 卷第 1 期，2001 年 3 月，頁 63～66。

19. 李燕捷：〈魏周府兵組織系統與賜姓研究〉，《河北學刊》1988 年第 5 期。

20. 呂春盛：〈試論東西魏沙苑之役及其影響〉，《臺南師院學報》第 34 期，2001 年 6 月。

21. 牟發松：〈舊齊士人與周隋政權〉，《文史》，2003 年 2 月。

22. 谷霽光：〈北魏六鎮的名稱和地域〉，《禹貢半月刊》，1934 年。

23. 周雙林：〈北周趙貴、獨孤信事件考論〉，《文史》第 40 輯，1995 年 4 月。

24. 周偉洲：〈論魏晉南北朝時期北方的民族融合〉，《社會科學戰線》，1990 年。

25. 周積明：〈論魏晉南北朝時期的胡漢文化衝突〉，《中南民族學院學報》，1991 年。

26. 姜望來：〈西魏時期關隴集團之形成〉，《信陽師範學院學報》第 29 卷第 3 期，2009 年 5 月。

27. 胡如雷：〈北周政局的演變與楊堅的以隋代周〉，《社會科學戰線》，1990 年 9 月。

28. 胡如雷：〈隋文帝楊堅的篡周陰謀與即位後的沉猜成性〉，《中國唐史學會論文集》，1991 年 9 月。

29. 俞大綱：〈北魏六鎮考〉，《禹貢半月刊》，1934 年。

30. 陶賢都、劉霞：〈魏晉南北朝時期霸府頻繁出現的原因探討〉，《煙台師範學院學報》第 23 卷第 2 期，2006 年。

31. 祝總斌：〈都督中外諸軍事及其性質、作用〉，《紀念陳寅恪先生誕辰百年學術論文集》，北京：北京大學中國中古史研究中心，1989 年。

32. 陳長琦、易澤陽：〈韋孝寬與玉壁之戰〉，《南都學壇》，2008 年第 1 期。

33. 陳蘇鎮：〈北周隋唐的散官與勳官〉，《北京大學學報》，1991 年第 2 期。

34. 徐美莉：〈試論南北朝時期弘農楊氏之興衰〉，《北朝研究》，2000 年第一輯。

35. 張焯：〈北朝的總管制——兼論周、隋府兵軍府的建置〉,《北朝研究》,1990 年。

36. 張興勝：〈北朝武川軍人集團述論〉,《北朝研究》,1995 年第 4 期。

37. 張興勝：〈論宇文泰〉,《北朝研究》,1997 年第 3 期。

38. 張維訓：〈宇文泰建立政權的社會經濟等分析〉,《中國社會經濟史研究》,1988 年。

39. 馮君實：〈北魏官制的八座〉,《史學集刊》,1982 年第 4 期。

40. 高蘊華：〈宇文護述論〉,《北朝研究》,1992 年第 3 期。

41. 黃永年：〈宇文泰所以建立八柱國制的一種推測〉,《中國典籍與文化論叢》第一輯,1993 年。

42. 黃柏昌：〈北周武帝之研究〉,《花蓮師專學報》第七期,民國 64 年 6 月。

43. 勞榦：〈北魏後期的重要都邑與北魏政治的關係〉,《史語所集刊外篇》,1960 年。

44. 勞榦：〈論北魏的都邑〉,《大陸雜誌》,1961 年。

45. 勞榦：〈北魏州郡志略〉,《史語所集刊》,1961 年。

46. 黃烈：〈略論魏晉南北朝的民族關係〉,《文史知識》,1986 年。

47. 黃修明：〈略論北朝後期的武川軍人集團〉,《四川師大學報》,1990 年。

48. 湯長平、周倩：〈西魏北周時期的河西〉,《敦煌學輯刊》,1988 年第 1 期。

49. 楊翠微：〈西魏北周政治鬥爭與中央集權之加強〉,《中國文化研究》,2000 年。

50. 楊翠微：〈論楊堅代周建隋〉,《齊魯學刊》,1998 年。

51. 雷家驥：〈從督軍制、都督制的發展論西魏北周之統帥權〉,《中國中古史研究》第 8 期,2008 年 12 月。

52. 趙文潤：〈論北魏的滅亡和孝武帝西遷的幾個問題〉,《北朝研究》,1995 年第 3 期。

53. 趙文潤：〈論西魏與東魏之間的幾次戰役〉,《北朝研究》,1996 年第 2 期。

54. 趙文潤：〈西魏宇文泰伐蜀滅梁戰役述論〉,《北朝研究》,2000 年第一輯。

55. 閻步克：〈西魏北周軍號散官雙授制度述論〉,《學人》第十三輯,1998 年。

56. 閻步克：〈西魏北周官制的尚左尚右問題〉,《北大史學》第五輯,1998 年。

57. 魯西奇：〈西魏北周時代「山南」的「方隅豪族」〉,《魏晉南北朝隋唐史》第 4 期,2009 年。

58. 劉戈：〈論突厥與北朝、隋的政治關係〉,《新疆大學學報》,1986 年。

59. 劉精誠：〈論魏孝文帝改革的歷史評價〉，《貴州師範大學學報》，1995 年第 4 期。

60. 劉春玲：〈試論北周、隋與突厥的「和親」〉，《陰山學刊》，1994 年第 3 期。

61. 劉淑芬：〈五至六世紀華北鄉村的佛教信仰〉，《中央研究院歷史語言研究所集刊》第 63 本第 3 分，民國 82 年。

62. 龍柏濤：〈北周露門學研究〉，《中國歷史學會史學集刊》第 42 期，2010 年 10 月。

63. 蘇小華：〈西魏北周軍隊構成的變化及其對北朝軍事的影響〉，《雲南民族大學學報》，2008 年第 25 卷第 2 期。

64. 蘇小華：〈東魏北齊重北輕南的原因及其影響〉，《社會科學評論》，2009 年第 4 期。

65. 蘇慶彬：〈元魏、北齊、北周政權下漢人勢力之推移〉，《新亞學報》，1964 年 8 月。

66. 龐駿：〈魏晉南北朝「霸朝」概念辨析〉，《揚州大學學報》，2010 年第 14 卷第 4 期。

67. 嚴耕望：〈北魏尚書制度考〉，《史語所集刊》，1948 年。

68. 嚴耕望：〈北魏六鎮考〉，《第二屆亞洲史學家會議論文集》，1962 年。

（三）研討會論文

1. 甘懷真：〈楊堅集團與隋朝開國——兼論隋朝立國文化政策〉，《第四屆唐代文化學術研討會論文集》，臺南：成功大學，1999 年。

2. 甘懷真：〈隋文帝時代軍權與「關隴集團」之關係〉，《唐代文化研討會論文集》，台北：文史哲，1991 年 7 月。

3. 呂春盛：〈西魏北周的霸府〉，中國史地關係學術研討會——紀念張其昀先生百歲誕辰，中國文化大學，2000 年 11 月，頁 1～25。

4. 邱添生：〈唐初纂修前代正史析論〉，《第三屆史學史國際研討會論文集》，1991 年 2 月。

二、外文部分

（一）日文

1. 會田大輔著，〈北周〈叱羅協墓誌〉に関する一考察——宇文護時代再考——手がかりとして——〉，《文学研究論集》（明治大學大學院），23（2005，東京）。

（二）譯著

1. 會田大輔著、林靜薇譯：〈北周宇文護執政期再考——以宇文護幕僚人事組成為中心〉《早期中國史研究》第 4 卷第 1 期，2012 年 6 月。